Annual Development Report
on China's Cultural Tourism 2019—2020

中国文化旅游发展报告 2019—2020

编　　著/中国旅游研究院文化旅游研究基地
河 南 文 化 旅 游 研 究 院
学术指导/中　国　旅　游　研　究　院

中国旅游出版社

责任编辑：王　丛
责任印制：冯冬青
封面设计：谭雄军

图书在版编目（CIP）数据

中国文化旅游发展报告．2019—2020 / 中国旅游研究院文化旅游研究基地，河南文化旅游研究院编著．-- 北京：中国旅游出版社，2020.12
ISBN 978-7-5032-6682-9

Ⅰ．①中… Ⅱ．①中… ②河… Ⅲ．①旅游业发展－研究报告－中国－2019-2020 Ⅳ．①F592.3

中国版本图书馆CIP数据核字(2021)第042193号

书　　名：中国文化旅游发展报告 2019—2020

作　　者：中国旅游研究院文化旅游研究基地，河南文化旅游研究院　编著
出版发行：中国旅游出版社
（北京静安东里 6 号　邮编：100028）
http://www.cttp.net.cn　E-mail:cttp@mct.gov.cn
营销中心电话：010-57377108，010-57377109
读者服务部电话：010-57377151
排　　版：北京旅教文化传播有限公司
经　　销：全国各地新华书店
印　　刷：北京工商事务印刷有限公司
版　　次：2020 年 12 月第 1 版　2020 年 12 月第 1 次印刷
开　　本：787 毫米 × 1092 毫米　1/16
印　　张：16
字　　数：240 千
定　　价：68.00 元
I S B N　978-7-5032-6682-9

文化遗产的功能重构与价值实现

我承认，如下观点可能会让人感到不适，但还是愿意将它作为一个出发点：我们不可能将所有的文化遗产都加以活化和利用，有的甚至连保护和保存的必要都没有。虽然无论过去伟大如孔子、秦皇、汉武、李白，还是见当下平凡如你我，每个人与生俱来的独特，其生命过程都值得被记忆。然而，我们也不得不承认，绝大多数人或苦难或辉煌的生命印迹，终将无声无息地随风而逝。在数千上万年的历史长河中，只有少数人的名字、思想、事功及其物化空间才有可能为历史所记忆，化为人类文明浩瀚星空的一粒微光。参访纽约古根海姆博物馆时，两个场景至今在脑海中挥之不去。其中，世界各地的主流报纸，定格于20世纪60年代同一天的头版，一张接着一张绕壁阵列，无声讲述着那么多国家和地区在同一时间发生的不同故事的同时，一束背光打在地上，光影相间幻化而成文字，Earth to earth，Dust to dust（尘归尘，土归土），观者安宁如黎明前沉睡的大地，间有呼吸如枯叶自枝头飘零。

作为后来者，我们会记住历史，珍惜祖先的荣耀，因为那是来时的路标。但与此同时，我们也要关注当代人对当下幸福的追求，以及对未来的本真诉求。影响一代人的朦胧派诗人舒婷过三峡眺望神女峰时，石破天惊地写下过这样的文字，“与其在悬崖上展览千年，不如在爱人的肩头痛哭一晚”。从那时起，国民生活的精神指向就不再只是承载过去的神圣荣光，而是高举人文的旗帜，理直气壮地追求个体的、现实的与世俗的幸福。不理解这个文化心理的嬗变过程及其内在逻辑，就无法有效建构四十年来包括文化和旅游在内的经济社会发展历程，也无法确认文化遗产保护与利用的价值尺度，更无法完整理解“为中华民族谋复兴，为中国人民谋幸福”的中国梦的完整内涵。回到现实，地方、社区和企业不能因为建设和发展，而随意破坏老祖宗留下的优秀文化遗产，也不能以保护的名义无限扩大遗产的范围，而漠视当代人发展和创新的权利。

忘记历史意味着背叛，但是人民不可能只守着记忆活着，无论这些记忆是逝去的繁华，还是曾经的苦难。以前我们对文化遗产抢救不够，保护不够，所以要建立博物馆、美术馆、图书馆、文化公园等制度体系，通过国民教育、科学研究、群众文化、红色旅游等途径加以传承，这些工作仍需要坚持做下去。与此同时，面对人民对文化遗产的参与度和获得感不足的现实课题，我们还需要平衡好保护和利用的关系。既要守住意识形势的底线，防止被市场牵着鼻子走，甚至为票房而戏说历史、歪曲历史；也要避免无视社会发展和人民需要，而出现类似于文化保护原教旨主义。事实上，在文化遗产的功能重构和价值实现的过程中，文化人和旅游人都应该走出相对封闭的小圈子，走向社会，走向大众，借助一切可能的平台、渠道和方式，传承优秀传统文化、革命文化和社会主义先进文化，生产高品质的文化内容，满足人民对美好精神生活的需要。

价值是由需求定义的，需求越多，市场基础越厚实，价值越大，反之则反是。现在有一种倾向，一说文化资源开发和遗产活化，就奔着旅游市场和产业方向去。事实上，旅游是物质和非物质文化遗产活化的重要领域，但绝不是唯一的领域，甚至也不是最主要的领域。世居于此的城乡居民和常住人口的精神文化生活，才是文化建设的主要服务对象，也是创新发展的原动力。经常会听到这样的数据，本地常住人口数十万、数百万和上千万，年接待游客数百万、数千万，甚至数亿人次，并且得出结论：旅游市场规模是本地居民的十倍之多。却没有意识到本地市场可是常住居民一年365天，一日三餐高频消费堆积而成，而旅游市场是游客长则数周，短则一天的低频消费拉动的。沿着这个思路，文化为谁而建，遗产为谁而活的问题不就容易理解了吗？我们面对近在咫尺的市场需求，固然需要引进外来的资本、技术和专业人才，但更要重视本土企业和人才在文化创意、创业、创新和创造方面的天然优势。与物质生产不同，涉及文化建设和生活品质的提升，不可能也没必要动不动就搞什么产业园、大工程。

多数情况下，单纯的静态展示，就靠现在的一些老照片，连个场景和物件都没有，加上乏味的解说，是很难引起人们共鸣的。只有深深植入本地人民的生活方式，把博物馆、美术馆、图书馆建到社区中去，让文化活动和艺术事件像阳光、空气和水一样融入日常生活场景，成为经济社会发展不可或缺的有机组成部分，公共文化的服务效能才能得到有效提升，文化强国的建设目标才能真正实现。

我国台湾的白先勇先生由文入戏，以己之力振兴昆曲艺术，青春版、厅堂版的《牡丹亭》在华人世界常演常新。如果不是深耕于当代观众市场，不是持之以恒聚焦改进，而仅是一味靠保护和小圈子里的自我欣赏，恐怕取得不了今日的成就吧。林怀民先生在台湾地区创办的云门舞集，借着“光着脚”跳的现代舞，在露天的舞台，学校的操场，飘香的稻田，甚至榕树下的一片空地上，却把九歌、红楼梦、书法等中华传统文化的精髓传递到了社区，深植于一代年轻人的精神里。像这样在不同文明的对话中，借助当代传播手段，把优秀传统文化传播到世界各地的更多案例也都表明，文化遗产活化，需要普及、传承和创新。而首先是普及，是要让文化遗产走入当代生活，而非简单意义上的收藏在博物馆或立个牌子式的保护。普及还应该是开放的体系，既要重视权威和精英主导的自上而下的传播，也要重视草根和大众的自发创作和市场扩散。QQ 音乐和敦煌研究院合作、新生代音乐人尤长靖演绎的《西遇》上架不到一小时，评论就破万，微博转发量则超过 120 万，当下的敦煌正因年轻群体的认同而快速传播。LOFT 上的同人作品，同样是因为创作者与读者可以互动，而不是传统的我写你读，才涌现不少有生命力的经典诠释。客观地讲，文化主管部门和专业研究机构对此关注不够，继续下去的话，我们将无法与下一代对话。

价值是由投资、技术、创意、研发、生产、服务等供给体系决定的。以前去景区，到哪儿都是廉价的珍珠、贝壳、串珠和手链，当然需要反思和创新。现在呢？几乎所有的历史文化街区和博物馆都在以文创的名义兜售新一轮的旅游纪念品，满眼都是故作萌态的故宫猫、胶带纸和手机壳。小孩子想要一把当场就可以拿着玩、疯着跑的侍卫刀枪而不得，只能失望而归。而对此情此景，我想问创意开发团队，研发过程中问过一句小孩子们真正需要什么了吗？又或者以网红的名义，到处梁山好汉式摔碗酒、文艺青年式留言、涂鸭、漂流瓶什么的，这不是为文创而文创又是什么？也有动不动就把“纯手工”做卖点，如果纯粹的手工制作就等同于文化和品质的话，那么对工业革命、科技革命、文艺复兴的历史岂不是要重新评价？我们善于借鉴和模仿，但似乎更善于把任何需要积淀、耐心和智慧的事情，弄成快速圈场子，又快速散场子的快消品。文明演化和生活幸福这样的事情，既不可能是权威部门的规划，也不可能是靠抖机灵的策划，它一定是伴随经济社会的发展和人文交流上边际创新的结果。正是从这个意义上说，网红只是文化遗产活化的第一步。

接下来是面向当代生活的内容创造和品质提升。不能一说文化就是历史遗产和外来的高雅艺术，不能总想建标志性的博物馆、艺术中心、大型主题公园，要研究当下老年人、青年人、少年儿童、学龄前儿童的阅读、影视、戏曲、舞蹈、音乐、游戏、购物、餐饮等现实生活需求。这当然就需要公共文化机构和旅游企业面向，更需要创作团队重归生活场景。上海彩虹合唱团、河北他奶奶的庙等市民和村民自发形成的文化现象值得认真研究。比如，世界、M&M、泰迪熊博物馆等室内亲子乐园的兴起，及其背后的文化驱动力和市场逻辑，同样值得研究。在文化遗产活化和当代创新的过程中，我们也要敢于利用，更要善于利用资本、技术和商业的力量。

值得一提的是，还会有少数人走得更远，他们会一直走到文化的边缘，走到当代人思想的边界，以高度的历史自觉进行边际意义上的探索与创新。这些打着"实验""先锋""探索"的名义所进行的文化活动，可能会是蒙克的《呐喊》、梵高的《星空》、贝克特的《等待戈多》，也可能什么都不是。不过正是由于这些无法确认最终价值的创作，甚至是个体毁灭性的创造，才让一间居所、一条街道、一座城市成为人类共同的文化记忆，成为世界文化地标。如果说呆萌的网红随处可见，资本和技术驱动的内容创造有迹可寻，那么走到边缘进行边际创新的文化活动则是我们无法预测的，更是不可规划的。就像当代量子物理让我们重新认识世界的不连续与不可测一样，当且仅当一切行政的、市场的和科技的力量，在文明演化和人民生活面前保持真正的谦卑，甚至"爱，直至被伤害"，文化遗产才不只是繁华记忆，也是生机勃勃的未来。

戴斌

中国旅游研究院院长

2020 年 12 月

目　录

总论　后疫情时代文化旅游业挑战与机遇并存

程遂营　肖建勇

过去一年，新冠肺炎疫情给全球文化旅游业都带来了前所未有的灾难和挑战。疫情发生前期，“关景区、停组团、防疫情”成为重要工作任务，国内文化旅游业全面停摆，全行业发展陷入困境。当武汉保卫战、湖北保卫战取得阶段性胜利后，全国疫情有了根本好转，文化旅游行业开始逐渐复苏，“预约、限流、错峰”成为常态化管控措施。经历“五一”小长假和“十一”黄金周的平稳运行后，部分地区和企业已经恢复至疫前水平。2021 年，文化旅游业还将面临哪些挑战，又有哪些机遇可以把握，这里做一简要分析和梳理。

第一节　面临的挑战

（一）运营压力依然严峻

截至目前，国内和国际疫情反反复复，经济社会何时能够得到全面恢复仍未可知，出入境市场重启面临重重困难，国内市场全面恢复有待时日，不确定因素时有发生，文化旅游企业面临的生存挑战依然十分严峻。此外，国际形势和周边局势更加复杂，需要加快构建以国内大循环为主体、国内国际双循环相互促进的新发展格局，对冲发展的不确定性。

（二）项目投资有所放缓

一方面是社会资本由于疫情原因更加谨慎投资文化旅游业，另一方面是地方国有资本收入锐减，资金周转压力加大，甚至是部分项目长期烂尾。近年来，随着居民消费水平持续提高，我国人均 GDP 突破 1 万美元大关，各路资本一拥而上进入文化旅游业，古城、古镇、古街以及大型文化旅游项目遍地开花，几十万亿元的投资使文化旅游业越来越成为一片竞争激烈的红海，可以预料疫情后的文化旅游业投资会进入一个调整期。

（三）市场主体加速洗牌

从历年中国旅游集团 20 强名单来看，市场正在加速洗牌。有的企业已经销声匿迹，退出了文化旅游领域；有的企业被兼并重组，以新的面孔出现在市场上。同时，为了更加有效对冲疫情和抢抓机遇，地方加快了资产整合步伐，浙江省旅游投资集团、江西省旅游集团、山西文化旅游投资控股集团、山东省国欣文化旅游发展集团、福建旅游发展集团、陕西旅游集团、珠海九州控股集团、鄂旅投集团、南京旅游集团、河北旅游集团等地方国有企业不断谋求更大发展空间，地方文化旅游业发展变革重组加快。

（四）门票经济雪上加霜

作为体验类产品，门票经济是文化旅游业的重要特征，也是企业生存发展的重要支撑。但是，在现行政策框架下，“降门票”“免门票”已经演化为促进和刺激文化旅游消费的主要抓手，无论是国有景区还是民营景区都面临着巨大的改革压力。在这一背景下，“一票制”逐渐让位于“分票制”或开放式，三亚海昌梦幻海洋不夜城、西安大唐不夜城、郑州银基国际旅游度假区等开放型景区获得快速发展。后疫情时代，不排除目的地免费大战升级，市场应保持适当警惕，不盲目跟风。

（五）政策配套严重滞后

随着生态、环境、文物、土地、劳动、资本等生产要素制约越来越突出，休闲农业、乡村旅游以及民宿、露营地等新业态发展出现越来越多的合法性和合规性问题。目前，许多政策文件只有支持和鼓励措施，但缺少可以兑现的配套政策和制度供给，造成许多文化旅游项目存在先天性的缺陷，无法实现健康可持续发展。

第二节　存在的机遇

（一）文化建设注入新动力

党的十九届五中全会明确提出建成文化强国的远景目标，强调在“十四五”时期推进社会主义文化强国建设。2019 年以来，河南、山西、湖北、河北等多个省份召开全省文化旅游大会，各地更加积极主动推进文化旅游强省建设。随着长城、大运河、长征等国家文化公园建设的有效推进，必然为文化旅游业发展注入新动力。

（二）全域旅游优化消费环境

文化和旅游部在 2019 年和 2020 年分别验收两批国家级全域旅游示范区，共计 168 个单位入选，各省市纷纷掀起创建热潮，投入全域旅游的人财物激增，城乡面貌、公共服务、新兴旅游吸引物等得到迅速扩容提升，各类政策性资金、开发性资金和各部门资金统筹支持全域旅游发展，文化旅游消费环境短时期内就得到快速优化提升，满足了人民对美好旅游生活的新期待和新需求。

（三）消费回流创造新市场

党的十九届五中全会明确提出：要推动文化和旅游融合发展，建设一批富有文化底蕴的世界级旅游景区和度假区，打造一批文化特色鲜明的国家级旅游休闲城市和街区。随着高端消费回流，今年三亚亚特兰蒂斯酒店 4000 多元的房价一房难求，在疫情期间创造了销售奇迹，足以证明高质量文化旅游项目的市场号召力和吸引力，也充分体现文化旅游业在构建以国内大循环为主体、国内国际双循环相互促进的新发展格局中的重要作用。

（四）特色业态逆势增长

疫情加速了新业态的创新发展步伐，亲子、康养、民宿、研学、夜游、演艺和汽车露营地建设等修复型旅游业态得到市场青睐。为了进一步刺激消费，更快恢复经济增长，夜间经济受到全社会的广泛关注。截至 2020 年 10 月 1 日，我国共出台夜间经济高度相关政策共计 197 项，其中以夜间经济命名的政策文件 82 项。“地摊经济”横空出世，潮流夜市、文创集市、微演艺、行浸式演艺等正在成为夜间经济的“活力因子”。据中国旅游研究院发布的《2020 中国夜间经济发展报告》显示，2020 年 4 月下旬，夜间旅游已经强劲恢复到疫前水平。与夜间旅游相关的项目投资逆势增长，各类电音节、音乐节、戏剧节层出不穷。大型旅游演艺项目相继开工建设和落地运营，如《西安千古情》和《黄帝千古情》正式公演，王潮歌《只有爱》《只有河南》等戏剧幻城系列作品将陆续面世。文化旅游 2.0 典型代表的华强方特、宋城演艺、无锡灵山、复星旅文等头部企业迎来更快发展，日益成为新时代文化旅游发展的新引擎。

（五）创意经济异军突起

疫情期间，一方面是数字文旅异军突起，网络直播、短视频、云看展、云旅游、云博物馆等文化旅游线上服务表现亮眼，直播带货风起云涌；另一方面是创意 IP 经济空前高涨。2020 年 12 月 11 日，泡泡玛特在香港挂牌上市，开盘后公司市值突破 1000 亿港元，盲盒经济大放异彩。在创意营销上，美食视频博主李子柒持续火爆，理塘丁真一炮走红，各地掀起国潮风、国宝风，传统文化再造、本土文化觉醒，让新时期的文化旅游充满无限希望和活力。

（作者简介：程遂营，中国旅游研究院文化旅游研究基地首席专家，主任，教授，博士生导师；肖建勇，中国旅游研究院文化旅游研究基地副主任）

第一章　旅游演艺发展分析与展望

张　野　李　琳　唐亚男

旅游演艺是文化和旅游融合的重点领域，是新时期文旅业态创新的典型代表。随着文旅融合的不断深入和文旅消费潜力的持续释放，旅游演艺正在迎来文旅发展新阶段的新任务，亟须提档升级和增效显质。

第一节　旅游演艺发展现状

（一）政策支持加大

国务院、国家发改委、文化和旅游部等部门相继出台一系列关涉旅游演艺的政策，有利于推动和规范旅游演艺的发展。文化和旅游部出台了《关于促进旅游演艺发展的指导意见》，这是我国首个针对旅游演艺发展的政策文件。该文件从推进旅游演艺的转型升级，推动旅游演艺向专业化、品牌化、规模化方向发展，加强对节目内容审核、市场监管，支持旅游演艺发展的政策措施四个方面加以引导和规范，着力推进旅游演艺的转型升级、提质增效。其中，对旅游演艺的扶持政策包括财税、投融资、土地政策等方面。《关于进一步激发文化和旅游消费潜力的意见》

鼓励各地结合实际制定实施演出门票打折等政策，鼓励打造中小型、主题性、特色类的旅游演艺产品。该意见中还指出，到 2022 年培育 30 个以上旅游演艺精品项目；促进文化、旅游与现代技术相互融合，发展基于 5G、超高清、增强现实、虚拟现实、人工智能等技术的新一代沉浸式体验型文化和旅游消费内容等。《国有文艺院团社会效益评价考核试行办法》对国有文艺院团社会效益评价考核工作进行了明确规范，提出 2020 年国有文艺院团社会效益评价考核工作将在全国范围内全面推开，社会效益评价考核在国有文艺院团综合性考核中占比须超过 50%。《国家全域旅游示范区验收标准（试行）》中将“举办富有地方文化特色的旅游演艺”纳入供给体系考核范围。《曲艺传承发展计划》指出，鼓励和引导曲艺项目进入城市和乡村旅游演艺市场，与当地旅游发展相结合，拓展更大发展空间。

此外，国务院及相关部门出台了《国务院关于在市场监管领域全面推行部门联合“双随机、一公开”监管的意见》《文化旅游提升工程实施方案中央预算内投资管理办法》《国家发展改革委关于依法依规加强 PPP 项目投资和建设管理的通知》《关于促进平台经济规范健康发展的指导意见》等相关政策，为旅游演艺在市场监管、社会投资、平台经济等方面提供了有力保障。

（二）投资热度不减

旅游演艺项目的投资保持一定的热度，助推新产品不断落地。新增重要旅游演艺剧目 89 台，投资额度在 1 亿元以上的旅游演艺项目有 28 台。

表 1-1　2018—2020 年度新增旅游演艺投资情况

序号	省份	演艺名称	投资金额 / 亿元
1	广西	《三生三世三千漓》	30
2	江西	《天下三清》	15
3	河南	《皇帝千古情》	13
4	湖南	《张家界千古情》	10
5	广东	《原乡》	10
6	四川	《只有峨眉山》	8.19
7	陕西	《西安千古情》	7
8	山东	《青秀》	6
9	甘肃	《又见敦煌》	6
10	江西	《寻梦牡丹亭》	5.67
11	广西	《花山》	5
12	海南	《红色娘子军》	5
13	贵州	《西江盛典》	3.6
14	甘肃	《天水千古秀》	3.5
15	广东	《六祖大典》	3
16	云南	《雪山神话》	2.6
17	陕西	《三国记忆》	2.6
18	甘肃	《回道张掖》	2.4
19	重庆	《归来三峡》	2.35
20	内蒙古	《契丹王朝》	2
21	河北	《鼎盛王朝 · 康熙大典》	2
22	浙江	《塘河夜画》	1.9
23	重庆	《梦幻桃源》	1.8
24	宁夏	《沙坡头盛典》	1.8
25	贵州	《梦幻梵净山》	1.7
26	山西	《又见老山西》	1.5
27	广西	《桂林千古情》	1.5
28	江西	《浴血红都》	1.2

（三）剧目持续增长

2019年以来，旅游演艺新上演演艺剧目近90台，在空间上呈“π”状分布。在一批新上演的旅游演艺项目中，室内沉浸式仿实景演艺颇受青睐，如《寻梦牡丹亭》《土城往事》《三国记忆》等；景区实景演艺仍是新增演艺项目的重要选择，如《又见老山西》《花木兰·云中战歌》《梦幻桃源》等；独立剧院演艺占比相对较小，多以歌舞叙事为主要表现形式，如有《明月千古情》《千年之约·梦幻龟兹》等。在新增演艺剧目中，主题特色比较鲜明的有《天下三清》《六祖大典》《西江盛典》等。

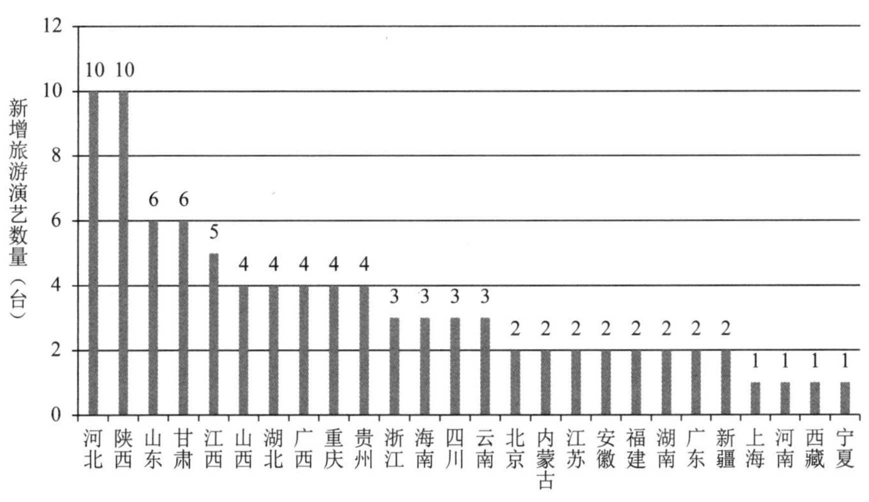

图1-1 2018—2020年度新增代表性旅游演艺的地区分布

（四）夜间演艺突起

全国各地频繁出台促进夜间经济发展的相关文件，营造了良好的政策和产业环境，成为夜间旅游演艺发展的重要推动力。国办印发的《关于进一步激发文化和旅游消费潜力的意见》提出，要大力发展夜间文旅经济，建设一批国家级夜间文旅消费集聚区。从实践来看，“白天观美景，夜间看演艺”成为许多游客出行的高频模式。驴妈妈旅游网平台数据显示，超过 80% 的旅游演艺发生在夜间，上海、杭州、广州、北京、苏州、无锡、南京、重庆、郑州、济南跻身旅游演艺十大客源地城市。目前，国内夜间旅游演艺可分为以旅游景区为依托的夜间实景演出、歌舞戏曲杂技等多种形式的夜间舞台演艺和游客可交互参与体验的沉浸式剧目等。夜间旅游演艺不仅是文化和旅游融合的重要形式，也是旅游和科技融合的鲜活实践。有生命的夜间旅游演艺项目，并非仅仅是炫酷的科技秀，而是能够挖掘独具特色的地域文化，带给游客具有差异化的消费选择。例如，湖北襄阳盛世唐城景区经过多次升级改造后，首创的大型嵌入行进式全景演艺《盛世唐城之大唐倚梦》夜游项目，提高了全市外地游客留宿率近 30%。国内首部明清院落大型夜游实景剧《再回相府》突破景区传统旅游业态，通过差异化表现方式，活化景区历史文化，给原本单纯依赖日间旅游观光收入的皇城相府景区带来了更多的经济收益。而在古城西安上演的大型丝路历史文化展演剧《再回大雁塔》，带火了西安夜间经济。

（五）实景演艺扩张

据不完全统计，2019—2020 年度新增重要旅游演艺 89 台，其中新增实景演艺 55 台，占总数的 61.80%，呈活跃扩张状态。从新增实景演艺的区域分布来看，华北和西南地区较多，西北表现也相对较好，东北地区留有空白。新增实景演艺数量较多的省份是河北、陕西、贵州、山西，且大多分布在二、三线城市。整体来看，新增实景演艺数量较多，类型丰富，沉浸式和行进式备受青睐。除此之外，一些实景演艺项目重视进行迭代更新，如《桃花源记》《烽烟三国》《梦里老家》等，均进行改版升级。

表 1-2　2018—2020 年度新增大型实景演艺项目

序号	省份	演艺名称	演出场所
1	河北	《那年芳华》	南湖景区
2	河北	《平定中山》	赵王欢乐城
3	山西	《神溪记忆》	神溪湿地
4	浙江	《天下龙泉》	龙泉青瓷博物馆
5	浙江	《塘河夜画》	白鹿洲北门游船码头
6	山东	《好汉山东》	石崮寨景区鹿鸣谷
7	湖北	《盛世唐城之大唐倚梦》	盛世唐城景区
8	广东	《原乡》	客都人家
9	广西	《三生三世三千漓》	三千漓山水人文度假区
10	重庆	《归来三峡》	白帝城—瞿塘峡水域
11	重庆	《梦幻桃源》	桃源大舞台
12	四川	《只有峨眉山》	戏剧幻城
13	贵州	《西江盛典》	雷山县大塘景区
14	贵州	《梦幻梵净山》	梵净山
15	陕西	《秦汉·风云》	乐华城
16	陕西	《再回大雁塔》	大唐不夜城·大雁塔
17	陕西	《天汉传奇》	汉中兴汉盛境景区
18	甘肃	《回道张掖》	张掖丹霞口旅游度假小镇

（六）区域集聚显著

据初步统计，目前我国有主要旅游演艺剧目 362 台，华东地区整体表现突出，旅游演艺数量遥遥领先，华中地区次之，东北和华南地区相对较少。整体来看，南方旅游演艺数量多于北方，东部多于西部。浙江为旅游演艺数量最多的省份，江苏次之，河南和陕西并列第三。区域集聚不仅在分区、省域上有所体现，小尺度的省内差异依旧明显。金华、西安、开封、无锡、三亚为旅游演艺数量排前 5 名的市区，在所属省域范围内占有较高比重，而其他城市的旅游演艺数量相对较少，个别城市甚至没有，呈现出较为严重的空间分布不均衡现象。

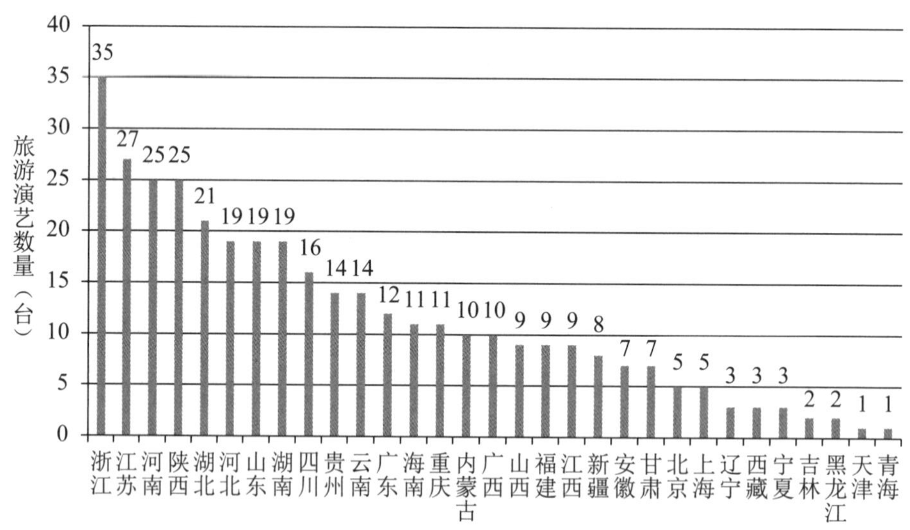

图 1-2　我国主要旅游演艺空间分布统计

第二节　旅游演艺发展存在问题

（一）旅游演艺质量良莠不齐

我国旅游演艺朝向“重资投入、大场面制作、品牌复制、技术崇拜”的方向发展，很大程度上忽视了文化内涵的挖掘、节目内容的创新、旅游演艺服务水平的提升。我国旅游演艺质量良莠不齐，相对于庞大的节目数量来说，旅游演艺精品较少。旅游演艺质量良莠不齐的主要原因在于：

首先，专业演艺创作人才的缺位是根源。在旅游演艺备受追捧的局面下，很多旅游演艺项目的幕后导演和项目团队由原本属于娱乐影视、节庆会展、文艺晚会等各行业人士跨界组成，往往缺乏对旅游演艺产品内在构成要素的充分认识，观演者对地方文化、情感互动、休闲娱乐、审美体验等多方面存在复合型需求，简单地凭借舞美叠加或气氛营造难以创作出高质量演艺作品。

其次，表演人员综合素质不高致使演出效果大打折扣。旅游演艺市场的持续扩张对演艺人才表现出了更高的需求，随之而来的是旅游演艺人才市场出现严重的供需不平衡问题。很多企业在选人、育人、用人和人员考核方面的机制并不完善，忽视对演员文化素质和艺术修养的提升，演员缺乏对角色的理解和感悟能力，演出现场感染力不强。

最后，不完善的评定标准无法指导行业质量建设。国内旅游演艺从20世纪80年代初发展至今，已有300余台演艺项目，但直到2015年才开始陆续颁布《旅游演艺服务与管理规范》《实景演出服务规范》等国家标准，以及《关于促进旅游演艺发展的指导意见》等针对性文件。由于长期缺乏全国统一的评定标准，旅游演艺质量建设处于无序状态，行业协会对旅游演艺的质量评价也缺少相关依据，如执业条件、工作人员应具备的要求或资源、空间配置、运营管理与服务等基本条件和要求，旅游演艺产业质量、消费者权益、产业链延伸都未得到较好的规范和保障。

（二）旅游演艺行业盈利困难

在新的竞争形势下，旅游演艺市场出现了“高投入、高制作、高风险、低回报、盈利难”的现象。旅游演艺项目长期依赖高额投资维持市场热度，难以形成旅游演艺生态体系，一旦后续发展资金不能及时跟上或者有更强劲的竞争者入局，将逐渐丧失市场吸引力，最终出局。旅游演艺行业盈利困难主要原因有以下四个方面：

一是行业营收模式单一。目前国内大部分旅游演艺仅靠门票作为收入来源，产业链有待进一步拓展。一台良性的旅游演艺，收入应是门票收入、衍生品销售、IP 授权“三足鼎立”。但我国多数旅游演艺经营，仅靠单一“门票经济”支撑，难以进行产业延展，形成良性循环。“演艺”如何运用新资本、新行业等外部力量，是未来发展中值得探索的关键，以避免陷入同《印象·刘三姐》类似的债务困境。

二是制作和运营成本压力较大。以重资产模式开发的旅游演艺项目，面临前期工程建设以及后期运营的双重资金压力，再加上大额的演员人工费、机械维护费、耗能费、设备折旧费等，不少项目曾因票房收入难以支撑高额的运营成本而被迫停业。目前已有投资 1.8 亿元的《印象·海南岛》、投资 1.5 亿元的《泰山千古情》、投资 0.6 亿元的《海棠秀》等知名旅游演艺相继停演。据不完全统计，至今已有 100 多家曾经涉足旅游演艺业务的公司被注销、吊销或停业。

三是旅游演艺市场游客转化率较低。旅游演艺运营企业经常会面临观演的转化率问题，实际上，目前到旅游演艺所在地游览的游客中，转化为旅游演艺观演者的比例离合理高限尚有较大差距，此现象也进一步影响到景区的投资回报率。比如，桂林、张家界、杭州等旅游城市的游客转化率只有 4%，远未达到国际同等市场的水平。引导游客对文化体验和精神获得的重视和投入，将成为未来国内旅游发展的重要方向之一。

四是项目选址缺乏科学性。综观国内经营比较成功的旅游演艺项目所在地均有能够依托的丰富旅游资源，选址于大型城市、著名旅游城市或高级别景区的内部或周边。借势市场，是众多旅游演艺项目生存发展的基础条件。但不少企业选址在旅游人数不多、周边配套设施不健全的地方，希望单靠一台演出吸引游客显然动力不足，而且收效甚微。

（三）空间分布极化现象严重

我国旅游演艺市场主要集中分布在经济相对发达的长江三角洲地区、珠江三角洲地区和华中、西南部分地区，以浙江、江苏、陕西、河南四省为主，相比之下，西北地区、东北地区旅游演艺项目偏少。从新增旅游演艺数量来看，原本旅游演艺数量较多的省份，新增数量仍旧靠前，虽山西、江西、甘肃等地有数量增长趋势，但仍不敌热门区域的不断扩大，冷热门区域的旅游演艺数量差距将会不断扩大。在旅游演艺严重集聚的情况下，市场过热、投资过度、项目雷同、重复建设等问题屡屡出现，长久下去必然会形成旅游演艺“扎堆区”竞争激烈、“冷落区”望洋兴叹的局面。

（四）演艺作品同质产出明显

对市场上认可度较高的演艺剧目（尤其是“三大系列”）进行形式上的盲目照搬、跟风模仿成为常态，同一资源通常被多个企业进行同质化演艺。但实际上，旅游演艺节目重在多元、精准、精致和独特，无差异、无节制、无亮点的扩张复制只是对旅游地、旅游景区、旅游演艺项目品牌的过度消耗与损伤。“印象”系列自 2003 年进入市场以来，至今已经出现过至少 14 部带有“印象”名号的演艺作品，其中仅 8 部是由张艺谋团队制作。据不完全统计，目前张家界地区共有 10 部大型演艺作品，这些作品不仅扎堆集聚、名称相似，其所展现的文化内容、演艺类型、演艺规模也多有雷同。例如，《魅力湘西》《烟雨张家界》《魅力张家界》《印象张家界》《梦幻张家界》《梦里张家界》里均含有“赶尸”“女儿会”“哭嫁”等当地特色习俗，甚至后两部作品的名称只有一字之差，极易造成混淆。

（五）旅游演艺表现形式单一

不少旅游演艺项目多采用先进的声、光、电科技手段和舞台机械，表现形式单一，缺乏在文化内涵上的深入挖掘，既难以真正打动人心，也无法有效传播当地文化。在内容创作形式上，一些企业一味追求大场面、看重单场游客接待量，纷纷推出“歌舞＋灯光”演艺形式，却缺少了最重要的文化味；在艺术表现手法上，较多依赖于现代舞台艺术表演形式，而对当地艺术形式、传统技艺的利用明显不足；在演艺类型设计上，主要以山水实景、主题公园、剧场演出为主，侧重于以历史文化或当地民俗为题材的歌舞叙事类表演，而对个性化、年轻化的演艺领域涉足较少，如国外流行的音乐剧、喜剧秀、模仿秀、魔术表演等。

第三节　旅游演艺发展区域案例分析

（一）北京的旅游演艺

北京凭借得天独厚的旅游资源和兼容并包的文化精神，在旅游演艺领域存在巨大的发展空间。此外，政治外交、政治接待和专业人才聚集同样是良好的助推剂。北京市演出市场已形成了剧场复合型——功夫、杂技、京剧和歌舞表演等，景区复合型——游乐园演艺及文化景区中的演艺，餐饮复合型——北京之夜、老舍茶馆等。北京近些年在旅游演艺市场取得的成功经验可以总结为以下几点：

一是重视网络营销推广。近年来，北京市文化和旅游局充分运用线上、线下多种渠道，全方位推介北京旅游演艺，并通过培育扶持具有北京特色的优质旅游演出项目等一系列举措，与有关部门共同引导、推进北京旅游演艺市场的健康发展。北京市文化和旅游局通过开展“秀北京”文旅演艺推广、发布《北京旅游演艺推介手册》等方式大力宣传北京文艺演出，取得良好成效。不仅让游客更为直观地了解到北京旅游地标，同时也清晰地呈现出北京旅游演艺的地域特色及其演艺资源的丰富性和多元性，为游客提供了非常实用的观演选择。

二是积极实施惠民政策。为营造浓厚的文艺演出市场氛围，培育壮大观众群，北京市文化和旅游局通过实施北京市惠民低价票演出补贴、公益演出等政策，让更多居民走进剧场，同时引导各区相关管理部门、演出团体、演出场馆开展惠民演出活动，文化普惠格局初步形成。以持续实施了 7 年的“北京惠民低价票演出补贴项目”为例，已累计补贴上万场演出，实际售出 100 元以下低价票近 300 万张，对市场产生了积极影响，带动上座率提升。2018 年专业剧场上座率再次增加 1.4 个百分点，演艺市场呈现良性发展态势。

三是倾力打造演艺小镇。我国演艺市场逐渐呈现出多元、融合、创新的趋势，“演艺 +”模式已经成为一种新型文化现象。北京演艺小镇注重对演艺产品创作土壤的培育，也注重对“演艺 +”模式不断赋予新的商业内涵，开创了“演艺 + 培训”“演艺 + 旅游”“演艺 + 咨询”“演艺 + 版权”等一系列产业延伸。通过集合创意人才，创造与演艺相关的优秀产品，开拓演艺形式，形成良性演艺循环，倾力打造小镇文化综合体、IP 培养孵化器，以适应市场不断细分的现状，充分发挥小镇演艺资源的聚集和辐射作用。

（二）上海的旅游演艺

进入 21 世纪，随着国内旅游演艺的兴盛，上海旅游演艺也得到了快速发展。上海的重要剧目有《时空之旅》《中华五千年》等，还有各类重大节事活动中的表演节目，如上海旅游节、龙华庙会穿插的各类演出节目。除此以外，大型主题公园——欢乐谷中也不乏一些特色演艺项目。

2017 年，上海提出打造“亚洲演艺之都”的目标。上海是目前中国城市演艺发展最好的市场，作为中国最具有文化娱乐消费能力的城市，在旅游演艺发展方面进行了诸多创新性探索。

一是建设演艺集聚区。为形成空间比邻、内容集聚、票务联动的剧场群，上海重点支持环人民广场演艺活力区等 8 个演艺集聚区建设。沿江沿轴两大剧场带基本建成，环人民广场、静安现代戏剧谷、徐汇滨江演艺带等特色演艺集聚区等级进一步提升。除此以外，上海还将支持社会资本利用商场、厂房、仓储用房、文化遗址等存量设施发展演艺产业。“艺术商圈”进一步扩大辐射圈，鼓励演艺资源走进商业综合体，以体验式、欣赏式、普及式形态，浸润商场的文化氛围，打造郊区艺术商圈，把更多更好的文化资源向郊区倾斜。

二是跨国演艺人才培养。2019 年 8 月，上海文广演艺集团与音乐剧大师安德鲁·劳埃德·韦伯创立的英国真正好集团签约，在音乐剧产业内容开发、剧目引进、人才培养、影视制作等方面展开全方位战略合作，这是中英文化演出行业领军企业在音乐剧产业达成的首次深度合作。上海今后还将引进一批全球及国内知名演艺集团在沪设立分支机构，引进和培养一批演艺产业领军人才，探索引进国内外的知名演艺人才培训机构，鼓励社会力量兴办演艺人才培训机构，加强演艺产业基础人才储备。

三是加大演艺政策支持。2018 年，为加快全市文化创意产业创新发展，进一步提升上海演艺产业发展能级，上海 11 个部门联合出台演艺产业发展政策《关于促进上海演艺产业发展的若干实施办法》。主要从鼓励产业创新发展、优化产业载体布局、做大做强产业主体、营造产业发展环境、构筑演艺人才高地、深化“放管服”六个方面提出了具体的实施办法。

四是积极探索跨界融合。上海作为国际性大都市，在探索城市旅游演艺跨行业融合发展的道路上，不断进行大胆尝试，为全球艺术家、制作人搭建平台，共商科技、金融、旅游为演艺带来的创新活力。“演艺 + 科技”方面，利用技术打通观众不同的神经系统，放大人类的艺术体验，甚至克服语言与文化的障碍，加速不同产业、不同国家地区之间的交流合作。从单纯的舞台演出拓展至沉浸式体验。VR（虚拟现实）、AR（增强现实）等科技手段的不断革命带来了受众体验感的升级换代。“演艺 + 资本”方面，上海银行文化支行曾为《不眠之夜》项目提供过一笔 1600 万元的贷款，这部一年 300 多场、场场爆满的戏剧是金融与演艺产业结合非常成功的案例。

资本不仅让旅游演艺“落地生根”，更能衍生出更多的市场空间。“演艺+旅游”方面，上海旅游节期间，演艺大世界所在的黄浦区打造起“看大戏游上海”的“演艺+商业+旅游”新型业态融合模式，以多部经典演出串联，设计出三条经典文化旅游线路。此外，演艺大世界还在探索“演艺+导览”模式，由专业嘉宾带领观众体验演出背后的故事。

五是与知名企业强强联合。宋城演艺与上海世博东迪文化发展有限公司成立合资公司“上海宋城世博演艺发展有限公司”，投资 7 亿元共同打造“宋城演艺世博大舞台项目”。合资公司以丰富多样的舞台表现形式，运用国际领先舞台科技，推出具有国际水准、融合中国元素和东方魅力的大型歌舞《上海千古情》、浸没式多空间剧《上海都魅》、娱乐秀《紫磨坊》等全新演艺作品，对标上海迪士尼，打造东方百老汇。

（三）西安的旅游演艺

西安具有旅游演艺的优势基础，在全国具有较高的演艺品牌知名度。1982 年推出的《仿唐乐舞》是中国旅游演艺的开山之作，2005 年大唐芙蓉园推出的《梦回大唐》是演艺在景区常态化演出的一个先行者。2006 年华清池推出的实景演出《长恨歌》如今在百度热度和微信热度上仍遥遥领先。以《长恨歌》演出管理为范本的三项标准列入实景演出国家标准修订计划，填补了全国旅游演艺行业国家标准的空白。历经 30 余年的发展，旅游演艺作为西安演艺市场的重头戏，在文旅融合的积极尝试中，已经成为旅游目的地的标配。

2015 年至今，西安的旅游演艺市场迎来了新一轮发展。其间出现了至少 9 部旅游演艺作品，既包括室外实景演艺，也包括室内剧场演艺，还有新兴的沉浸式演艺，与此前的老牌项目一同组成了西安旅游演艺市场的新版图。据不完全统计，西安市除了14台常年惯常演出的旅游演艺、1台由宋城景区投资的千古情系列演艺之外，还有2台在大唐不夜城的街区演艺。西安市旅游演艺可划分为5种类型：景区演艺——《长恨歌》《12·12》等；综合旅游区演艺——《二虎守长安》《黑娃演义》等；剧院演艺——《秦俑情》《大唐女皇》等；主题公园演艺——《秦汉·风云》等；街区演艺——《再回长安》《再回大雁塔》等。回顾西安旅游演艺的发展历程，有以下几点发展经验值得行业借鉴：

一是推动旅游演艺标准建设。华清宫景区在中国实景演出的发展道路上做出了表率，以《长恨歌》管理和服务为蓝本编制的《实景演出服务规范》三项国家标准发布，2017年3月1日开始实施，诞生了我国旅游演艺行业首个“陕”字号国标，填补了全国旅游演艺行业国家标准的空白。《长恨歌》不仅首开演艺标准之先河，而且主动践行国家标准，用创新推动标准升级。2018年中国旅游演艺国家标准培训基地在西安的成立，进一步显示了西安旅游演艺在标准化方面的引领力。

二是多种渠道吸引客流。例如，《秦俑情》吸引散客的做法主要是在把控内容和服务的同时，通过硬广投放、抖音、微信公众号、传统媒体等渠道提高知名度，并结合时下热点进行促销，通过异业联盟等方式提高散客的转化率。面对引流问题，《驼铃传奇》的做法是在演艺之外，加入了海洋公园、水世界、先祖部落等景区，并针对陕西本地人群推出了相应的门票优惠，以满足散客的需求。

三是成立旅游演艺行业组织。陕西旅游集团等11家单位共同倡议发起成立了西安旅游演艺联盟，并发布了《中国演艺之都西安宣言》。要以“共容、共融、共荣”为发展理念，以将西安打造成为“中国演艺之都”为目标，共同为促进西安旅游演艺市场繁荣有序、旅游演艺产业链更加完善、管理服务体系更加健全的发展目标而努力。联盟将融合数字产业，整合平台资源，推进跨国跨境合作，加快国际化进程，促进业态创新升级。

四是瞄准“文化 IP+ 旅游演艺”。从 2006 年《长恨歌》的初步创作到如今的不断锤炼、升级改版，剧组大量汲取了陕西民间文化以及传统唐乐舞的精髓，通过对历史文化符号的艺术化挖掘和对地域文化元素的场景化呈现，营造了浓郁的陕西地方特色。近年来，作为文旅融合发展前驱者的曲江新区，以“唐文化”为 IP，运用大量的高新科技手段、先进的创意理念、新型的运营管理模式，不断创新发展文化旅游演艺产业，尤其是以《再回长安》《梦长安——大唐迎宾盛礼》《梦回大唐》为代表的精品演出受到了国内外旅游市场的高度认可与评价。

（四）开封的旅游演艺

开封旅游演艺酝酿于早期旅游景区中的表演活动，但真正作为重要的旅游产品来进行开发，始于 2007 年在清明上河园诞生的大型水上实景剧《大宋 · 东京梦华》。2008 年，《大宋 · 东京梦华》正式公演后，引发了开封旅游市场对旅游演艺项目的高度关注。在《大宋 · 东京梦华》的示范带动下，开封自 2013 年以来陆续推出了一系列旅游演艺项目，如《千回大宋》《宋词乐舞》《岳飞枪挑小梁王》《大宋 · 东京保卫战》《铁塔传奇》《大相国寺梵乐》《三打祝家庄》等。开封作为后起之秀，也塑造了清明上河园等旅游演艺的典型，为我国旅游演艺发展提供了一定的经验：

一是主题公园与旅游演艺结合。开封的旅游演艺项目集中在清明上河园、开封府、龙亭公园、天波杨府、万岁山大宋武侠城等景区，这些景区大多属于主题公园类型。游客不仅可以欣赏主题公园内的旅游演艺节目，还可以观赏主题公园内的景观和体验主题公园内的项目。主题公园和旅游演艺相互支撑，避免了独立演艺项目的单一性，可以更好地提升游客的体验度。

二是大型与中小型演艺互补发展。开封既有《大宋·东京梦华》《千回大宋》《大宋·东京保卫战》《岳飞枪挑小梁王》等大型旅游演艺，也有丰富多彩的中小型旅游演艺。大型旅游演艺与中小型旅游演艺各有千秋，构成了互补发展的良好格局。

三是旅游演艺与文旅商综合体相互依托。2013 年，原东京艺术中心改造为汴梁小宋城文旅商综合体。汴梁小宋城包括了高端演艺剧目《千回大宋》、特色民俗餐饮、商业街区、娱乐休闲以及商务会所等业态。在汴梁小宋城文旅商综合体中，大型室内演艺剧目《千回大宋》和汴梁小吃城宴饮演艺具有突出特色。在汴梁小宋城二期项目中，还将进一步深挖宋文化演艺元素，凸显旅游演艺的核心作用。旅游演艺与文旅商综合体相得益彰，已成为开封旅游的新名片。

（五）张家界的旅游演艺

张家界市演艺业萌芽于 20 世纪 90 年代，从 2006 年开始兴起，2007 年基本形成较完备的演艺产业体系。张家界依托得天独厚的地理、文化、旅游资源，培育了一批具有代表性的特色旅游演艺产品。这些旅游演艺产品主要有三种类型：剧院类旅游演艺以《魅力湘西》为代表，包括《印象张家界》《魅力张家界》《烟雨张家界》《梦幻张家界》等；实景类旅游演艺以《天门狐仙·新刘海砍樵》《武陵魂·梯玛神歌》为代表；景区综艺类旅游演艺以《袁家寨子》《老院子》为代表。演艺业已成为张家界市文化产业新的增长点，并有力拉动了旅游业的发展。2019 年，由宋城演艺策划、总投资高达 10 亿元的《张家界千古情》入驻张家界核心景区武陵源，将为张家界文化旅游演艺市场开创一个新境界。

张家界在旅游演艺市场中都具有明显的优势，有以下几点旅游演艺发展经验可以借鉴：

一是依托资源，获取稳定客源。旅游资源是演艺业发展的基石。张家界具有世界独有的 264 平方千米的峰林峡谷地貌，拥有丰富的少数民族传统文化和非物质文化遗产，成为享誉海内外的旅游胜地。持续稳定增长的游客为演艺业提供了源源不断的客源，保持了旅游演艺消费群体的相对稳定性。

二是立足本土，弘扬民族文化。各家演艺企业充分挖掘、整理、利用大湘西深厚的民族文化资源。例如，《张家界 · 魅力湘西》不断更新原生态的节目，推出了欢快的“土家摆手舞”、粗犷的“土家茅古斯舞”、奔放的“湘西苗鼓”、多情的“女儿会”、古老的“湘西祭祀”、深情的“桑植民歌”等优秀剧目。

三是雅俗共赏，贴近游客观众。在节目内容的安排上，既有给人以高雅艺术享受的民族歌舞表演，如苗族风俗舞蹈、民族服饰表演等，又有体现本土风情的民俗表演，如“土家哭嫁”“苗家呷酒”等。在表演形式上，以静态观赏为主，穿插演员观众互动节目和观众参与节目，满足游客深层次体验需求。在舞台场景的布置上，将民族文化元素赋予艺术气息搬上舞台，使之与灯光、音响和观众的心理达到和谐统一。

四是室内外相结合，强化游客体验。剧院类演艺节目分为室内和室外两场表演，这是张家界演艺业最显著的特色之一。室内部分是以文艺晚会的形式用歌舞诠释湘西少数民族文化内涵；室外部分则是通过篝火晚会的形式，观众与表演者近距离接触，体验湘西文化的惊险、刺激和神秘。

第四节　旅游演艺发展趋势

（一）项目开发场景化

旅游演艺场景在旅游演艺中的作用日益凸显。旅游演艺场景表现为空间要素与文化要素的融合，以及现实与虚拟的结合。旅游演艺不仅要让游客读懂故事，还要让游客获得场景化体验。目前市场上已有一些演艺让游客从观众变成特定的演出角色，把被动式观看表演转变成主动式的参与，甚至引导演出剧情的发展。未来会有更多的演艺通过不同的场景化营造，把演出场景变成游览的景观，为游客呈现空间、时间、地点、季节、气候等一体化的多重体验效果，让游客可以深切感受旅游体验的差异化。现代科技发展较快，人们旅游体验需求快速提升，沉浸式的旅游演艺将会越来越受到游客的青睐。沉浸式的演艺项目也会向游乐设备、旅游商业街区、特色小镇等各类型项目衍生，并逐步发展成为新形式的深度体验、探索式的场景化演艺项目。在《又见平遥》《又见敦煌》相继取得成功后，越来越多的旅游演艺项目选择把沉浸式技术引入到旅游演艺剧目中去。

（二）演艺场所多样化

随着旅游消费主体由团队向散客的转变，“90 后”游客成为演艺旅游主力军，观众更注重精神上的自我追求，旅游演艺也将越来越向差异化发展。更多中小型、主题性、特色类、定制类旅游演艺项目正崭露头角，逐渐形成多层次、多元化的供给体系。与此同时，业态模式的创新也需要市场提供与之相匹配的更加多样化的演艺场所。文化和旅游部印发的《关于促进旅游演艺发展的指导意见》也指出，支持各类经营主体利用室外广场、商业综合体、老厂房、产业园区等拓展中小型旅游演艺空间。当成熟的夜间旅游演艺项目形成一定的品牌影响力时，可在其优化升级的过程中通过产业融合实现跨界发展，因地制宜建设一批旅游演艺小镇、旅游演艺集聚区等，构建新形式的夜间生活休闲区。另外，投资规模较小、人力物力耗资低的公共空间旅游演艺或将成为城市夜间的新地标和游客心中的打卡地。公益性的夜间旅游演艺项目虽然不能像实景演出那样直接带来可观的门票收入，但其在树立城市形象、丰富游客夜间休闲活动、拉动相关产业发展等方面发挥的作用将不容小觑。

（三）跨界融合加速化

近年来，文化旅游和其他领域的跨界融合愈加明显，而旅游演艺的跨界融合也将持续加强。《关于推动数字文化产业创新发展的指导意见》释放了鼓励数字文化产业发展的明确信号，并提出大力推动演艺娱乐、文化旅游等文化产业的数字化转型升级。演艺与数字文化产业的融合将成为新的增长点，这既是数字文创发展的需求，也是演艺商业模式创新的契机。演艺与数字文化产业的结合，将从艺术创作、艺术传播、受众拓展、管理运营思维、产业布局等多方面影响传统演出行业，这也是文化科技化与科技文化化的升级形态。除了艺术传播形态上的剧院现场系列、直播、在线演出，VR（虚拟现实）、AR（增强现实）、MR（混合现实）与演出的结合，大数据分析也将被运用于演出与场馆管理，并以 IP 运营的意识来打造演出项目，延长演出的价值链，丰富演艺项目的盈利模式。

另外，通过跨界融合的手段，可以解决传统文旅演艺盈利难题。将演艺无缝融入餐饮、娱乐、住宿、购物等消费场景中，将无形的文化通过艺术转化为有形的体验，打破单一演艺产品体系，摆脱单一门票收益点，可以使项目价值最大化。例如，华夏文旅以“传奇”系列演艺为基础，开拓“多元业态、一站式服务”的旅游新格局，尝试探索“演艺+”综合体经营模式。华夏文旅已打造威海《神游传奇》、厦门《闽南传奇》、西安《驼铃传奇》3个演艺秀，同时配套开发乐园景区和酒店等，取得了较好的市场效益，并呈现快速扩张趋势。国内首创武侠主题餐秀《江湖盛宴》，以“演艺+餐饮”的跨界融合来放大产品价值，在文旅模块差异化竞争中脱颖而出。北京欢乐谷与华侨城演艺公司对欢乐谷经典演艺项目《金面王朝》进行升级，拟将其打造成为“演艺+博物馆”的综合产品。观众在大剧院看完演出后，还能在二楼的概念博物馆近距离观赏三星堆展品，进一步了解三星堆文明。

（四）夜间演艺增量化

“夜经济”为美好生活的重要组成部分，夜间旅游演艺借助灯光科技融合发展，其所带来的“旅游+”效应有目共睹，已然成为夜间“黄金四小时”的重要组成内容之一。《2019中国夜间经济发展报告》显示：比起夜市美食街的诱惑，夜间节庆和文化场馆的演艺活动更为消费者所向往。比如，夜幕下武汉的《知音号》，让长江码头更具民国氛围，观知音号、逛黎黄陂路和江汉路已成为夜游江城的优选；再现汴梁繁盛的《大宋·东京梦华》是开封游客打卡的热点项目;《长恨歌》《最忆是杭州》《泉城夜宴·明湖秀》等纷纷成为游客喜爱的十大夜间旅游演艺。

夜间旅游演艺是旅游目的地的名片，随着夜间消费经济的增长，夜间演艺将迎来井喷式发展。如何平衡科技酷感和文化内涵，增加客流量和保持体验感，需求新潜力和供给新动能三组关系，是其可持续发展的关键。

（五）国际合作深入化

文化旅游产业的国际化已成为中国实现与世界交流、融入世界的重要方式。虽然国内旅游演艺产业已获得巨大发展，但经济贡献率与国际优秀演出相比还存在较大差距，主要表现在演艺创作、演艺制作、人员质量、营销推广、商业运作、经济效益等方面。中国演艺行业需要精品创作，并需要学习和借鉴国际上先进的演艺经验。文化和旅游部在《关于征集 2019 年“一带一路”文化产业和旅游产业国际合作重点项目的通知》中鼓励与沿线国家和地区合作，研发具有地域特色和民族风情的旅游演艺精品。国家也出台专项文件，支持通过标准推广、版权交易、联合制作、品牌与管理技术服务等方式，加强与“一带一路”沿线国家的交流与合作。鼓励旅游演艺经营主体加强与境外知名演出团队的合作，允许依法引进境外资本投资国内旅游演艺市场。

在迪士尼乐园、环球影城等众多国外知名品牌不断被“引进来”的同时，业界也十分关注我国旅游演艺如何“走出去”。2018 年，山水盛典打造的《会安记忆》，观印象制作的《又见马六甲》正式公演，再加上柬埔寨中外合作的《吴哥王朝》等项目，旅游演艺实现了对国外的品牌输出。正在制作当中的《马可·波罗》项目计划投资 1 亿欧元，在威尼斯、西安两地创新运用“双城双场”演艺模式，以马可·波罗传奇的生平故事为主线，有机结合丝路沿线的中西方文化，体现《马可·波罗游记》对欧亚及世界的影响，这是陕西旅游集团探索将优秀中国演艺产品推向世界的积极尝试，为践行中国文化“走出去”战略掀开新的篇章。宋城演艺也曾宣布投资20亿元人民币在澳大利亚黄金海岸建设《澳洲传奇》演艺项目，该项目集旅游、文化演艺、娱乐休闲为一体，已经成为2018年文化部“一带一路”文化贸易与投资40个重点项目之一。

附录：

中国大陆31个省市区的旅游演艺项目数量排名（2018—2020年度）

序号	省（市、区）名称	总数得分	总数排名	新增得分	新增排名	总体得分	总体排名
1	北京	0.12	23	0.20	15	0.32	23
2	天津	0.00	30	0.00	27	0.00	30
3	河北	0.53	6	1.00	1	1.53	2
4	山西	0.24	17	0.40	6	0.64	16
5	内蒙古	0.26	15	0.20	15	0.46	19
6	辽宁	0.06	25	0.00	27	0.06	27
7	吉林	0.03	28	0.00	27	0.03	28
8	黑龙江	0.03	28	0.00	27	0.03	28
9	上海	0.12	23	0.10	23	0.22	24
10	江苏	0.76	2	0.20	15	0.96	6
11	浙江	1.00	1	0.30	11	1.30	3
12	安徽	0.18	21	0.20	15	0.38	22
13	福建	0.24	17	0.20	15	0.44	20
14	江西	0.24	17	0.50	5	0.74	11
15	山东	0.53	6	0.60	3	1.13	4
16	河南	0.71	3	0.10	23	0.81	7

续表

序号	省（市、区）名称	数量得分	数量排名	新增得分	新增排名	总体得分	总体排名
17	湖北	0.59	5	0.40	6	0.99	5
18	湖南	0.53	6	0.20	15	0.73	12
19	广东	0.32	12	0.20	15	0.52	18
20	广西	0.26	15	0.40	6	0.66	15
21	海南	0.29	13	0.30	11	0.59	17
22	重庆	0.29	13	0.40	6	0.69	13
23	四川	0.44	9	0.30	11	0.74	10
24	贵州	0.38	10	0.40	6	0.78	8
25	云南	0.38	10	0.30	11	0.68	14
26	西藏	0.06	25	0.10	23	0.16	25
27	陕西	0.71	3	1.00	1	1.71	1
28	甘肃	0.18	21	0.60	3	0.78	9
29	青海	0.00	30	0.00	27	0.00	30
30	宁夏	0.06	25	0.10	23	0.16	25
31	新疆	0.21	20	0.20	15	0.41	21

（作者简介：张野，中国旅游研究院文化旅游研究基地研究员，旅游演艺中心负责人；李琳，中国旅游研究院文化旅游研究基地研究助理；唐亚男，中国旅游研究院文化旅游研究基地研究助理）

第二章　主题公园发展分析与展望

刘雪蕊

主题公园兼具休闲、娱乐、观赏、运动、教育等特性，是联动旅游、酒店、餐饮、休闲、娱乐等业态的重要着力点，是拉动当地经济、就业的主力军。在良好的消费环境和政策支持下，我国主题公园行业仍处于黄金发展时期。上海迪士尼和长隆海洋王国超千万人次的年游客量，国际主题娱乐巨头的纷纷加入，无不展现了我国主题公园市场的繁荣。随着主题公园的快速开发建设和国民休闲需求的不断增长，我国主题公园的年游客总量目前已接近 1.9 亿人次，年游客增幅近 20%。通过深度挖掘 IP 资源、基于 IP 的故事创作、科技加持的产品、根据市场需求的变化不断探索创新是许多主题公园成功的秘诀。

第一节　我国主题公园行业发展现状

（一）我国主题公园行业总览

从全球范围来看，我国主题公园的世界影响力正进一步扩大。美国咨询公司 AECOM 和主题娱乐协会 TEA 共同发布的《2019 年全球主题公园和博物馆报告》显示，2019 年全球游客量排名前 10 的主题公园集团中有 3 家来自我国，华侨城、华强方特、长隆分别位居第三、第五和第六。而这三家集团在全球十大主题公园集团中的游客数量增涨幅度较大，增速分别为 9.4%、19.8%、8.9%。值得注意的是，华侨城集团旗下主题公园 2019 年入园总人数已经超越环球影城娱乐集团。

据分析，我国华侨城、华强方特、长隆三家主题公园集团旗下多家主题公园游客量的大幅增长主要得益于新景点开放、节庆活动和积极的运营营销策略。华侨城统筹旗下主题公园、特色小镇、主题酒店、文化演艺、旅游度假区等百余家文旅企业，在全国 50 余个城市成功举办文化旅游节，为游客提供优质服务和文化体验。文旅节庆活动的成功举办在一定程度上有助于华侨城集团主题公园入园人数的增长。华强方特集团 19.8% 的游客增长主要因为大量新开业的方特主题公园。得益于港珠澳大桥的开通使用、新游乐区“英雄岛”的开放、门票 + 住宿捆绑套餐的推出以及多种市场营销举措，长隆入园人数实现了 3701 万人次和 8.9% 的年增长率。

在过去的十年，我国主题公园的发展增速较快，平均年增速达到 13%，预计未来几年仍将持续。在良好的经济环境下，GDP 的稳步增长带动旅游经济不断发展，进而带动了主题公园行业的快速增长。伴随着居民物质水平和消费能力的提高、二胎政策的全面开放、中产阶级的壮大、以及交通系统、动漫产业等的发展，人们的文化旅游需求将持续增长，未来旅游人数会不断攀升。主题公园作为旅游的一个重要环节，将吸引更多的游客。多家研究机构预测，我国主题公园发展空间巨大，有望成为世界最大的主题公园市场。目前，我国主题公园游客量增速已超过主题公园数量增速，未来我国主题公园行业仍有持续增长的空间，主题公园行业的良好发展势头也将为主题公园的投资者和运营者带来更多的机遇。

（二）主题公园产业政策发展

当前，文化产业已成为国家发展战略的重要组成部分。主题公园作为我国文化旅游产业的重要一环，产业发展正受到前所未有的重视和支持。近年来，国家出台了一系列政策推动文化旅游产业发展，并规范主题公园行业。2013 年 3 月，国务院 11 个部门联合印发《关于规范主题公园发展的若干意见》（以下简称《意见》），界定了主题公园的范围和规模等级，并明确主题公园新建、扩建的核准程序。《意见》指出，对于投资额 50 亿元及以上或占地面积 2000 亩及以上的特大型主题公园，新建、扩建时需国务院投资主管部门审核后报国务院核准。该《意见》的出台加强了主题公园的行业运营监管，防止主题公园盲目开发建设，并鼓励主题公园创新发展。针对主题公园建设发展过程中出现的概念不清、类型不明、盲目建设、模仿抄袭、低水平重复等问题，2018 年 4 月，国家发改委、国土资源部、环境保护部、住房和城乡建设部、国家旅游局联合印发了《关于规范主题公园建设发展的指导意见》（以下简称《指导意见》）。《指导意见》指出，主题公园周边的酒店、餐饮、购物、住宅等房地产开发项目必须单独供地、单独审批。此外，要严控房地产倾向，尤其针对利用主题公园用地开发房地产的行为旗帜鲜明地进行了限制，画出了红线，对主题公园行业的健康长远发展起到了进一步的促进作用。

随着城乡居民生活水平的持续快速提升、文化和旅游消费的不断升级，国务院办公厅于 2019 年 8 月印发了《关于进一步激发文化和旅游消费潜力的意见》，旨在提升文化和旅游消费质量水平，激发居民的消费意愿，以高质量文化和旅游供给增强人民群众的获得感、幸福感。该文件推出十大丰富产品供给的惠民举措，包括继续推动国有景区门票降价，提高消费便捷度，着力丰富产品供给，推动景区更新、创新、品质提升，发展假日和夜间文旅经济，促进产业融合发展，发展基于5G、超高清、增强现实、虚拟现实、人工智能等技术的新一代沉浸式体验型文化和旅游消费内容，引导文旅企业创新等。国家产业政策体系的日益完善，成为主题公园产业高质量发展的重要保障，将推动产业新一轮的升级。

（三）我国主题公园市场结构

主题公园的分布和规模一般与所在地的经济社会环境紧密相关。从全国范围来看，基于庞大的人口规模和经济总量，我国现有主题公园主要分布于以上海、苏州和无锡为代表的华东地区，总量占全国的34%。此外，以广州、深圳、珠海为代表的华南地区，以北京为首的华北，以及以武汉、重庆、成都为代表的华中和西南地区也分布着大量的主题公园，分别占全国的17%、13%和12%。根据《关于规范主题公园建设发展的指导意见》中的分类标准，主题公园按照规模大小可划分为特大型、大型和中小型三个等级。总占地面积2000亩及以上或总投资50亿元及以上的，为特大型主题公园。我国现有特大型主题公园有上海迪士尼乐园、东部华侨城、长隆欢乐世界、长隆海洋王国、重庆乐和乐都。

主题公园的游客量往往由区位、规模以及资本投入决定。AECOM的研究报告显示，目前国内主题公园游客量分布较不均衡。超过半数的主题公园游览量不足100万人次，而游客量达300万人次以上的主题公园仅占比9%。游客量达300万人次的主题公园通常被认为是区域性大规模主题公园。近一半的区域性大规模主题公园集中在珠三角地区（深圳、广州、珠海），其他主题公园大多集中在长三角地区（上海、常州、宁波）。2019年游客量排名前五的主题公园有三家位于珠三角地区（长隆海洋世界、长隆欢乐世界、深圳欢乐谷），两家位于长三角地区（上海迪士尼、中华恐龙园）。其中上海迪士尼和珠海长隆海洋王国的入园人数超过了 1000 万人次，两者的投资额均超过了 50 亿元人民币。我国当前的主题公园市场格局与区域经济发展水平和人口总量结构是基本符合的。

随着西部大开发和中部崛起战略进入深化阶段，抢占中部、西部蓝海成为不少主题公园集团的投资热门。AECOM 根据已发布的官方消息统计，预计 2025 年前完成建设的主题公园项目主要集中在华东、华中、西南区域，分别占比 22%、22% 和 21%。华中、西南地区的主题公园基数较小，经济增速较快，且人口数量巨大，具有很大的市场潜力。计划拟建的主题公园完成建设后，届时西南地区和华中地区的主题公园数量将直追华南地区。随着中西部地区主题公园产业发展步伐加快，主题公园产业发展不均衡的状态将逐步改善、日趋平衡。

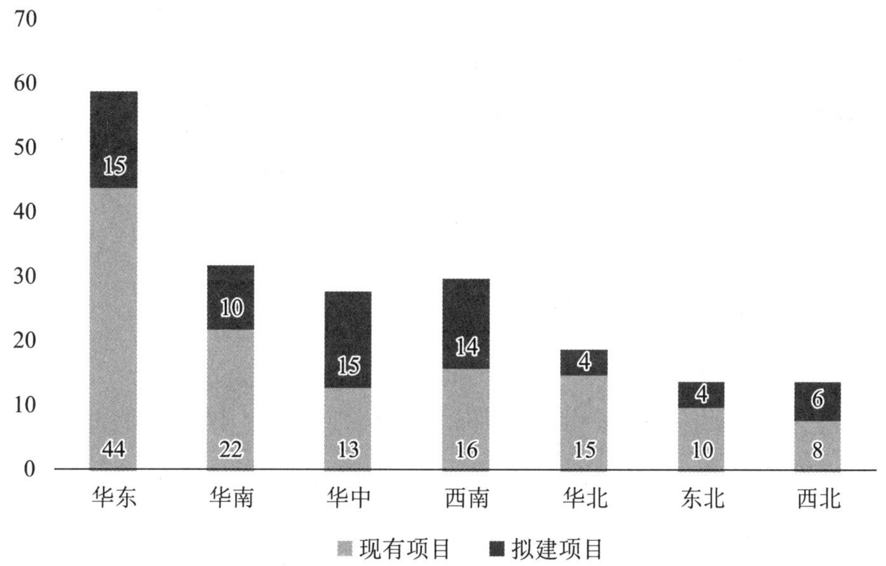

图 2-1　我国主题公园区域分布

数据来源：《中国主题公园项目发展预测报告》

（四）我国主题公园收入状况

众所周知，投资巨大、投资回报周期较长以及自主品牌的缺失给主题公园的运营制造了重重阻碍。随着主题公园行业的发展，越来越多的主题公园开始摸索出适合自己的经营方式，逐步摆脱亏损、走向盈利。中国主题公园研究院的数据显示，截至 2019 年 8 月，我国内地的 339 座主题公园中 53% 实现经营性盈利，22% 持平，25% 亏损。我国主题公园的收入状况利好信号频出，甚至有数据显示，主题公园成为了“最赚钱”的旅游景区，譬如 2019 年，华侨城集团营收达到 1309.82 亿元，利润 235.85 亿元，同比强势增长。我国主题公园的零售额和收入的日益增长一方面得益于宏观环境利好、客观需求增加，另一方面归功于主题公园的管理技术不断完善，同时配合降低成本、延长经营时间等有效措施。主题公园营收能力的增强，对当地经济起到了有力的拉动作用。据艾媒咨询分析，2019 年我国主题公园的直接效益规模（含门票、餐饮、住宿等）将达到 3237.6 亿元，预计 2021 年将达到 4263.1 亿元。

（五）我国主题公园排名

中国主题公园研究院和华东师范大学休闲研究中心及上海师范大学休闲与旅游研究中心根据区位竞争力、规模竞争力、项目吸引力和发展能力 4 个一级指标，共计 14 个指标，确立了主题公园综合竞争力评价指标体系。据《2019 我国主题公园竞争力指数报告》显示，上海迪士尼乐园位于综合评价排名第一，东部华侨城和世界之窗位列第二和第三。深圳欢乐谷、深圳锦绣中华民俗村、长隆欢乐世界、北京欢乐谷、上海欢乐谷、武汉欢乐谷和常州中华恐龙园依次跻身前十。此外，中国主题公园研究院评选出2019年最受期待的主题公园，排在首位的是预计2021年开园的北京环球影城，其次是清远长隆森林乐园和上海冰雪世界。

上述报告显示，无论在主题公园的受欢迎程度还是竞争力层面，上海迪士尼乐园均列国内主题公园首位。开业仅仅几年的上海迪士尼乐园已成为国内主题公园行业的掌旗手，以其高质量的设计和内容、良好的经营能力成为业界典范。此外，长隆集团、华侨城旗下主题公园的受欢迎程度、综合竞争力排名均位于前列，彰显其较强的市场影响力和综合竞争实力。可见，品牌与规模是主题公园发展的双驱动，内涵丰富、独具一格的IP，以及良好的运营、多元化的营销策略为主题公园的可持续发展提供了动力和保障。

第二节　我国主题公园的发展特征和趋势

（一）我国主题公园的集中度较高，品牌化、规模化、马太效应突出

《2019全球主题公园和博物馆报告》显示，我国华侨城集团、华强方特和长隆集团三大主题公园运营商旗下主题公园入园人数分别达到5397万人次、5039万人次和3701万人次，合计多达1.4亿人次，上海迪士尼乐园自2016年开园，入园人数稳定保持在1000万人次以上。据不完全统计，连锁主题公园运营商旗下经营的主题公园数量占全国主题公园总量的42%，这些主题公园大多集中在经济较为发达或者旅游业较发达的城市，

如上海、深圳、广州等。由于拥有成熟的品牌、资本与规模以及地域优势，吸引了大多数的客流，形成寡头之势。因此，我国主题公园的发展趋势呈现出马太效应，一方面是知名主题公园漂亮的经营数据，另一方面是众多主题公园并不乐观的经营业绩。我国存在着众多的中小主题公园，通常具有运营经验不足、规模偏小、缺少特色、主题定位不明确等一系列问题。未来，连锁主题公园运营商将继续发挥其品牌优势、规模优势、资金优势和管理优势，持续扩大主题娱乐产品组合。在未来拟建主题公园项目中，近 70% 的主题公园为连锁主题公园运营商旗下。我国主题公园行业的快速发展势必会形成优胜劣汰的竞争局面，未来不少中小型主题公园很可能在大浪淘沙中被淘汰出局，实现行业的迭代升级。

（二）主题公园的国际化、区域化竞争日益激烈

我国主题公园市场的巨大潜力吸引了国际主题娱乐集团的目光。全球主题娱乐巨头迪士尼、环球影城、默林娱乐、六旗纷纷开始了我国市场的战略布局。作为首家在我国落地的“洋品牌”主题公园，上海迪士尼乐园于 2016 年正式营业，占地面积达到 390 公顷，成为国内首家游客量超 1000 万人次的主题公园。紧接着，我国首个、亚洲第三个环球影城主题公园宣布落户北京，总投资 500 多亿元，占地面积 400 公顷（其中主体公园占地 120 公顷，度假区占地 280 公顷），建成后将成为世界最大的环球影城主题公园，预计 2021 年正式开园迎客。全球主题公园集团排名第七的六旗进入我国后遍地开花，先后与浙江嘉兴、重庆、江苏南京签订合作协议。2019 年，全球第二大主题公园集团默林娱乐集团宣布旗下的乐高乐园将落地四川和上海。

根据《关于规范主题公园建设发展的指导意见》中的分类标准，上

述主题公园除乐高乐园属于大型主题公园外，其余项目均属于特大型主题公园。从地域上看，国际主题公园集团在我国的布局主要集中在一线城市或经济发达地区。未来五年之内，这些主题公园将全部开门迎客。一方面，国际品牌的进入将带来先进的管理技术和经验，引领并促进我国主题公园行业升级；另一方面，我国本土主题公园企业将面临来自国际市场的强有力竞争者。此外，国际巨头的加入将使得我国主题公园的区域竞争进一步加剧，其中长三角地区尤为突出。预计四到五年后，上海将同时拥有迪士尼乐园、乐高乐园两大国际主题公园，加上上海欢乐谷、海昌极地海洋公园、锦江乐园、欧罗巴世界乐园以及周边邻近省市的杭州宋城、Hello Kitty 乐园、常州恐龙园、苏州乐园等，将汇聚大大小小几十家主题公园。随着大量在建和拟建的主题公园项目即将落地华南、西南、华中等区域，这些地区俨然成为主题公园的竞争焦点，竞争将趋于白热化。

（三）科技创新推动主题公园升级和发展

我国主题公园行业经历了萌芽期、发展期和完善期，消费需求的升级和国外品牌的加入推动主题公园进入升级阶段。主题公园发展离不开科学技术的加持，科技创新成为产业升级发展的重要驱动力。科学技术与主题公园的生产、传播、消费等方面深度融合，对提高主题公园产品的多样性、创新性、体验性和互动性，打造数字化、智能化主题公园具有重大意义。

当前，体验型游乐形式处于井喷态势，数字模拟、高科技技术、仿真技术等被广泛运用于主题公园。随着技术的发展和完善，设备材料、性能、动力、安全性不断革新并日益成熟，主题公园的虚拟化、沉浸式、互动式体验已成为主流。我国许多主题乐园紧跟发展热潮，将高科技运用到游乐设施中。方特通过高科技的处理，将名画《千里江山图》以数字 3D 形式展现于主题乐园飞翔球幕影院巨型球幕上，游客乘坐悬挂式动感座椅，座椅会模拟上升、俯冲、躲闪、颠簸、滑翔等活动，使游客感受现代科技与古代文化结合创作出的艺术魅力。长隆欢乐世界推出“王者荣耀版 VR 过山车”，游客戴上高科技 VR 眼镜坐上飞马家庭过山车，感受超现实的虚拟景象和身体感官带来的双重冲击。高科技在上海迪士尼乐园中无处不在，如“漫游童话时光”结合电脑生成影像、数字媒体、特效、投影和虚拟场景，通过首创的互动式走览体验，重新讲述《白雪公主和七个小矮人》的故事。当前大数据时代背景下，大数据全面贯穿用户调查、产品设计、推广营销等各个环节，为智能化主题公园的建设运营提供了有力支持。结合手机 App、社交媒体、自媒体、小程序等应用，开启了主题公园智慧营销的新模式。随着电子科学技术的发展，消费者的需求、消费行为也逐渐发生变化。基于科技、大数据提供的定制化服务可满足年青一代消费者的个性化需求。

伴随着新一代信息技术的发展，主题公园产业将迎来新的发展机遇。当前热门的虚拟现实（VR）技术、增强现实（AR）技术、人工智能（AI）、智能语音和机器人技术为代表的新技术在主题公园中的应用彰显出巨大潜力。主题公园的生产和发展越来越依赖科学技术，科技的高速发展预示着未来主题公园的产品和服务升级将不断加快。与此同时，科技新技术引入伴随着个人隐私、数据保护等问题值得重视。

（四）主题公园主题性加强，多元化、本土化文化突出

据 AECOM 统计，现有主题公园中以器械类乘骑游乐设施为主体的游乐园占比高达 53%，此类主题公园提供大型游乐设施以满足游客的休闲娱乐需求，它们大多无明显主题。其余的主题公园可以按主题可大致分为奇幻卡通人物、历史文化、动物、景观、影视媒体五大类。其中奇幻卡通类主题公园占比最高，达到 16%，以独特的卡通人物为主题，为游客提供多种形式的主题体验，主要代表有上海迪士尼乐园、方特欢乐世界、杭州 Hello Kitty 乐园；历史文化为核心主题的主题公园占比达到 13%，主要代表包括杭州宋城景区、常州春秋淹城；动物景观类主题公园占比 9%，代表公园有长隆野生动物世界、上海海昌海洋公园；景观类主题公园以自然或人造景观为游览、体验主体，占比 5%，代表公园有世界之窗、常州中华恐龙园；影视媒体类主题公园以场景体验为主，如横店影视城、华纳电影小镇，占现有主题公园的 2%。

根据官方发布的现有资料，预计在 2025 年前完成建设的主题公园约为 70 个，目前在建项目约 50 个，其中 87% 的拟建项目有明显主题，高于现有比例。研究表明，主题鲜明的主题公园比无明显主题的主题公园更可能获得市场青睐。通过对比现有明显主题和无明显主题的主题公园可以看出，游客量在 100 万人次以下的主题公园大多无明显主题，而游客量超过 400 万人次的大部分主题公园都具有明显主题。无明显主题的主题公园园区的故事线较弱、没有特定的市场细分。主题性加强是主题公园行业发展的体现，主题公园越来越注重通过提供差异化、个性化、高品质的产品提升市场竞争力。

在主题公园数量日益增长的背景下，主题创新成为我国主题公园的

新机遇。主题公园的主题亮点正随着消费人群结构和消费观念的更新而转变，主题选择在空间维度、时间维度的架构中呈现多元化趋势。随着国际化进程的加快，游客多于异域文化的好奇心和兴趣越来越强烈，对跨地域空间文化的“排异反应”越来越小，主题选择自由度大大增加。与此同时，我国游客对于我国传统文化的反思和认同感逐渐增强，返璞归真的本土文化成为热门的主题选择。据统计，拟建主题公园中在主题分类上以历史文化类为主，占比分布达到了 28%。华强方特东方神画以我国五千年历史文化精粹为主题，将经典的牛郎织女、女娲补天、孟姜女等神话故事融入公园创意设计，迅速在芜湖、济南、宁波、厦门、长沙、荆州等地布局项目。本土文化与异域文化，传统文化、现代文化与未来文化，将与娱乐主题进一步融合、擦出更多的火花。

（五）主题公园迈入“文化旅游产业群”时代，产业融合的广度和深度进一步扩大

随着国民旅游需求从观光向休闲度假转变，主题公园正从单体景区向综合度假景区转变，消费方式从游乐器械向内容体验转变。主题公园行业迈入“文化旅游产业群”时代，趋于集文化创意产业、休闲娱乐业、影视媒体业、房地产业等多业态于一体的产业发展模式。近年来，新落地的主题公园项目大多以大型文化旅游综合项目的形式存在。这些大型综合项目往往投资巨大，涵盖餐饮、商业、酒店、影视、娱乐、网络等，主题公园正从单一盈利、短期运营向综合化、长期运营转变。在多业态产业发展模式下，文化旅游产业综合项目不再单纯依靠门票收入支撑其发展，而是依靠餐饮、酒店、娱乐、地产、衍生产品等相结合的成熟产

业链，产出回款周期短的收入，其抗风险能力和盈利能力大大提升，从而获得源源不断的发展动力。然而大型文化旅游产业群不仅仅是一座主题公园，而是包含多业态的综合体，需要大规模的资金长期、稳定地支持和基础设施建设。一味地盲目投资、兴建文化旅游产业群，将会给主题公园未来发展之路带来众多未知和变数。

在拓展产业融合广度之余，主题公园正通过加强多产业之间的深度融合实现内涵化、品牌化、创新化、规模化。通过商品、餐饮、演艺等各环节的深度合作，主题公园可以提升现有品牌价值、提高效率同时降低成本。多业态的合作成为主题公园重要的运营和营销方式。长隆与香港无线电视台 TVB 合作拍摄的《人生马戏团》取得了良好的市场反馈。长隆的大马戏演出、魔术表演、野生动物园成为电视剧的精彩看点，给观众留下了深刻的印象。方特、长隆、宋城等主题公园均与综艺节目《爸爸去哪儿》《奔跑吧，兄弟》开展过合作，不仅参与了节目录制，还参加了电影制作。上海迪士尼乐园和东方航空的合作日渐深化，“机票+酒店+门票”的套餐在多个目的地热销。随着主题公园产业融合的广度和深度进一步扩大，不同产业的边界正日益融合。

第三节　我国主题公园发展模式分析与展望

当前我国主要的主题公园运营商包括华侨城集团，华强方特文化科技集团，杭州宋城集团、海昌海洋公司、长隆集团、万达集团、融创集团、美国华特迪士尼集团。由于产业背景、商业基础、发展历程不同，主题公园运营商的发展模式可根据发展核心大致划分为三大类。

（一）地产主导模式趋于理性和专注

第一类主题公园发展模式是地产主导模式。开发商利用主题公园类旅游项目提升地产价值，聚集人气，再用地产进行资本运作实现资产增值，反哺旅游项目。地产主导模式下的商业运营更多地体现地产概念，旅游地产成为拉动多种业态的核心引擎。该模式的优势在于运营商可利用地产实力，帮助主题公园建设和发展驶入快车道。虽然地产项目对主题公园的发展发挥了积极的作用，但是有些地产开发商过于强调发展速度，过度开发地产，缺乏对文化产品发展的钻研和耐心，不利于主题公园的健康长远发展。另外，地产项目对于国家政策尤其是房地产政策的依赖性较强，宏观政策的变化将为投资和资金带来大量变数。《2019 我国主题公园调查报告》显示，在过去的 18 个月里，我国主题公园建设整体放缓，一些新文旅地产项目宣布延迟开业，其原因与政策收紧及相关经济因素有关，如贷款难度加大、资金流动性出现挑战等。随着行业的发展和国家政策的引导，文旅地产项目的投资建设将趋于理性和专注。主题公园市场需求评估、制定竞争战略以及协调好主题公园与区域旅游的互动关系是合理投资的关键。主题公园项目通常投资巨大，回报周期多在五至十年之后，如若不依靠地产，很难维持日常运营。对于地产主导模式下的主题公园投资商和运营商而言，如何实现文旅和地产之间的平衡，如何依靠旅游拉动地产，凭借地产反哺旅游，实现良性循环是长远发展需要思考并解决的重要问题。

（二）主题公园协同其他业态发展模式快速成长

主题公园运营商的第二种发展模式是以园区运营为核心，兼顾发展主题公园周边酒店住宿、餐饮、娱乐、房地产等衍生产业。相比地产主导模式，这种发展模式更侧重于主题公园建设和运营。从发展方向上看，以横向发展为主，如以主题公园结合马戏、酒店及地产的长隆集团，以主题公园结合发展演艺、酒店等衍生产业的宋城演艺，以主题公园结合房地产业及文化创意产业的华侨城。得益于我国旅游市场的高速发展、国民休闲娱乐需求的爆发性增长，该模式下的主题公园发展迅速。作为该发展模式的典型代表，长隆集团打造出集游乐设施、巡游表演、特技剧场、主题酒店、餐饮休闲、综合服务为一体的大型主题娱乐度假区。位于广东省的两家长隆主题公园度假区 2019 年游客量达到 3701 万人次，同比 2017 年增长 8.9%。长隆集团在主题公园建设和运营的专注成就了其成功。在当前主题公园竞争愈加激烈的环境下，仅靠游乐设施不足以支撑主题公园的长期发展。

（三）全产业链模式有待突破

主题公园运营商的第三种发展模式以 IP 为整个产业体系的基础和核心，整合娱乐资源，多媒体传播提升 IP 热度，围绕 IP 打造、开发服装、玩具、食品等一系列的衍生品，实现业务多元化，形成完整产业链。在发展方向上，运营商横向发展园区经营及相关附属产业，同时纵向发展内容创作、动漫游戏、影视媒体、文化创意等产业，形成集旅游、影视、文化创意、零售业、房地产等全产业链发展模式。作为 IP 主导的全产业链模式的典型代表，迪士尼集团常年稳居全球主题公园品牌排行榜第一。迪士尼乐园致力于IP与人造梦境的完美结合，为游客营造全方位的沉浸体验。迪士尼集团的主要收入来源来并不限于主题公园业务，而是来自多年来悉心打造的众多原创IP，来自运作有效的集动漫、影视、服装、玩具、出版、网络于一体的泛旅游娱乐文化产业链。迪士尼乐园，只作为整个产业链中的一环，是迪士尼文化的一个载体和传播渠道。为了始终保持新鲜感，迪士尼集团通过收购皮克斯动画、漫威工作室和卢卡斯电影公司来获得广受欢迎的新IP形象。

与迪士尼相比，我国主题公园产业链还不够成熟，有待突破。对于主题公园产业链发展而言，IP的创新和运营是主题公园打造竞争优势、实现长期持续发展的核心。对原创IP的挖掘和打造已成为众多我国主题公园的发展目标和方向，而实现这一目标与企业的自主创新能力和IP形象的迭代创新密不可分。作为打造原创IP的国内先驱之一，华强方特的《熊出没》已成为方特系列主题公园的一张名牌。华强方特已开始着手于IP的更新换代，通过培育新IP以补足IP老化的问题。近期，方特集团发布六大IP动漫，除了以《熊出没》为主线发展新IP，还推出原创古风动画《佣之城》。长隆集团启动了大熊猫原创动漫IP养成计划，首先与好莱坞电影《功夫熊猫3》合作打造大熊猫三胞胎的动漫形象。此外，长隆将原创动漫IP结合主题公园建设，打造熊猫主题乐园、游乐项目和主题酒店。

主题公园的收入比例可以反映出IP运营能力的强弱。以华强方特为例，主题公园收入占总收入比例的83%，其文化产品及服务收入占比仅为17%。相比之下，迪士尼乐园的主题公园收入占比为34%，媒体网络收入占到了总收入的41%。当前我国本土主题公园的营业收入主要还是来自公园门票，衍生产品带来的收入严重不足。可见我国主题公园发展全产业链还有很长一段路要走。另外，IP 的实景落地、产品的设计、策划和运营也极其重要。华纳兄弟以本身的 IP 为起点，从上游拓展至下游的渠道端和消费端，打造的主题公园项目虽不乏优质 IP，然而运营却不尽如人意，存在着缺乏互动和体验感、衍生品开发不足等一系列问题。相对于传统的快消产品，文旅产品应当更注重消费者的情感参与、情感依恋和情感交流。单个的卡通或人物主题形象很难产生较大的经济效益，只有将 IP 和故事结合起来，才能使主题形象更为丰满。将“IP+ 故事”融入主题场景，使每个场景与故事相匹配并有效的串联起来，才能更好地建立起游客与主题公园的情感联系，产生情感共鸣，营造出全方位的沉浸体验。

第四节　全球主题公园发展案例分析

（一）香港海洋公园：深挖本土文化、开发夜间消费市场

面对香港迪士尼乐园的到来，香港本土主题公园——海洋公园大力发展动物、环保及教育主题，不仅一步步地扭转了亏损的局面，更是由一个老旧的主题公园成长为一座可与迪士尼乐园比肩的有力竞争者。2019 年香港海洋公园游客量达到 570 万人次，在全球主题公园中位列前二十。打造差异化品牌、深度挖掘本土文化、开发夜间消费市场、不断开拓创新是海洋公园成功的关键。

1977 年开业的海洋公园由香港特区政府全资拥有。2004 年，连年亏损的“内忧”加上香港迪士尼乐园开业在即的“外患”，使得海洋公园面临着一场生死考验。2005 年，一份预算 55.5 亿港元的海洋公园《全新

发展计划》获得了香港立法会财务委员会的批准，并于一年后正式实施。在决定新增的景点和游乐项目之前，确定合适的主题尤为重要。虽然可以选择的主题很多，但是并不一定所有的主题都适合建造公园。在海洋公园看来，让游客有新鲜感，把游客带离现实社会是很多主题公园成功的经验。西游记、三国演义这类主题曾经是一些热门的主题选择，然而游客对它们过于熟悉，从而缺少了新鲜感。主题公园必须与其服务的市场有文化上的连接。区别于迪士尼乐园的美式文化，海洋公园致力于打造一个极具香港本土特色的主题公园。利用香港特色餐饮打造老香港文化，是海洋公园用来打造差异化主题文化的一种方式。海洋公园改造计划获批同年，海洋公园将原先承包给第三方的餐饮经营权全部收回，并减小了园内西餐的占比，增加了茶餐厅这类港式特色餐饮形态。此外，海洋公园开设了一条还原香港 20 世纪 50 年代至 70 年代街景的“香港老大街”景点，保留着老香港文化的风貌，设有香港传统怀旧小吃、街头游戏摊位。通过海洋公园首届“Haloween”（万圣节）活动，海洋公园凭借这一创意大获成功。“Haloween”不仅拉动了入园人数和零售业务，更引发市场争相模仿，甚至连迪士尼乐园也加入庆祝这一节日活动的阵营，掀起庆祝“Haloween”的热潮十余年。进一步，海洋公园把市区特色风味的餐饮店铺引入公园，打造了夜间美酒佳肴盛会——“南岛飨乐”，为游客提供独特的夜场体验，并先后推出日本清酒、啤酒、米其林餐饮等不同主题。“南岛飨乐”给本地游客提供了另一种选择，游客下班后可以来海洋公园投入这场盛宴。海洋公园通过夜间活动延长游客在园内的停留时间，增加额外的门票收入及园内餐饮收入占比，更接近国外成功的主题公园收入结构。

在香港迪士尼乐园到来的 14 年里，海洋公园深挖香港本土文化，成功打造差异化特色，大力发展节庆活动、夜间消费经济。面对迪士尼乐园的到来，香港海洋公园并没有将其仅仅视为一个竞争对手，相反，海洋公园认为迪士尼乐园的开业可吸引更多的游客来港，游客增多将带来旅游市场的增长。面对越来越多的国际巨头主题公园即将加入我国主题公园市场，海洋公园的发展之路或许能为我国本土主题公园带来一些启发和鼓舞。

（二）默林娱乐的家庭景点娱乐帝国：市场精准细分、差异化策略、品牌发展系统

默林娱乐集团成立于 1999 年，是仅次于华特迪士尼公司的全球第二大、欧洲第一大主题乐园运营商。2019 年，默林娱乐集团旗下主题公园游客人数达到 6700 万人次，位列全球第二，同比增长 0.9%。默林娱乐是以主题公园为主，业务类型相对单一的专业化集团，其发展模式类似于第三节的第二类模式。市场精准细分、差异化策略、完整的品牌发展体系，是默林娱乐集团获得成功的关键。

默林娱乐集团拥有短途景点（例如，杜莎夫人蜡像馆、伦敦眼、Sea Life、乐高探索中心）、乐高乐园和度假主题公园（例如，加达乐园、奥尔顿塔、索普公园、海德公园）三大业务。短途景点大多为位于城市中心、度假胜地或购物中心中的室内景点，而主题公园大多为游客提供住宿、演出等配套服务设施的室外景点。乐高乐园主要针对 11 岁以下的儿童和家庭，为他们提供丰富有趣的娱乐体验及互动益智课程。针对三大业务板块的特点，默林娱乐集团实行了不同的运营和营销策略，同时，通过组合定价来加强单个景点之间的联系，发售年度通行票实现旗下资源共享和互补，强化自身品牌，谋求价值最大化。

面对国际娱乐巨头迪士尼、环球影城，默林娱乐集团采用了一种差异化的竞争策略。默林集团旗下的短途室内主题公园不但能提供差异性产品，而且能够减少天气的影响，实现全年运营。差异化理念还体现在默林集团的景点设计中，默林集团注重因地制宜，设计开发独特的本土景点，如索普公园、奥尔顿塔等。乐高乐园的迷你城市建筑区通常设置该地区具有代表性的著名建筑和场景，从而体现不同的地域特点。此外，默林集团格外重视区域性布局，如仅在上海就布局了长风海洋世界、杜莎夫人蜡像馆、乐高探索中心、小猪佩奇的玩趣世界等多个室内主题公园，这样不仅可以提供差异化产品，还能实现营销和运营的区域协同效应。

默林娱乐集团专注于品牌化的家庭景点娱乐运营，在品牌发展方面主要采取三种策略。第一，针对一些比较成熟的自有品牌，如杜莎夫人蜡像馆、海洋探索中心，默林娱乐集团为每个景点制定了五年发展计划，通过不断的迭代创新为游客带来新鲜感，保持景点的生命力。著名景点杜莎夫人蜡像馆传统上采用的是蜡像 + 讲解牌或者较为静态的场馆布置。随着科技发展和消费升级，默林集团在场馆中加入了更多的科技元素和互动体验。第二，默林集团在创造新的品牌时融入本土化元素，演绎历史故事，吸引本土市场。在进军我国市场的时候，默林娱乐集团在北京推出了新的原创品牌——大城小像，通过超 6000 个微缩人物还原北京的名胜古迹，呈现北京历史上的重要时刻。场馆运用高科技交互式的微缩场景结合沉浸式灯光特效，使游客置身于历史之中，更好地体验北京的历史文化。第三，和知名品牌合作，开发新的内容、新的场馆和新的衍生产品。例如，默林娱乐集团与 Entertainment One 合作打造小猪佩奇的玩趣世界，将《小猪佩奇》动画片当中最受欢迎的场景还原到现实场馆当中，打造多维度、立体的游玩体验。

通过原创、并购以及授权的方式，默林娱乐集团获得了众多 IP 品牌，并在品牌合作上不断积极拓展，建立起 IP 品牌王国。默林娱乐集团将其品牌王国应用于各短途游景点与主题公园景点，打造出世界一流的家庭景点娱乐帝国。与全产业链模式不同，默林娱乐集团旗下的各个主题公园的品牌相对独立，大多基于单个 IP 进行设计开发。多元化的 IP 和景点能够更多覆盖到大范围的受众群体，满足游客的个性化需求，实现市场精准细分。当前，我国众多主题公园同质化竞争现象严重，定位不清、品牌辨识度不够是制约和影响我国主题公园发展的重要问题。主题公园品牌建设是一个长期的过程，需要整体、系统、持续的规划。默林娱乐集团市场需求导向型的发展战略定位和策略或许能为我国主题公园的品牌建设带来一些启发。我国主题公园应该走可持续发展的道路，不断提高运营管理水平，以优质 IP 为先导，深入研究市场和游客需求，紧扣消费发展趋势，打造核心竞争力，不断创新，形成行业协同发展模式。

（作者简介：刘雪蕊，中国旅游研究院文化旅游研究基地特约研究员，东南大学人文学院讲师）

第三章　博物馆旅游发展分析与展望

常卫锋

文化是城市的灵魂，博物馆是目的地国家或地区的文化结晶和文化标本，是城市灵魂的栖息地。博物馆拥有数不尽的艺术奇珍，满载着历史的沉浮沧桑，是一个城市文化艺术的圣地。博物馆是保护和传承人类文明的重要殿堂，是连接过去、现在、未来的桥梁。作为历史的保存者和记录者，一个博物馆就是一所大学校。2019 年以来，我国文旅融合开启新征程，博物馆日益成为文物保护利用、历史研究传承、中华优秀传统文化发扬光大的重要场所和载体。据国家文物局统计，截至 2019 年年底，我国登记注册的博物馆共计 5535 家，其中免费开放博物馆达到 4929 家，全年接待观众已达 11.3 亿人次。博物馆旅游和博物馆文创方兴未艾，是我国文化和旅游融合发展的新领域，成为诗和远方牵手的新亮点。

第一节　博物馆旅游发展现状

（一）博物馆数量稳步增长

2019 年，我国博物馆数量继续高速增长：全国博物馆数量比上一年度增加了 181 家，同比增长 4.24%；全国博物馆藏品总量累计达 4000 余万件，其中排名第一的故宫博物院藏品达到 186.3 万件，囊括了全部门类。山东博物馆数量稳坐全国头把交椅，山东、浙江、河南都超过 300 家，全国有 11 个省区市博物馆数量超过 200 家。其中，山东拥有博物馆 567 家，浙江 396 家、河南 348 家，分列第二、第三。进入前十名的省份还有陕西、江苏、广东、四川、安徽、甘肃、湖北。

表 3–1　2014—2019 年度全国博物馆数量增长率

年度	数量	增长数量	增长率
2014	4510	345	8.2%
2015	4692	182	4.0%
2016	4873	181	3.8%
2017	5136	263	5.3%
2018	5354	218	4.2%
2019	5535	181	3.4%

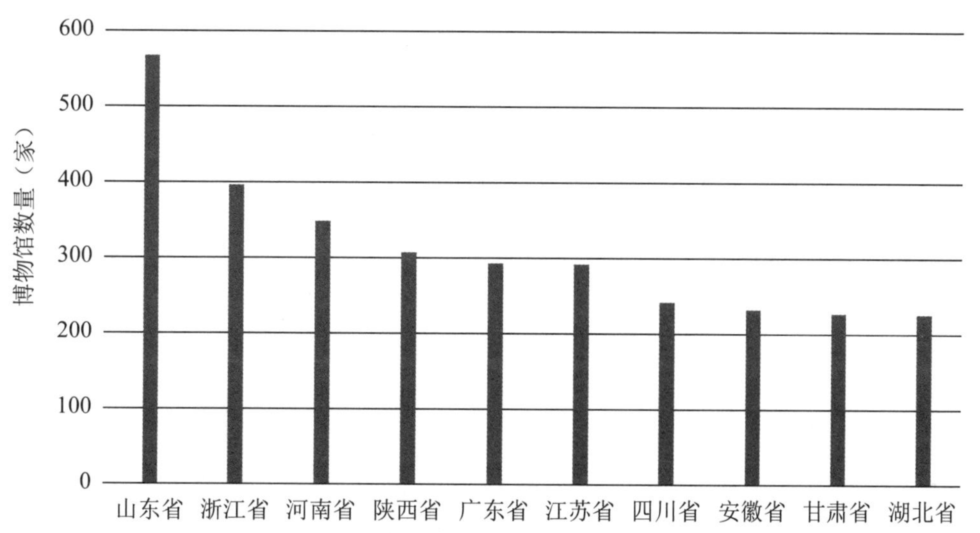

图 3–1　2019 年度全国博物馆数量排名前十

此外，我国社会力量参与博物馆投资建设的热情高涨，全国非国有博物馆发展迅猛，博物馆建设项目成为各地文旅项目库的重要板块。2008 年，全国非国有博物馆仅有 319 家。截至 2019 年年底，总数已达到 1710 家，11 年间数量增长到 5 倍多，并且目前还在以每年 200 家左右的速度增长。

（二）博物馆文化中枢地位凸显

博物馆不仅是连接着过去和未来的桥梁，也是人与人、人与物、人与社会的桥梁。国际博物馆协会（ICOM）确定 2019 年“5·18 国际博物馆日”的主题为“作为文化中枢的博物馆：传统的未来（Museums as Cultural Hubs：The Future of Tradition）”。从 2018 年的“超级连接”到 2019 年的“文化中枢”，博物馆正在被赋予越来越重要的角色与使命：作为时间轴上的“文化中枢”，博物馆肩负起连接过去、现代与未来的使命；作为空间轴上的“文化中枢”，博物馆致力于搭建不同地域、不同文明、不同民族之间沟通的桥梁。通过博物馆这个特殊“通道”，寻求文化认同，理解不同文化，保护文化多样性，让优秀历史文化“活”起来，“活”在当下，走进人们日常生活，成功走向未来，促进文化的传承发展无疑是博物馆的使命和价值。由文化链接生活、历史对接现实催生出的博物馆旅游热，是博物馆文化中枢地位的生动注脚。从全国看，2019 年春节，全国数千家博物馆推出上万场精彩活动，“博物馆里过大年”成为新年俗。中国旅游研究院统计显示，游客在春节期间参观博物馆的比例高达 40.5%。北京多家博物馆举办新春民俗文物展，营造首都欢乐祥和的节日气氛；吉林 110 家博物馆举办 159 项猪年文化题材展览，开展各项活动 1337 场次；陕西历史博物馆、秦始皇帝陵博物院、西安博物院面向广大青少年开展主题宣传活动，策划“荐福文化大庙会”，陕西全省博物馆春节参观人数达 1196 万人次；成都武侯祠博物馆接待观众增长超过 30%。从城市看，2019 年上海市博物馆接待观众 2679 万人次，其中青少年观众 690 万人次，同比增长 21.3%；113 座免费开放的博物馆共接待 1672 万人次，占观众总量的 62.4% 以上。

（三）博物馆研学旅行持续升温

2019 年，博物馆研学旅游持续升温。国家层面大力支持研学旅行活动开展，国家文物局会同教育部将 95 家博物馆及相关机构列入全国中小学生研学实践教育基地名单。众多研学旅游机构和企业策划设计了系列研学旅行线路和产品。各地博物馆依托自身特色，加强资源整合，结合文化主题和市场需求，推出了一批研学旅行实践项目和精品课程，如首都博物馆联合多家博物馆推出的“燕国达人”活动、广东省博物馆组织的“自然海洋营”夏令营、成都杜甫草堂博物馆开展的“草堂一课”、重庆红岩革命历史博物馆打造的“红色小记者”研学旅行体验营等，均取得了良好的社会效益。在满足观众参观需求之外，一些博物馆不断拓展服务项目，提供餐饮、文创销售等配套服务，为观众提供独特的参观体验，满足游客多方面需求，让游客感受博物馆之美。如故宫博物院的文创、观复博物馆的网红猫、建川博物馆的红色主题酒店以及主题餐厅等，深受参加研学旅行的中小学生好评。

（四）博物馆加快夜游开放步伐

2019 年 2 月 19 日至 20 日晚，600 岁的故宫打破传统，首次举办“紫禁城上元之夜”主题灯会，故宫大规模建筑群首次在夜间点亮，并对游客免费开放，以更加“接地气”的方式，让公众沉浸其中，感受故宫独特的魅力。故宫开启夜景模式，取得了多赢效果：一方面把文物“拿出来”让国民认识和学习，满足了公众的文化需要、心理需求、情感需求，增强了国民文博保护意识，让众人一同成为文物的守护者；一方面“紫禁城”上元之夜的照明设计将高新科技与文物保护有机融合，通过设定不同的灯光程度，达到“见光不见灯”的布光效果，展示了故宫深沉壮美的厚重文化；一方面实现了可观的经济效益，游客接待量井喷，加快了博物馆夜游开发步伐。

2019 年 5 月，长沙市区的博物馆举办了“博物馆之夜”相关体验活动，长沙简牍博物馆推出夜间小剧场演出、特展开幕式等。2019 年 7 月开始，全国博物馆夜间开放大规模集中呈现。据统计，2019 年暑期全国开放夜场的博物馆至少达到 60 家。之所以推广夜间开放，与国家出台的一系列促进夜间经济繁荣发展的支持政策密切相关。7 月国务院常务会议研究确定了促进文化和旅游消费的措施，其中包括发展文化和旅游场所夜间餐饮、购物、文化演出等。7 月至 8 月，北京市、上海市、广州市、武汉市、成都市的多家博物馆齐开夜场，陕西历史博物馆、广东省博物馆、四川博物院等省级大馆都开启了“夜场”模式。7 月至 9 月，上海市共 24 家博物馆试点开放夜间参观，每周五或周日延长开放时间。其间共开放夜场 221 场次，接待游客突破 45 万人次，夜间客流量约占白天的 24%，夜场门票收入突破 34 万元，文创收入达 83.6 万元；宝山区博物馆联盟“夜宿博物馆”系列活动非常火爆，夜间加场 2 次。8 月 1 日起，广州市共有 11 家博物馆（纪念馆）夜间开放；吐鲁番博物馆、阿克苏地区博物馆、武汉江汉关博物馆、湖南省博物馆等，也在 2019 年试水了夜间开放。

2019年“5·18国际博物馆日”中国主会场上，湖南省博物馆成功举办“博物馆之夜”并首创文物全媒体传播。当晚超过4000名观众参与了现场体验，活动的网络直播点击量达886万次，成为该类型活动的标杆。有关博物馆、文化展览、戏剧演出等文化生活的报道越来越多，在微博、抖音等社交平台上，“夜游博物馆打卡”“博物馆奇妙夜”等话题已成为青年网民追求的新时尚。对于博物馆夜游，市场反响强烈：中国国家博物馆首个夜场，有近4000名观众预约，人流峰值一度达到1.6万人；上海博物馆夜场预约通道开放后，2000张门票在十几分钟内一抢而空；长沙市博物馆举办恐龙展体验活动，活动预约应接不暇。

表3–2 2019年度部分开放夜游的博物馆

博物馆	夜游开放时间	夜游开放项目
故宫博物院	1月20日	上元之夜
国家博物馆	7月28日起每周日延长至21点	博物馆奇妙夜
首都博物馆	8月7日（七夕节）	爱情创意主题
上海博物馆	7月12日、26日 18：00—21：00	三个特展：太平洋艺术珍品展、景德镇瓷器大展、货币史中的白银
中共一大会址纪念馆	7月1日、5日 17：00—21：00	“伟大觉醒：五四新文化运动与中国共产党的创建文物史料展”特展
上海市历史博物馆	7—9月中每周五 17：00—20：00	部分东楼基本陈列及中庭
世博专题博物馆	7—9月每周五 17：00—20：00	
国际乒联博物馆 中国乒乓球博物馆	7月1日—9月13日每周五 17：00—21：30	

续表

博物馆	夜游开放时间	夜游开放项目
孙中山故居	7月12日、7月26日、8月9日、8月23日、9月6日延长售票时间至18：00，18：30闭馆	
上海韬奋纪念馆	7月至9月的每周五延长对外开放，时间延长至晚上19：30	
上海电信博物馆	7月12日、8月9日、9月6日17：00—20：00	
上海琉璃艺术博物馆	7月至9月每周五博物馆延长开放至19：30	
上海笔墨博物馆	7月19日及8月23日将延长至20：00	
吐鲁番博物馆	7月13日起至八月底每周六	博物馆奇妙夜
阿克苏地区博物馆	5月1日至10月1日每周六开放时间延长至22时	“我和阿博有个约会”夜游参观、“我为国宝点赞”寻宝集章、“陶风彩韵DIY”亲子活动等各类夜游活动
武汉江汉关博物馆	8月17日至10月31日，每周六、周日以及逢重要时间节点、法定节日，公共开放时间延长至21：00	
中国共产党第三次全国代表大会会址纪念馆	8月1日开始，周五、周六、周日延时开放至21时	
毛泽东同志主办农民运动讲习所旧址纪念馆	8月1日开始，周五、周六、周日延时开放至21时	
广州起义纪念馆	8月1日开始，周五、周六、周日延时开放至21时	
孙中山大元帅府纪念馆	8月1日开始，周五、周六、周日延时开放至21时	
广州博物馆（镇海楼）	8月1日开始，周五、周六、周日延时开放至21时	

续表

博物馆	夜游开放时间	夜游开放项目
西汉南越王博物馆	8月1日开始，周五、周六、周日延时开放至21时	
南越王宫博物馆	8月1日开始，周五、周六、周日延时开放至21时	
广州艺术博物院	8月1日开始，周五、周六、周日延时开放至21时	
黄埔军校旧址纪念馆	8月1日起除闭馆日外，每天延时开放至18：30	
辛亥革命纪念馆	8月1日起除闭馆日外，每天延时开放至18：30	
广东民间工艺博物馆（陈家祠）	8月1日起除闭馆日外，每天延时开放至18：30	
济南市博物馆	9月27日	五项夜游主题活动
江西省博物馆	10月1日至7日17—20时	一号馆海昏侯展厅
湖南省博物馆	5月18日	博物馆之夜

（五）博物馆文创开发风生水起

随着文博行业快速发展和社会消费水平升级，博物馆文创产品成为文化消费领域的“新宠”。《新文创消费趋势报告》显示，近两年电商平台文创产品成交规模呈现爆发式增长，淘宝、天猫等头部电商平台2019年的成交规模比2017年增长了3倍。尤其是随着盲盒经济的崛起，博物馆文创又进入了一个新的发展阶段。

博物馆文化创意产品开发，是博物馆融入经济社会发展的重要途径，也是博物馆研究、收藏、保护、展览、教育和文化传播功能的延伸。从供给侧看，2015 年，国务院出台《博物馆条例》，明确规定“博物馆在不违背其非营利属性、不脱离其宗旨使命的前提下，可以开展经营性活动”。2019 年博物馆馆藏资源授权成为博物馆文创产品开发的强大引擎。5 月份，国家文物局公布了《博物馆馆藏资源著作权、商标权和品牌授权操作指引（试行）》（以下简称《指引》），引发社会高度关注。《指引》进一步明确了博物馆委托社会力量进行文化创意产品开发的相关程序，旨在保护文博单位文创产品的知识产权，规范馆藏资源开发利用，调动各方文创开发主体力量，更好地发挥市场资源配置作用。9 月份“2019 博物馆馆藏资源授权峰会”再次引发社会广泛关注，社会对文物博物馆进一步开放资源、搭建平台、优化服务和支持各方参与文物资源开发利用表示了浓厚兴趣。目前，全国有 92 家博物馆被纳入文创试点单位。天津、辽宁、江西、重庆、四川等地通过将非国有博物馆纳入本省创意产品开发试点范围等方式给予优惠政策或经费补助。据不完全统计，2018 年度全国博物馆文化创意产品 开发收入约 40 亿元，开发的文创产品种类超过 4 万种。近年来，在众多参与文创产品开发热潮的博物馆中，故宫博物院堪称标杆。目前，故宫文创产品的数量早已突破一万种，分为实体文创和数字文创产品两大类。前者包括故宫文具、紫禁服饰、家居陈设、故宫彩妆、故宫首饰等，后者包括“每日故宫”“故宫展览”“皇帝的一天”系列 App 以及“绘真・妙笔千山”等游戏。而且，数字化文创产品在赢得口碑的同时，还具有超强的带货能力。故宫淘宝、故宫出版、故宫文创、故宫食品、上新了故宫、故宫文具是故宫电商平台的主力，拥有出售门票、创意生活用品、日历书籍、文具、萌系产品、宫廷食品 6 家相关店铺。朝珠耳机、“朕就是这样的汉子”折扇、雍正御批“丝毫勿虑，尽量发胖”的杯子、“奉旨旅行”行李牌、“故宫口红”“大内御猫”故宫猫等一批充满潮、萌、酷、炫等流行元素的文创产品成为爆红 IP。目前，仅故宫猫系列现阶段已开发、生产 200 多款单品，并已面市销售。故宫还先后与时尚芭莎、稻香村、kindle 等品牌合作推出联名款产品，并且在故宫御花园西侧创办了主题形象体验店故宫生活馆，推出故宫猫形象的智能机器人为游客提供咨询服务。2019 年，2000 多平方米的故宫文创馆落户前门大街，搭建了故宫原创衍生品的展示销售新平台；故宫博物院赴美参加了美国授权展，共展示包括“千里江山图”系列、“清明上河图”系列、“宫里过大年”系列、故宫图书、故宫口红等 9 个系列，57 个品种、159 件（套）故宫文创产品，进一步提升了故宫的品牌关注度。

除故宫外，全国其他各地也在结合自身馆藏资源和特色文化，开发了主题文创产品。2019 年上海博物馆文创产品销售收入达 5006.5 万元。截至 2019 年年底，上海全市博物馆开发的文创产品总量达到 18103 种，其中当年新开发文创产品 5552 种，年销售额突破 6000 万元。

（六）智慧博物馆建设兴起

2019 年 8 月，全球博物馆数字技术展览研讨会在上海召开，强调了数字技术给社会带来的变革，指出博物馆应积极顺应信息技术大潮，加大高新技术手段在文博行业的应用，迎接未来发展新趋势。2019 年 11 月，“2019 年智慧文博论坛”成功举办，倡议坚持正确的智慧文博建设导向，推动智慧文博相关标准建设，培育包容共享的智慧文博生态，让智慧文博实践活起来。

随着互联网和信息数字技术的高速发展，我国的博物馆正借助数字化的力量，逐步改变传统的管理方式，向智慧博物馆迈进，不断强化博物馆与公众生活相融相促，为公众提供更优质更多元的服务，分享到大众消费在线化、便捷化和扩大化发展的红利。如敦煌博物馆手机全景博物馆开始向公众提供移动参观服务，通过设置 40 多个交互视点、对展出的馆藏文物嵌套高分辨率文物档案照片等，让游客可以无死角的参观博物馆展览；推出了敦煌全景数字博物馆的网页版和离线版，以满足不同群体参观需求，解决了外地游客看不到、看不懂、看不够的遗憾。目前，上海 125 家博物馆中 69 家拥有官方网站，78 家拥有微博、微信平台，8 家拥有自主 App。利用这些线上平台，各个博物馆逐步增添了服务与产品的预约和购买功能，其中提供文创产品在线购买的博物馆约 10 家，震旦博物馆、观复博物馆等在淘宝等平台上开设了在线商店。在国际博物馆日之际，中国移动、中国联通、华为等通信公司陆续与多家博物馆开展科技前沿合作，在博物馆开通 5G 业务。2019 年，故宫博物院、中国国家博物馆、敦煌研究院、秦始皇帝陵博物院等文博界巨头与百度、腾讯、阿里等互联网巨头开展合作，进一步拓展了合作范围和形式，利用互联网的创新成果与中华优秀传统文化的传承、创新与发展深度融合，推动文物信息资源共享。疫情发生以来，越来越多的博物馆致力于“智慧博物馆”“数字博物馆”“云上博物馆”建设，在馆藏资源保存、转化、开发、利用等方面开展了探索实践，利用现代信息技术开辟新的应用场景，在安全防护、智慧管理、智慧展示、智慧服务等细分领域积累了丰富经验，大大提升了博物馆保存文化、传播知识、服务公众的能力，受到广大观众好评。

（七）行业横向合作更加紧密

2019 年 9 月，由杭州工艺美术博物馆、中国民族博物馆等 11 家单位共同发起的“工艺振兴联盟”成立，旨在推动中国传统手工艺的创造性转化和创新性发展，传承和弘扬工艺文化，助力文化产业发展。沈阳抗战联线是由东北 12 家抗战主题博物馆、纪念馆组成的抗战历史文化品牌，通过组织开展抗战遗址及遗迹的保护利用、学术研讨、展览互换、资料共享、文创产业、社会教育等全方位的交流合作活动，12 月荣获全国革命文物保护利用十佳案例。为贯彻落实黄河流域生态保护和高质量发展国家战略，由青海省博物馆、四川博物院、甘肃省博物馆、宁夏回族自治区博物馆、内蒙古博物院、陕西历史博物馆、山西博物院、河南博物院、山东博物馆共同发起的黄河流域博物馆联盟 12 月份在郑州成立，首批已有 45 家成员单位加入，联盟旨在加强黄河文化遗产的学术研究和交流，挖掘和揭示黄河文化蕴含的时代价值，在征集、收藏、研究、展示、教育和文创等方面调整思路、提升水平，推动黄河文化的创造性转化、创新性发展。在地方层面，为适应上海博物馆、纪念馆行业发展需要，给博物馆事业发展搭建合作平台，2019 年年初“上海市博物馆协会”获批更名，拥有首批会员单位 51 家，为促进行业健康发展创造了条件。

第二节　博物馆旅游发展存在的问题

近年来，我国博物馆旅游发展迅速，为丰富文旅产业业态，促进中华优秀传统文化交流传播提供了新的载体，在满足人民日益增长的美好生活需要方面发挥了积极作用。但博物馆旅游依然存在一些问题，主要体现在以下几个方面。

（一）博物馆和旅游业融合度不高

我国的国有博物馆属于事业单位，从收费到免费开放，从参观人数寥寥到井喷现象的产生，越来越多的游客把博物馆作为旅游目的地，纷纷到博物馆“刷馆”“打卡”。一些知名网红博物馆吸引大量游客慕名前来，一票难求。但是，面对高度市场化的旅游市场、分层化多样化的旅游需求和高频消费的特性，博物馆传统的角色定位和职能发挥显然难以适应文旅融合发展的新要求，需要以需求为导向，在文旅大产业链条中重新定位，并深度浸入文旅产业链条。目前，相当一部分国有博物馆抱持文化场馆思维，囿于卖方市场传统，习惯于自说自话，开放度不够，过度强调文化事业属性，尚未完成过去的知识和价值观的传播者向大众服务者的角色和观念转变，与大旅游的融合度不高，无法满足大众旅游时代人民群众的高质量文化诉求，影响了新时代老百姓旅游权利和文化权益的实现。特别是在展陈方式的多样化、展览内容的体验度、文物赏析的趣味性、参观路线的科学性等方面还存在较大差距和不足，需要认真研究新时代游客的趣味偏好、审美要求、具体需求，提升展陈水平，推出优秀产品，提供优质服务，让博物馆真正成为文旅融合的前沿、文博旅游的亮点。博物馆业者要转变观念，从知识和价值观的传播者逐步转变为观众的服务者。让展品说话，让观众参与体验，思考探索，自我教育，提高观众的幸福感和获得感。如果没有服务意识和产品意识，就不能形成产品机制。

（二）博物馆研学产品体系不完善

近年来，在国家政策的推动下，研学旅行已经在社会上引起了关注和市场反响，博物馆研学作为其中的重要板块日益受到重视。2016 年教育部等 11 部门出台《关于推进中小学生研学旅行的意见》，将研学旅行纳入中小学教学计划，赋予研学旅行在教育中的重要功能，成为引爆市场的关键点。据不完全统计，目前我国已有研学旅行机构超过 9000 家。

《旅游绿皮书：2018—2019年中国旅游发展分析与展望》指出，目前我国研学市场潜在消费群体已超过2亿人，研学旅行市场需求不断释放，未来3年至5年中国研学旅行市场总体规模将超千亿元，成为旅游市场新蓝海。研学旅行不同于学校春秋游、冬夏令营，涉及研学活动计划制订、课程设计、线路规划、研学基地选择、研学导师培训、安全资金保障、研学效果评估等多个环节，博物馆具备独特的文化资源优势和天然的教育功能，能让书本里的东西活起来，地下的东西走出来，往往成为研学基地的首选。博物馆研学能凸显“研学”的教育性，让研学旅行行程更加充实，避免只游不学、游而不学，实现学习与旅行游玩的平衡。纵观当下博物馆研学市场，不论是学校家长还是旅行机构，对研学旅行真正的内涵和定位缺乏清晰明确的认识和了解；作为产品开发主力的各类旅行社、研学机构、培训机构等，与博物馆结合不够，开发的博物馆类研学产品和课程大同小异，所推荐的线路走马观花、已开设的研学项目大多停留在参观、游览等浅层次的初级产品阶段，互动性强、深度体验的环节较少，其产品有研学旅行之名，无研学旅行之实，研学旅行产品体系不完整，影响了研学效果。究其原因，一是博物馆研学旅行产品设计者不了解博物馆及其运行模式，导致课程目标不明确、主题选择不清晰、运行形式不规范；二是博物馆参与研学旅行产品设计积极性不高、动力不足，缺乏核心竞争能力；三是师资整合不到位，研学旅行导师、专职教师、博物馆讲解人员未能形成有效的职责互补，研学课程体系丰富度不够，无法满足每个学生的个性化需求。

（三）博物馆文创开发的机制障碍亟待突破

虽然国家出台了一系列促进文博单位文创产品开发的政策文件，也启动了 92 家博物馆的文化创意产品开发试点工作，但在试点过程中，由于体制机制的制约带来一些问题，特别是博物馆事业单位的公益性与文创产品开发经营的商业性之间的矛盾短期内难以平衡，具体表现为四大瓶颈亟待突破：一是开办经营性业务问题。从博物馆服务公众的需求出发是应该办，但到地方上具体落实经营企业设置、人员配置、性质认定等问题的时候，还是因涉及事业单位性质、企业归属、公益性体现等问题和“事企分开”的原则无法办理。二是经营收入归属问题。按照试点要求，经营收入应纳入本单位预算，用于弥补本单位事业经费的不足；而按照现行财政制度，公益一类事业单位所有的收入都应纳入财政预算。针对事业单位，理论上上缴财政的经营收入执行“收支两条线”，可实际上财政或多或少地会用事业单位经营性收入抵扣来年的预算。在这样的现状下，博物馆缺乏开展公共服务、开发文化创意产品动力，影响了文创产品开发的积极性。三是激励机制问题。2016 年以来，随着《关于推动文化文物单位文化创意产品开发的若干意见》《关于促进文物合理利用的若干意见》《关于公布全国博物馆文化创意产品开发试点单位名单的通知》等政策文件的颁布实施，博物馆文创已成为我国传统文化遗产“活起来”、中华文化“走出去”和提升大众文化消费的重要途径，博物馆文创已成为免费开放博物馆日常工作的重要组成部分。文件中要求博物馆建立好的文创激励机制，国家文物局也明确表示可以拿出创造性效益的 50% 作为对博物馆的奖励和激励。但目前财政、审计等部门在年度审计中，都认为公益性事业单位有需经报审的年终绩效定额和工资总额控制，原则上不允许超出，如果再发给创造性劳动奖励原则上属于违规发放补贴。四是知识产权入股问题。主要是博物馆的知识产权和职工个人知识成果能不能入股的问题。即能否认可并同意单位和个人以知识产权、商标、科研成果、创造性劳动等作为要素或相应资本来入股。这在试点政策上是允许探索尝试的。但在现实中，公益一类事业单位的所有资产都是国家的，人也归国家的，创造的利益是国家的，知识产权也是国家所有，在拿知识产权入股的时候就存在法律障碍。博物馆作为公益一类事业单位，在具体人员管理上基本参照公务员管理，具有诸多制约，如办工作室、办企业、干部管理、出国管理、办公用房等，难以尝试股份制企业试点。

（四）博物馆旅游公共服务能力偏弱

现阶段，随着我国博物馆免费开放和博物馆旅游的逐步推开，博物馆受众群体不断扩大，服务对象日益广泛。在市场需求的倒逼下，博物馆的停车场、游客中心、无障碍设施、休息区、餐饮等公共服务配套设施也在逐步完善，使我国博物馆的品牌形象大大改观。但随着参观游客量不断激增，参观者知识结构、年龄层次及思想理念差别巨大需求千差万别，对博物馆综合服务能力提出新的更高要求。总体来看，我国博物馆目前的旅游综合公共服务能力明显不足，针对细分市场的定制化服务更加薄弱。主要表现在公共服务设施不够完备，特别是为团队和散客配套的餐饮、购物、休闲、社交等设施设备供给不足，影响了参观者的体验感和满意度。例如，以餐饮配套论，我国还缺乏像巴黎铸币博物馆的米其林三星餐厅、古根海姆博物馆的米其林一星餐厅这样的配套设施、服务和 IP，能提供故宫角楼餐厅这样配套服务的博物馆凤毛麟角。

（五）非国有博物馆旅游参与度偏低

非国有博物馆门类丰富、特色鲜明、主题突出，是我国博物馆体系的重要组成部分，具有较强的行业属性和显著的文化特色，在诸多领域弥补了国有博物馆的空白，在保护文物、传承文明、满足人民群众精神文化需求、提升国民素质、增强民族凝聚力、促进经济社会发展等方面发挥了重要作用。近年来，国家出台了一系列政策法规，大力扶持非国有博物馆的发展，取得了显著成效，推动非国有博物馆的发展之路越走越宽。从 2005 年文化部公布《博物馆管理办法》到 2015 年国务院公布《博物馆条例》，从 2010 年国家 7 部委局联合印发《关于促进民办博物馆发展的意见》到 2017 年国家文物局发布《关于进一步推动非国有博物馆发展的意见》，非国有博物馆迅猛发展，从“私家珍藏”到“社会共享”，不仅逐步完善了博物馆发展体系，成为中国博物馆体系的重要组成部分，也为公众文化生活创造了生机和活力。

当前，随着“博物馆热”持续升温，越来越多的人将参观非国有博物馆作为休闲、旅游的一种方式，社会公众需求不断增长，博物馆发展不平衡不充分与人民群众美好生活需要之间的矛盾也日益凸显。相比国有博物馆，非国有博物馆的藏品更丰富且贴近生活，钱币、纸品、旧家具、雕刻、奇石等藏品包罗万象，展示方式更灵活多样，这支来自民间、成长于社会、服务于公众的队伍已成为国家文博体系的重要补充和公共服务体系的主要增量资源之一。非国有博物馆完全可以在“好玩”上动脑筋、下功夫，通过凸显自身特色，走差异化发展道路，与国有博物馆相互支撑，形成互补，放大服务效能。然而，目前我国上千家非国有博物馆中，参与国家标准评定并获批等级博物馆的数量偏少，数据显示，所有非国有博物馆中被国家文物局评定为一级、二级、三级的只有几十家，非国有博物馆的旅游参与度相对较低；馆际之间，藏品雷同、展览雷同等现象日趋显现；目前有超过 80% 的非国有博物馆在存亡线上苦苦挣扎，受到自身造血功能不足的困扰，对文旅产业的影响力相对有限。

通过税费减免、设立非国有博物馆发展基金、加大政府购买服务等创新举措，大力推动社会资本投入非国有博物馆建设发展上还有很长的路要走。

第三节　博物馆旅游发展展望

（一）高科技为博物馆赋能

互联网信息技术、数字技术、虚拟现实技术、人工智能技术等科技的进步为博物馆发展插上了腾飞的翅膀，并衍生出微信、微博、短视频、App 等众多交互媒体平台，为博物馆未来发展赋能。

5G 和智慧化是发展新方向。2019 年 6 月，工信部正式向中国电信、中国移动、中国联通、中国广电发放 5G 商用牌照，标志着我国正式进入 5G 商用元年。5G 技术将广泛影响、深刻变革甚至颠覆现代服务业，对博物馆行业也将产生重大影响。目前俄罗斯冬宫博物馆利用 5G 对大量历史记录和文化宝藏的数字化和虚拟存储，帮助游客进行虚拟旅行。随着 5G 的到来，博物馆将迎来发展的新机遇：VR（虚拟现实）、AR（增强现实）、MR（混合现实）技术将进一步丰富博物馆的展陈手段，突破其时空局限，既为观众带来有趣的参观体验，还可以帮助博物馆专业人士以更有意义的方式相互联络；5G 的广泛覆盖，将使观众能够随时“看到”、随时分享；通过搜集连接设备的客源数据，了解馆内藏品的参观量和参观时长，准确洞察观众偏好和需求，推出定制线路、产品和服务。

数字博物馆成为新趋势。目前，湖北省博物馆、湖南省博物馆、山西博物院等开展了 5G 博物馆建设。故宫博物院委托华为创建一个智能网络访问系统，利用大数据收集和分析增强访客体验。未来，博物馆将互联网、物联网、大数据、虚拟现实、人工智能等科技手段充分融入博物馆标识系统、解说系统、保护与开发当中，丰富博物馆的陈列展示、服务管理、开发利用方式，让博物馆能“说话”、会“说话”、说“文化话”、说“旅游话”，说“通俗易懂的话”，让古老文物在新时代融合新鲜血液，焕发新的生命力，让冰冷的、静态的博物馆藏品“活起来”，打造有温度、有情怀，并且创意感十足、穿越感极强、科技化融入、人性化彰显、互动性充盈的现代化博物馆，促使博物馆旅游智慧化、深度化、互动化，从而调动观众口味、激发观众兴趣、延长观众游览时间、增强观众体验黏性。

2020 年受新冠肺炎疫情影响，全国博物馆均闭馆抗击疫情，抗疫期间，全国博物馆系统推出了 2000 多个线上展览，总浏览量超过 50 亿人次，并启动抗疫见证物征集工作，“为明天收藏今天”，展现了文博行业的责任担当。

（二）博物馆旅游成为文旅融合新领域

博物馆是吸引国内外文化游客的高品位旅游资源。博物馆旅游是文旅融合的重要板块。随着文旅融合不断深化，越来越多民众走进网红博物馆，参观展览，接受文化熏陶，博物馆在融合发展中的优势将进一步彰显:“旅游 + 文化”提高了旅游产品品位，延长了旅游产业链，是旅游高质量发展的努力方向;“文化 + 旅游”活化了文化资源，增强了博物馆等文化场所吸引力，博物馆旅游将成为文旅融合的新典范。

从需求侧看，参观博物馆成为生活方式新时尚。随着人民生活水平的提高和消费的升级，人民对包括博物馆在内的美好文化生活需求日益增长，兼具艺术观赏、历史溯源、科学研究、教育推广等价值与功能的博物馆参观游览，逐渐成为新的时尚生活方式。尤其是《我在故宫修文物》《国家宝藏》《如果国宝会说话》《赢在博物馆》《博物馆之夜》及大批鉴宝等文博类节目热播，将博物馆藏品从线上带到了线下，促进了观众观念的转变，点燃了社会公众对于文物鉴赏和博物馆参观的热情，掀起了“博物馆热”，带动了博物馆旅游持续火爆。此外，博物馆热还引发了“文创产品热”“古董收藏热”“古玩淘宝热”等强烈的市场“连锁反应”。

从供给侧看，博物馆成为文化传承创新基地、旅游重要载体。博物馆是文化遗产的保存机构。进入新时代，作为城市的文化客厅，博物馆已经从单一的收藏展示功能扩展到兼具科研、交流、教育多重等功能，从单体博物馆逐步发展成博物馆综合体，从重视展览展示到注重空间设计、文化体验、氛围营造，更加强调文化的传承和创新，成为连接文化、教育、科技等各类社会资源的“博物馆 +”平台。通过提供公共文化产品，博物馆成为旅游的重要载体和吸引物，为公众提供多元化的文化服务和文化体验；通过研发文化创意产品，为旅游商品产业发展增添活力；通过提供高水平讲解服务，成为新兴的研学旅行基地；通过与非遗紧密结合，打造出“流动”的文化风景线，成为重要的非遗传承弘扬基地。要让文物“活起来”，提供高质量的文化供给，增强人民群众的幸福感和获得感，就要让文物的价值内涵活起来，成为国与国相通、民与民相亲的“通用语”；让文物的思想文化活起来，成为世界认知中国、中国交往世界的“解码器”；让文物的多元之美活起来，成为文化再创造、艺术再发展的“营养源”；让文物的精神品格活起来，成为构筑中国精神，增强中国力量的“动力泵”。未来，参观博物馆既可以看展览、赏文物，也能尝美食、做手工、听讲座、看演出，就像逛“文化 MALL”一样，不断为游客制造兴奋点。

（三）展陈内容和策展水平成为博物馆的核心竞争力

藏品是博物馆的心脏，教育是博物馆的灵魂。进入新时代，博物馆要主动融入经济社会发展大局，以高质量的文化供给，增强公众的文化认同感和幸福感、获得感，提高可持续发展能力。博物馆如果维持永续向上发展，博物馆的经营则需要能掌握社会的脉动和与时俱进的能力。

一是要在馆藏文化资源梳理与研究上下功夫，将优秀传统文化的精神标识、文化精髓提炼和展示出来，紧扣时代发展脉搏，更好地展示本地区的文化特色。要加强对文物所蕴含的历史信息和文化价值的诠释与解读，让文物说话，让展品说话，充分挖掘展示文物历史、科学和艺术价值，将优秀传统文化和美好生活时代相融相通，让观众参与体验、思考探索、自我教育，提升人民生活品质，提高幸福感和获得感。二是提高综合服务能力和质量。当参观博物馆成为一种生活方式，“你展我看”的静态陈列模式已无法满足公众对博物馆的多元文化需求。为了促使不同年龄层次及思维结构公众获得满意的服务，在博物馆建设过程中，可以将受众群体进行进一步细化分类。即通过区域内受众群体市场调查，设置个性化公众服务体系。[①] 要借助现代文化装备和技术手段，丰富博物馆旅游产品，深化体验，使博物馆从传统的说教式展陈向多样化、复合型、互动式的展陈方式转型，提高观众的旅游体验质量。三是提升策划展陈水平，实现内容的最佳呈现和传达，形成产品机制。体验经济时代，博物馆要靠展陈质量和水平制胜、立足、发展壮大。展览和教育活动是

① 陈明孝 . 文化旅游融合下博物馆创新发展思考［J］. 文物世界，2019（2）：71-72，75.

博物馆文化供给的主要方式，博物馆应针对不同年龄、不同群体，策划让老百姓愿意看、看得懂的展览项目，举办多样化教育活动，使更多的公众在博物馆获得教益。要不断提升展陈质量和水平，牢牢抓住游客的视觉、味觉、嗅觉、听觉、触觉，用激光、虚拟现实技术等抓住观众的"眼球"，用地方小吃、特色美食等打开观众的"味蕾"，用花香、泥土、海水等味道展示"自然气息"，用唱片、磁带、老式录音机等物件还原"历史留声"，用剪纸、雕刻等形式触摸历史的"印记"，从而为游客提供全方位、综合性的感官体验。既要加强与专业策展机构、旅行商的合作，策划推出主题展，设计特色精品旅游线路，提高策展效率，加强周边衍生品开发，增加博物馆吸引力，又要加强专业人才引进培养，提高藏品和陈展内容最佳呈现的能力，最大限度满足公众获取知识、了解历史、提升个人价值的社会需求。

第四节　博物馆旅游典型案例

（一）博物馆旅游标杆：故宫博物院

故宫博物院建立于 1925 年 10 月 10 日，位于北京故宫紫禁城内。是在明朝、清朝两代皇宫及其收藏的基础上建立起来的中国综合性博物馆，也是中国最大的古代文化艺术博物馆，其文物收藏主要来源于清代宫中旧藏。故宫是第一批全国重点文物保护单位、第一批国家 5A 级旅游景区、第一批全国爱国主义教育示范基地、全国未成年人思想道德建设工作先进单位，1987 年入选《世界遗产名录》。2019 年 11 月 12 日，北京故宫博物院入选国家级非物质文化遗产代表性项目保护单位名单。故宫博物院是博物馆、旅游景区、世界文化遗产的综合体，作为世界三大宫殿之一，世界五大宫之首，吸引着来自国内外的络绎不绝的游客，数次创造博物馆行业内的第一，开创了文旅融合发展的先河，是博物馆旅游的标杆。

故宫博物院作为一座对社会开放的公共文化设施，也是世界上每年接待观众数量最多的博物馆。故宫博物院在博物馆旅游发展方面，突出表现主要有：

一是以游客为中心的公共服务体系设计。故宫坚持“以人为本”的管理理念，实施对游客的人文关怀。从午门广场的改造、静态标识牌的统一、动态标识牌的增加，到免费 Wi-Fi 服务、中轴线上大殿的点亮，甚至洗手间和座椅的“革命”，都以“观众”参观方便为中心。

以游客为中心还体现在限流和分流举措上：故宫每天只接待 8 万观众；网上售票观众可预约 10 天之内的门票。2016 年、2017 年国家批准故宫博物院使用支付宝、微信收款，网络购票的比例达到了 41%、70%左右。2017 年十一小长假期间，故宫博物院首次实现全网络售票，使绝大多数观众在舒适、安全的参观体验环境感受到了丰富多元、异彩纷呈的博物馆文化。

二是以体验为目标的文旅融合发展思想。习近平总书记指出，“要系统梳理传统文化资源，让收藏在禁宫里的文物、陈列在广阔大地上的遗产、书写在古籍里的文字都活起来，以多种方式努力展示中华文化独特魅力”。能使人们在现实生活中感受到博物馆就在自己的身边，休闲时间就会走进博物馆，走进博物馆后流连忘返，回去以后还要再来的博物馆，这才是一座好的博物馆。故宫博物院通过深入研究人们的现实生活需求，深入挖掘博物馆的文化资源，凝练出强大的文化能量，不断推出引人入胜的展览、举办丰富多彩的活动，推出一系列精细化管理与服务措施，实现以人为本、以观众体验为核心的精准服务，从而改变了公众对故宫作为一个景区的传统认知：故宫博物院不仅是拥有超高人气的旅游景区，也是一座在精细化管理与服务理念指导下的充满魅力的博物馆。

三是以文化为内涵的文创产品开发。文化创意产品要有实用性、趣味性，丰富人们的文化生活。故宫博物院把所代表的中华传统文化与人们的现实生活联系起来，根据人们接收信息的习惯和年轻人的文化需求不断进行文化创意研发。萌萌哒的雍正、会 Rap 的朱棣，故宫以“卖萌”的方式引发大众窥秘紫禁城中皇家生活的兴趣，打造了一批故宫网红 IP。

故宫 IP 以宫廷文化为内涵，推出了口红、睡衣、食品等一系列文创周边产品。朕的心意·故宫食品继故宫淘宝、故宫文创、故宫文化珠宝后，成为故宫全产业链中的重要一环。朕的心意·故宫食品天猫旗舰店目前共上架 22 款产品。除了线上的故宫食品之外，在线下，故宫咖啡厅、餐厅也让消费者流连忘返。故宫角楼咖啡店位于太和殿东侧的箭亭广场，店内以《千里江山图》为主要布景，“故宫甄选”水单上包含养心咖啡、三千佳丽奶茶、佛手香茗等特色饮品。此外，店内专门开辟了一个展区，摆放一些文创产品。

四是以技术为支撑的数字化建设。故宫博物院拥有一支非常优秀的资料信息团队。故宫还设了三个摄像室，源源不断地把这些藏品照片、古建筑照片拍摄后上传到网上，供人们查阅。从 2016 年起，故宫博物院在全国博物馆中率先把全部文物藏品都通过网络公布展示，观众可在故宫网站上随时查阅到故宫博物院所有 186 万余件文物藏品的基础信息。此外，借力数字科技，故宫利用移动端手机平台开发了多款数字化产品：故宫应用 App、故宫游戏、壁纸和输入法皮肤、小程序等，还发起了很多数字艺术展和 VR 互动体验活动，使这座古老宫殿焕发出年轻的活力。故宫博物院通过微信、微博不断扩大文化传播影响，获得社会民众，特别是年轻人的喜爱。故宫在天安门北面的端门建立了数字博物馆，所有项目都是深入挖掘故宫文化遗产资源内涵所进行的原创，终于建成了“数字故宫社区”——全世界博物馆中最强大的数字平台。目前，“数字故宫社区”的功能还在不断延伸、扩展，开始从资源数据化走向数据场景化，从场景网络化走向网络智能化。总之，数字化的故宫给人们提供一种接触、体验故宫文化的新路径，进一步增强了故宫的吸引力，展示了故宫的独特魅力，让更多年轻人重新爱上故宫和传统文化。

（二）文化的传承和创新：河南博物院

河南博物院位于河南省郑州市农业路，为国家级重点博物馆，是中国建立较早的博物馆之一，也是首批中央、地方共建国家级博物馆之一。展馆面积 1 万余平方米，馆藏文物 14 万件。馆藏文物多来自 20 世纪初商丘、洛阳、安阳、开封、淅川、三门峡、辉县、新郑等地的考古发掘，史前文物、商周青铜器、历代陶瓷器、玉器最具特色。其中国家一级、二级文物 5000 余件，历史文化艺术价值极高，一部分藏品被誉为国之重器。2018 年 10 月 11 日，入选“全国中小学生研学实践教育基地”名单。

河南博物院在博物馆旅游发展方面，突出表现有：一是开展博物馆旅游演出，提高博物馆观赏性体验感。博物院于 2000 年组建了华夏古乐团，以动态的方式，复原古代音乐文物、古代服饰、古代乐曲、古代表演，全方位再现历史文化鲜活的背景，使观众真正走入古代文化的氛围，感受中国文化的魅力。

二是弘扬博物馆深厚文化，增加游客参观体验。利用自身资源优势，秉持弘扬中原文化、传承经典国学的宗旨，河南博物院推出了“中原国学讲坛”系列学术讲座，如今已成为中原地区最具影响力的国学传播平台。

三是设计博物馆参与活动，增强游客参与互动。以观众参与为特色的历史教室，由科普讲堂、互动活动、文物保护观摩、特别活动四部分组成。通过专家、讲解员以及志愿者的解说，使观众不但能够了解文物知识，还可以亲手参与拼装斗拱、陶器修复、拓印年画等丰富多彩的体验活动。

（三）博物馆现代空间打造：观复博物馆

观复博物馆由著名文物收藏家、鉴定家马未都创办，目前有北京观复博物馆和上海观复博物馆。1996 年 10 月，中国第一家私立博物馆——观复古典艺术博物馆经北京市文物局批准正式成立。2007 年，观复古典艺术博物馆正式更名为“观复博物馆”。自 1996 年创馆至今，博物馆始终以一丝不苟的态度注重人与历史的沟通，以接地气、普通人能看得懂的展览方式，不断向参观者展出蕴含深厚文化的精美展品。

北京观复博物馆设有陶瓷馆、家具馆、工艺馆、门窗馆和油画馆，常年举办各类展览。上海观复博物馆位于上海陆家嘴城市新地标——上海中心大厦的 37 层，设有 4 个固定展厅，即瓷器馆、东西馆、金器馆、造像馆，以及一个临时展厅。上海观复博物馆以中国深厚文化为基石，打造高品质的专业展览，环境典雅，注重人与历史的沟通，突出传统文化的亲和力。馆内各项现代化配套设施将提供更为细致舒适的服务。

观复博物馆在博物馆旅游发展方面，突出表现有：一是打造博物馆综合参观休闲文化空间。“致虚极，守静笃，万物并作，吾以观复”——观复之名便源于此。马未都先生将这段文字以仿宋体上书在观复博物馆外墙上，以示众人，也时时提醒自己回归本心。对公众开放展览侧重开放形式，强调人与历史的沟通，突出传统文化的亲和力。休憩也文化，购物也陶醉，博物馆一隅的博物馆商店，尽管是售卖区，也足以展现出博物馆的底蕴，博物馆商店也是博物馆。

二是打造观复猫 IP。观复猫是博物馆的标志之一，也是博物馆的代言者，多年来由马未都先生撰写的关于观复猫的书籍就有很多本，每一本都生动有趣，妙语连珠；带有观复猫图案的艺术品也琳琅满目。观复猫灵性、整洁，也是参观者尤其是小朋友的最爱。观复猫有故事，有内涵，马未都能写，参观者爱看。观复猫的故事要追溯到 2003 年，“非典”肆虐，很多家养宠物被遗弃街头，彼时马未都接到朋友的电话，说是有一只黑猫在自家门口徘徊了好几天轰不走，他当夜派人把猫接回来，结果一看发现，并不像朋友说的全身黝黑，而是一只肥大的花色狸猫，于是便取名花肥肥，它就是观复猫的元老。之后，观复猫的大家庭又陆续加入了不少流浪猫和被弃养的猫咪，每一只都有自己独一无二的姓名，如黄枪枪、蓝毛毛、麻条条等。观复猫的家就是观复博物馆，在阅尽人心的年龄，马未都越发喜欢猫。在养育这些流浪猫之外，博物馆以一种独特的方式给观众带来乐趣，马未都给猫咪建立了办公室，修了别墅公馆，也分配了相应的工作任务，比如“花肥肥”，来得早又稳重，理所当然地坐上了理事长的位子，“麻条条”热爱售票工作，运营馆长当仁不让。观复猫们跟马未都上过电视，拍过封面，“睡的是黄花梨双龙戏珠罗汉床，坐的是清乾隆紫檀屏风小宝座，穿的是飒爽英姿八旗服，练的是雌雄龙凤鸳鸯剑。平时没事儿就上上杂志封面，或者在明晚期紫檀小凳上秀秀瑜伽”，生活在满满的文化、历史气氛中。就这样，观复猫承载着宏大的文化使命，接待来自天南地北的观众，而作为观复文化的大使，还是“马霸霸”笔下的主角，以它们的故事背景而创作的《观复猫》《观复猫演义》等书籍，故事温馨搞笑，画风清新可爱，让人们通过观复猫的故事，了解更多关于观复博物馆的故事和文物的有趣知识。观复猫卡通形象的走红，备受大人和孩子的喜爱，俨然成为观复博物馆众多严肃的文物藏品之外，一个最特别的文创品牌，并获得 2017“一带一路”融合共赢北京国际版权授权大会最佳原创版权奖。

（四）近现代历史文化的足迹：建川博物馆聚落

建川博物馆聚落，又被称为四川省建川博物馆，由民营企业家樊建川创建，位于中国博物馆小镇——大邑县安仁镇，占地 500 亩，建筑面积近 10 万平方米，拥有藏品 1000 余万件，其中国家一级文物 425 件。2003 年 5 月 5 日，成都市将建川博物馆聚落项目列为成都市人民政府重点项目。2004 年开工建设，2005 年 8 月 15 日，抗战胜利 60 周年之际，这座占地 500 亩，建筑面积达 1.5 万平方米的博物馆首次向世人开放。博物馆聚落获得了国家文化产业示范基地、国家 5A 级旅游景区、全国光彩事业重点项目、全国爱国主义教育基地、全国先进社会组织、中国十大民间博物馆、四川省科普教育基地、国防教育基地、廉政文化教育基地、四川民营文化企业综合十强、四川省“十一五”期间旅游工作先进单位和建设成都杰出事件等荣誉称号。2018 年 9 月，被确定为国家二级博物馆。建川博物馆聚落是目前国内民间资本投入最多、建设规模和展览面积最大，收藏内容最丰富的民间博物馆。

建川博物馆聚落在博物馆旅游发展方面，突出表现有：一是以主题博物馆吸引游客，形成博物馆聚集群落。博物馆以“为了和平，收藏战争；为了未来，收藏教训；为了安宁，收藏灾难；为了传承，收藏民俗”为主题，现已建成开放抗战、民俗、红色年代、抗震救灾四大系列 32 座场馆。目前已对外开放的陈列馆有抗战文物陈列中流砥柱馆、正面战场馆、飞虎奇兵馆、不屈战俘馆、川军抗战馆、日本侵华罪行馆及抗战老兵手印广场、中国抗日壮士群雕广场和援华义士（1931—1945年）群雕广场，红色年代系列瓷器陈列馆、生活用品陈列馆、章钟印陈列馆、镜面陈列馆、知青生活馆、邓公祠、“辉煌巨变：1978—2018”主题展，民俗系列三寸金莲文物陈列馆、老公馆家具陈列馆，地震系列震撼日记5·12—6·12馆、地震美术作品馆、5·12抗震救灾纪念馆以及红军长征在四川纪念馆、国防兵器馆、航空三线博物馆、长江漂流纪念馆、李振盛摄影博物馆、一条大河波浪宽——新中国七十年民间记忆展等。

建川博物馆聚落匠心独具地突破了传统意义上的单纯的“博物馆”的概念，不仅超乎想象地在国内第一次将多达20余个博物馆汇集在一起，还进一步将各种业态的配套如酒店、客栈、茶馆、文物商店等各种商业等汇集在一起，让这些配套设施呈现亚博物馆状态，形成一个集藏品展示、教育研究、旅游休闲、收藏交流、艺术博览、影视拍摄等多项功能为一体的新概念博物馆和中国百年文博旅游及乡村休闲度假旅游目的地。建川博物馆的建成和开放有效带动和推进了安仁镇古街、公馆庄园、农业园区的开发利用，使安仁镇成为特色鲜明的文化旅游热点，成为国内目前唯一的“中国博物馆小镇”和全国首批“中国特色小镇”，为当地城乡统筹、产镇融合做出了积极贡献。同时，建川博物馆聚落与老街、老公馆群街坊构成的古镇旅游区、刘文彩和刘文辉公馆田园风光区形成了安仁古镇的三大旅游板块。

二是传播先进文化，传承民族文化。自2005年8月15日对外开放以来，累计接待观众1300余万人次，成为传播先进文化、弘扬抗战精神、抗震救灾精神、红军长征精神、传承民族文化的重要场所和一张亮丽的文化名片。建川博物馆作为非国有博物馆的先行者之一，与时俱进、创新工作，积极探索非国有博物馆的发展道路和参与社会主义文化发展大繁荣的新思路和新途径。目前已成长为集文化旅游项目投资管理、创意策划、规划设计、场馆建设、展陈施工、展品提供以及管理服务一体化的专业文化旅游服务机构。先后完成了山东枣庄台儿庄大战遗址博物馆、海南文昌文化园、青岛市青岛山一战遗址公园、川陕革命根据地红军烈士纪念馆、陕西扶眉战役纪念园、云南松山大战纪念园、宜宾李庄古镇旅游总体策划及6个展馆陈列布展、绵阳中国两弹城等数十个项目的策划、规划设计和陈列布展工作。此外，还利用馆藏文物支持公益事业支持了《南京！南京！》《唐山大地震》《暗算》等影视作品的拍摄，并向卢沟桥抗战馆、军事博物馆、川陕革命根据地红军烈士纪念馆、乡城红军纪念馆、宜宾李庄等捐赠文物3000余件。

三是注重社会教育，展现家国情怀。樊建川喜欢收藏，以个人之力，倾全家之财建设博物馆，展现的是个人的情怀。正如建川博物馆馆长樊建川所说："老百姓过去不会为看博物馆掏钱，他认为看山、看水、看沙漠、看庙子、看迪士尼、看动物园是旅游，看博物馆不是旅游。现在变了，现在中国人特别是年轻一代的中国人，随着文化素质的提高，眼界的开阔，他们把逛博物馆作为一种旅游了。"在抗战、知青、地震等方面文物收藏和展示，把国家的发展、历史的事件、惨痛的教训在博物馆中进行展示，是进行社会教育的有效方法，体现爱国情怀。无时无刻不在诉说着历史，提醒着世人，让参观游览的观众沉浸在博物馆的文化、馆长的情怀之中。博物馆为人们提供开放的思维空间，同时会超越应试教育的体制限制，让人们思考文化的意义，发挥创意，创造未来。2019年四川省成都市通过市级公共文化服务、文化产业、旅游产业等专项资金近4000万元，支持建川博物馆举办改革开放四十年展览。

四是用旅游发展模式，实现非国有博物馆盈利。博物馆在社会功能上是巨人，在经济效益上却有不足。没有政府资金支持的非国有博物馆，要维持收支平衡比较困难，生存更加不易。在樊建川的努力下，建川博物馆聚落成为国内少数能自主经营、自负盈亏的民办博物馆之一。建川博物馆打造了一个博物馆聚落，形成规模效应，建设配套的商业设施，能够让参观者走进来、留下来、住下来，让博物馆拥有自我造血的可持续发展能力，拉长了博物馆旅游产业链条。目前博物馆的收入最主要的是门票，其次是传统的服务业，包括餐厅、茶馆、旅舍等配套设施。建川博物馆还有文创产品，T 恤、挎包、樊建川演唱歌曲光盘，受到游客的赞誉。此外，建川博物馆的业务还有“博物馆提供商”，利用博物馆建设经验，为其他单位提供建设博物馆和陈列展览的咨询服务。

结　语

博物馆是一个知识与创造力富集的地方，是一个观众能够深度体验的空间，也是业内同行可以合作行动的平台。面向未来，中国博物馆要更好地发挥“文化中枢”作用，就要从更高的站位和更广阔的视角，积极主动回应新时代要求，以推动体制机制改革创新、增强发展活力为着眼点，进一步深化博物馆旅游发展定位，持续推动博物馆高质量发展，成为维护文化多样性、凝聚文化认同、增强人民幸福感的重要平台。

（作者简介：常卫锋，中国旅游研究院文化旅游研究基地特约研究员，开封大学旅游学院副教授）

第四章　非物质文化遗产旅游发展分析与展望

彭恒礼　何启欢　陈东泽

“非物质文化遗产”概念产生不过二十年，就迅速成为当代社会生活中的热词。全球化时代，人类文明面临文化工业化带来的挑战，文化工业制造文化霸权，人类文化出现同质化趋势。当文化工业携资本的伟力横扫全球，谁来保护少数人的文化权利就成为人类社会关心关注的焦点问题。联合国教科文组织指出，人类社会要坚守几个基本原则：第一，少数人群体必须享受基本的权利与自由；第二，所有社会成员的权利都要得到保障；第三，促进文化宽容和文化多样性。[①] 这就是联合国教科文组织尝试建立的新的“全球伦理”。文化多样性是实现新的全球伦理的基础与保障，教科文组织提出，要像保护生物多样性一样保护人类文化多样性。

“非物质文化遗产”（以下简称“非遗”）的提出，正是人类为应对全球化，保护人类文化多样性所作出的努力。

我国自 2004 年正式加入联合国《保护非物质文化遗产公约》以来，

① 联合国教科文组织世界文化与发展委员会.文化多样性与人类全面发展［M］.张玉国，译.广东人民出版社，2006：11.

健全和完善了保护“非遗”的法律法规，初步建立起保护“非遗”的政策体系和组织体系。从政策层面，2005 年 3 月国务院办公厅颁发《关于加强我国非物质文化遗产保护工作的意见》(以下简称《意见》)，提出“非遗”保护工作的意义、目标和方针，要求建立国家、省、市、县四级“非遗”代表作名录，逐步建立起比较完备的、有中国特色的“非遗”保护制度。2005 年 12 月国务院颁布《关于加强文化遗产保护工作的通知》，确立了文化遗产保护的指导思想、基本方针和总体目标。国务院的《意见》和《通知》是我国在保护非物质文化遗产领域的两份指导性文件，对于非遗保护运动的开展意义重大。根据国务院办公厅《意见》和国务院《通知》的文件精神，我国建立了“非遗”保护工作部际联席会议制度。联席会议是“非遗”保护的政策制定机构，具体管理工作则由文化和旅游部门负责，在国家层面，牵头单位是文化和旅游部；地方上，为各省文化和旅游厅、各市县文化和旅游局，形成自上而下的保护体系。

近二十年来，我国开展了“非遗”普查，建立起“非遗”保护名录体系。关于“非遗”的学术研究、图书出版、产业实践均步入快车道。尤其是“非遗”与旅游融合的发展思路，经历了从模糊到清晰，从萌芽到实施的发展历程。

第一节 “非遗”融入旅游业的政策演进

(一)“非遗”融入旅游业政策的萌芽

21 世纪以来，我国社会经济进入快速发展期，人民生活水平和消费水平进一步提高，游客更加注重旅游品质和文化消费，非物质文化遗产与旅游业融合发展的思路开始萌芽。2002 年 1 月 30 日国务院办公厅转发文化部、国家计委、财政部《关于进一步加强基层文化建设指导意见的通知》，指出要加强民族民间文化遗产的抢救保护和开发利用。文件虽未明确提到“非物质文化遗产”，但使用了“民族民间文化遗产”的概念，二者具有很高的重合度。对于文化遗产的开发和利用，包含了将民族民间文化遗产与文化旅游业相结合的表述。2005 年 11 月 7 日中共中央办公厅、国务院办公厅联合发文的《关于进一步加强农村文化建设的意见》，提出积极开发具有民族传统和地域特色的剪纸、绘画、陶瓷、泥塑、雕刻、编织等民间工艺项目，戏曲、杂技、花灯、龙舟、舞狮舞龙等民间艺术和民俗表演项目，古镇游、生态游、农家乐等民俗旅游项目。文件涉及的“具有民族传统和地域特色的剪纸、绘画、陶瓷、泥塑、雕刻、编织等民间工艺项目，戏曲、杂技、花灯、龙舟、舞狮舞龙等民间艺术和民俗表演项目”几乎均为非物质文化遗产项目。说明顶层设计已经出现了非物质文化遗产与旅游相融合的理念与思路。

从地方层面看，各地政策出台的时间并不一致，有些省区如福建、云南、江西、广西等反应迅速，相关政策出台较快。这一系列政策的出台，促进了非物质文化遗产与旅游业的结合，提升了旅游业的文化内涵，打造出一系列文化旅游活动品牌，创作出具有地方文化特色的旅游演艺产品。当然这一时期的政策思路仍然不够清晰，国家出台指导文件的目的不是针对保护非物质文化遗产和旅游业，而是为了“加强农村文化建设”。各省的相关文件大都不是针对非物质文化遗产融入旅游业专门制定并出台的。从整体上看，“非遗”保护的前十年，“非遗”融入旅游的顶层设计尚处于酝酿和萌芽阶段。

（二）“非遗”融入旅游业政策的形成阶段

这一阶段主要从 2012 年至 2018 年，在此期间，政府相关政策频出，2012 年 2 月《文化部关于加强非物质文化遗产生产性保护的指导意见》提出对有市场潜力的代表性项目，鼓励采取“项目 + 传承人 + 基地”“传承人 + 协会”“公司 + 农户”等模式，结合发展文化旅游、民俗节庆活动等开展生产性保护，促进其良性发展。2014 年 3 月《国务院关于推进文化创意和设计服务与相关产业融合发展的若干意见》提出鼓励文化创意、演艺、工艺美术与旅游资源整合，开发具有地域特色和民族风情的旅游演艺精品和旅游商品。2016 年 5 月《关于推动文化文物单位文化创意产品开发的若干意见》提出促进文化创意产品开发的跨界融合。支持文化资源与创意设计、旅游等相关产业跨界融合，提升文化旅游产品和服务的设计水平，开发具有地域特色、民族风情、文化品位的旅游商品和纪念品。2017 年 4 月文化部关于《文化部“十三五”时期文化产业发展规划》提出鼓励文化创意、演艺、工艺美术、非物质文化遗产等与旅游资源整合，开发具有地域特色和民族风情的旅游演艺精品和旅游商品。

与萌芽期相比，这一时期的政府政策文件明确提出了非物质文化遗产与旅游融合，并在相关政策文件提出了相关非物质文化遗产融入旅游的模式。此外，产业层面在这一时期将非物质文化遗产融入旅游的行动也日趋活跃。

（三）“非遗”融入旅游业从政策驱动转入产业实践

2018 年 3 月，文化和旅游部正式成立，标志着我国为推动文化和旅游的融合迈上了新的台阶。政府颁布一系列促进文化与旅游融合的政策，明确指出了“非遗”融入旅游的方式方法和实践路径。

2018 年 11 月文化和旅游部等 17 部门在《关于促进乡村旅游可持续发展的指导意见》提出有效利用文物古迹、传统村落、民族村寨、传统建筑、农业遗迹、灌溉工程遗产、农业文化遗产、非物质文化遗产等，融入乡村旅游产品开发。支持农村地区地域特色文化、民族民间文化、优秀农耕文化、传统手工艺、优秀戏曲曲艺等传承发展，创新表现形式，开发一批乡村文化旅游产品；2019 年 7 月文化和旅游部制定的《曲艺传承发展计划》提出曲艺演出场所数量和演出实践频次持续增长，形成一批驻场演出场所和专题品牌活动；扶持曲艺演出，增加实践频次鼓励各地在各种曲艺相关展演会演中增设交易环节，推动曲艺演出交易。鼓励和引导曲艺项目进入城市和乡村旅游演艺市场，与当地旅游发展相结合，拓展更大发展空间。在上述政策中，明确指出了戏曲类非物质文化遗产融入旅游。

在中央政策引导下，各地方政府也相继颁布各种有关政策。2019 年 11 月 22 日《中共广西壮族自治区委员会广西壮族自治区人民政府关于加快文化旅游产业高质量发展的意见》探索将民歌民谣、民族说唱、音乐舞蹈、民俗民情、民族技艺、民族服饰、民族餐饮等文化元素融入旅游产品开发，促进非物质文化遗产的保护利用。2019 年 6 月 2 日《江西省旅游产业高质量发展三年行动计划（2019—2021 年）》挖掘提炼古城古镇古街古村古遗址及各类非物质文化遗产的核心文化内涵，讲好“十万个”江西故事，打造文旅故事 IP、形象 IP、产品 IP。2019 年 5 月 25 日《山东省精品旅游发展专项规划（2018—2022 年）》支持发展民间和特色馆藏，重点建设山东省自然博物馆、青啤博物馆、张裕葡萄酒博物馆、胶济铁路博物馆、齐河大地自然博物馆群、非物质文化遗产博览园等项目，开发陶瓷玻璃、农民画、木版年画、草编柳编、传统武术等传统工艺产品。在这一阶段，政府在相关政策中明确指出了具体的非物质文化遗产项目融入旅游，这对产业层面有着很好的导向作用，涌现出江苏南京的秦淮灯会、江西景德镇古窑景区、湖南雨花非遗馆、浙江东沙非遗主题实验小镇等一系列非物质文化遗产融入旅游的优秀案例。

第二节 “非遗”旅游的产业实践

（一）“非遗”主题馆：“非遗”资源景点化

“非遗”主题馆建设，是各地新兴起的“非遗”融入旅游的产业化尝试。目前比较成功的有湖南雨花非遗馆等。湖南雨花非遗馆位于长沙市雨花区红星商圈内杉木冲东路 198 号，2015 年 8 月挂牌成立，由湖南雨花非遗文化传播有限公司投资运营。在雨花非遗馆场馆区域划分为四大块：“非遗”产品销售区，有湘秀、汉服、茶具等众多非遗产品及其非遗文创产品；“非遗”舞台演绎区，每天都有长沙皮影戏、川剧变脸、苗族鼓舞等准时上演；“非遗”手工体验区，有“木工”“扎染”“竹编”“棕编”“茶道”等三十个非遗特色课程，占地面积 5000 平方米，可供 1500 人体验学习；另外还有“非遗”传承人工作室。2017 年 12 月 25 日，湖南雨花非遗馆被授牌“长沙市文化旅游示范基地”。2018 年 6 月 2 日，雨花非遗馆被授牌“湖南非物质文化遗产展示基地”，成为长沙首个非物质文化遗产展示基地。2019 年湖南雨花非遗馆被文化和旅游部列入“2019 非遗和旅游融合优秀案例”。雨花非遗馆接待游客已达 50 万人次，2018 年馆内年总收入近 2000 万元，直接或间接带动区域文化消费收入近 9000

万元，形成了非遗资源带动城市周边文旅及各项产业增长的良好效应。作为最早开始探索非遗主题研学旅游的单位，已接待长沙市及湖南省内外中小学生10万余人次。

从湖南雨花非遗馆成功的做法可以看出，湖南雨花非遗馆通过社会化的策划与运营，构建起了非遗传承与发展功能兼备、本地居民文化消费与中外游客旅游消费并存的旅游文化场所，实现了非物质文化遗产走向人民群众的日常生活，这种非遗开发的模式对其他地区非遗的开发具有一定的借鉴价值。

类似的“非遗”主题馆还有很多，如江苏省苏州市相城“非遗”主题馆、四川省“非遗”主题馆、温州市“非遗”馆、河南省开封市七盛角建业“非遗”展览馆、广东省非物质文化遗产保护中心展览厅等。

（二）“非遗”主题演艺:“非遗”资源景观化

从“非遗”中抽取音乐、舞蹈和情节元素，按照现代演艺方式进行重新编排，在“非遗”主要传承地举办大型旅游演艺，是近年来兴起的“非遗”产业化实践之一。例如，依托国家级非物质文化遗产项目“少林武术”排演的大型旅游演艺活动《禅宗少林·音乐大典》，是当今世界规模最大的山地实景类演出。演出地点选择在“少林武术”的发源地和主要传承地河南省登封市嵩山少林附近，其演出舞台就位于那片山谷，山峦连绵，纵状排列，层次分明，峡谷之内潺潺溪流，植被茂盛，石桥木屋统统成为了这场表演的“出演嘉宾”，整场演出以少室山第二高峰紫霄峰为天然背景，紫霄峰海拔1400米，观众席距紫霄峰最高点“人造月亮”直线距离近3千米，成为了世界上最大的舞台。舞台之下组成观众席位的是蜿蜒的木廊和庙宇形态的建筑，毫无突兀之感，观众席位由2700个蒲团构成，观众就坐在蒲团上感受天籁。《禅宗少林·音乐大典》成功实现了少林功夫与旅游演艺完美结合，这一非遗与旅游结合的模式对传统武术、游艺与杂技者类非遗项目的开发具有很大的借鉴价值。

（三）“非遗”进景区：“非遗”资源活态化

“平遥中国年”活动是在平遥古城连续举办了七届赏灯会以及“我在平遥过大年”等活动的基础上，于 2006 年春节正式命名的。活动时间定为每年腊月二十三到正月十六，活动的内容以中国汉民族的年文化为核心，运用灯展、社火展演、戏曲表演以及书画、摄影、晋剧、秧歌等多样的表现形式，展示了中国北方传统的年俗文化，使平遥古城成为中国北方年文化的阵地，平遥中国年也被打造为冬季旅游节庆的品牌。在 2006 年到 2010 年期间，参加平遥中国年活动人数累计达 120 万人。另根据平遥县旅游局的数据，在 2011 年到 2014 年的四年期间，参加平遥中国年的海内外游客的人数分别为 65 万人次、77 万人次、82 万人次、78 万人次；旅游综合收入分别为 7300 万元、8833 万元、8800 万元、8600 万元。除了经济效益上的收获，平遥中国年还多次荣获“全国节庆活动百强”和“中国十大民俗节庆”称号。在节庆文化举办期间，通过展示本地特色的非物质文化遗产，一方面可以增加节庆文化旅游的内涵，另一方面，还可以盘活多种非物质文化遗产项目，以此来作为吸引游客的手段，为其他地区的节庆文化的举办提供借鉴。

另外，山东省潍坊市的潍坊国际风筝节、四川凉山州的凉山彝族火把节、河北省的中国吴桥国际杂技艺术节等，都是较为成功的案例。

（四）“非遗”纪念品开发：“非遗”资源商品化

“非遗”旅游文创产品的开发，以黄山徽艺小镇最为典型。徽艺小镇位于安徽省黄山经济开发区梅林大道东侧，总占地约3.2平方千米，主要由徽艺小镇核心区黄山非遗创意园、绿色食品产业园、茶花园三大园区组成。黄山非遗创意园，占地面积1569亩，主要分非遗核心区、小罐茶生产体验区、非遗梦工厂创业区、非遗文化地产区。非遗核心区是建设重点区域，占地674亩，是非遗技艺创新、作品展示交易、艺术体验交流、旅游接待服务等为一体的新型园区，包括非遗文化中心、大师庄园、非遗传习基地、特色民宿、商业街区等，目前，徽艺小镇建成区已入驻企业102家，入园非遗传承人64名。黄山非遗创意园目前已经开发出以非遗为主题的各类旅游产品，如以非遗为主题的学习类用品、个人装饰类物品、个人娱乐游戏类等。以非物质文化遗产为主题的黄山徽艺小镇，不仅仅是对非物质文化遗产的初级开发，而且通过建设非遗创意园、非遗梦工厂创业区，实现对非物质文化遗产的进一步开发，使得非遗类产品能更好地走进人民大众的日常生活，更好地阐释了“见人、见物、见生活”“非遗融入生活”等理念。

类似的案例还有江苏省南京市的栖霞山“非遗”文创小镇、山东省潍坊市的潍坊十笏园“非遗”聚集区、河北省保定市的定兴“非遗”小镇等。

第三节 “非遗”旅游存在的问题

旅游业作为“非物质文化遗产”发展与传承的重要手段，为“非遗”传承、保护、开发、利用，做出了突出贡献；同时非遗在融入旅游过程中所带来的经济效益、消费拉动等起到了举足轻重的作用，甚至在一些地区建立了以非遗为引导的主题化景区。在“非遗”旅游开发的过程中也出现了这样那样的问题，理应引起社会各界的高度重视。问题主要表现在以下几个方面：

（一）传统戏剧类“非遗”旅游的浅层次开发

近年来随着社会的不断进步，一些新媒体科技发展迅速，传统戏剧面临着更多的挑战，随着全域旅游、非遗旅游、文化旅游的兴起，传统文化的热度再度被提上一个高度，大众对文化消费的力度也在呈现一个大的上升趋势，越来越多的游客开始转向精神文化类主题景区，特别是以中国传统文化、历史文物、非遗文化等为主题的旅游景区。而非遗旅游就是典型代表，是一个新兴的具有很大拓展空间的旅游市场，但是，并非所有的“非遗”项目都能顺利融入景区，像传统戏剧就很难深度融入旅游景区。

在 2019 年 7 月 16 日，文化和旅游部制订的《曲艺传承发展计划》提出：“曲艺演出场所数量和演出实践频次持续增长，形成一批驻场演出场所和专题品牌活动；扶持曲艺演出，增加实践频次鼓励各地在各种曲艺相关展演会演中增设交易环节，推动曲艺演出交易。鼓励和引导曲艺项目进入城市和乡村旅游演艺市场，与当地旅游发展相结合，拓展更大发展空间。鼓励将已经在剧场、书场、茶楼（茶馆）等固定演出场所常年开展驻场演出的表演团体纳入扶持范围。”陕西省戏曲研究院院长，秦腔表演艺术家李梅指出：“在文化与旅游相融合的大背景下，应大力开发戏曲文化旅游市场，不断挖掘戏曲文化旅游价值。未来，可以打造专属戏曲的文化旅游景区，借中国传统戏剧文化和旅游相结合的形式，开拓戏曲旅游市场。如今文化游成为当下人旅游的一种流行方式。不再满足于走马观花地看风景，更期待深入了解当地的历史文化。而戏曲，就值得作为一种文化产品植入其中，既让游客感受到别样的文化氛围，同样也能体验传统艺术的声腔、表演之美。”

2013 年，“新康戏剧文化街”中国首个戏文化主题景点开街，来此游览的客人欣赏到花鼓戏、皮影戏、电影戏等戏曲表演，其中备受观众青睐的《洪兰桂打酒》是花鼓戏剧目中唯一以真人为原型创作的经典剧目，其发生地就在这条充满戏曲意味的新康乡戏剧老街上。

2017 年 11 月 2 日第十六届戏剧小品（小戏）比赛在四川乐山举行，着力打造嘉州长卷 · 天街戏剧街区，延长戏剧产业链，展示乐山文化软实力，将戏剧魅力与乐山旅游资源相融合，促进文旅融合发展，打造戏剧文化旅游景区，借中国传统戏剧文化和旅游相结合的形式，打造逼真、艺术且具有人气的旅游景区，实现传统和流行的跨界融合，也是传统戏剧类非遗融入旅游的一次大胆尝试。

这些早期实践虽然有些大胆尝试和开拓，但很多因素制约着传统戏剧类文旅融合的发展。如何把传统戏剧融入旅游之中，其关键性的发展制约问题是急需解决改进的。目前有些景区已经把一些经典传统戏剧带入游客的视野，给游客一种新的文化体验，但传统戏剧剧目本身就有一些自身的发展障碍，主要流传的一些传统曲目剧目老套、陈旧，缺乏剧目剧种的创新与改革，要及时跟上时代发展潮流，游客已不再只是局限于简单的演出游览，如何让游客观众能够深入地了解、体验和感知传统戏剧的文化内涵与艺术魅力，并产生共鸣，是亟待解决的问题。目前大部分的曲目剧目是前人故事以及地域特色，古人古事是有一定的范围限制，所适应人群也相对来说比较有限，这在游客游览的过程中会有一些难度，包括对方言的理解，对内容的解读等都会直接影响到游客的审美欣赏。如《广府华彩》粤剧表演，缺乏普及性，即使是土生土长的本地人，对粤剧及粤剧史的了解与认识都极为有限，更不用说来自他乡的普通游客。

（二）民俗节庆类非遗主题景区的淡旺季平衡

民俗节庆类非遗作为非遗中数量最多的一个种类之一，其本身有很多有待发掘的文化旅游资源和一些已经开发但有待提升的部分节庆类非遗文化，同时国家为扶持此类非遗的开发与利用也相继出台一些政策法规，以此加大非遗旅游资源的整合布局。如 2012 年，文化部《关于加强非物质文化遗产生产性保护的指导意见》中指出，“对有市场潜力的代表性项目，鼓励采取‘项目+传承人+基地’‘传承人+协会’‘公司+农户’等模式，结合发展文化旅游、民俗节庆活动等开展生产性保护，促进其良性发展等”。这些政策法规都有力促进了民俗节庆类非遗的有效利用与转化，也是作为探索期阶段旅游资源进行大规模开发的有利抓手。目前，很多地区进行了尝试与初步的开发、融合，甚至有些景区进行了大胆的革新与改进，形成了鲜明的地方特色，打造出文旅融合的精品旅游景区，产生良好的地域文化特色与强大的影响力。

江苏南京“秦淮灯会”，秦淮灯会是流传于南京地区的民俗节庆类文化活动，又称金陵灯会、夫子庙灯会，主要集中在每年春节至元宵节期间举行，每年持续50多天，是首批国家级非物质文化遗产，有“天下第一灯会”和“秦淮灯彩甲天下”的美誉，是中国唯一一个集灯展、灯会和灯市为一体的大型综合型灯会，也是中国持续时间最长、参与人数最多、规模最大的民俗灯会。但是大多数节会节庆具有一定的时期限制，也就是说都会有相应的时间节点与时长期限，如我国的元旦、春节、元宵节、端午节、重阳节、中秋节、“藏历新年”“彝族年”等传统节庆都会有相应的开放时间，而旅游景区大部分是全年开放，并且营业时长不受节日等因素的限制。因此民俗节庆类旅游景区如何平衡淡旺季问题是一个不小的挑战。

（三）传统美术类“非遗”缺乏创造力和创新性

传统美术类非遗是文旅融合最为密切的一类，在旅游景区都可以看到不同种类的非遗旅游产品，这些景区把一个个单独的非遗制作的小工坊都搬到了景区，这些都在国家政策的扶持与鼓励下部分实现了美术类非遗景区量产化与直销化，并且国家也在持续推动这方面的政策实施。如2014年3月17日，《国务院关于推进文化创意和设计服务与相关产业融合发展的若干意见》中提出：“鼓励文化创意、演艺、工艺美术与旅游资源整合，开发具有地域特色和民族风情的旅游演艺精品和旅游商品。”2016年5月11日，《关于推动文化文物单位文化创意产品开发的若干意见》提出促进文化创意产品开发的跨界融合，支持文化资源与创意设计、旅游等相关产业跨界融合，提升文化旅游产品和服务的设计水平，开发具有地域特色、民族风情、文化品位的旅游商品和纪念品。2017年4月20日，《文化部“十三五”时期文化产业发展规划》提出：“鼓励文化创意、演艺、工艺美术、非物质文化遗产等与旅游资源整合，开发具有地域特色和民族风情的旅游演艺精品和旅游商品。”这一系列政策都有力推动美术类非遗的旅游开发与进一步融入问题，使美术类非遗成为大众生活中的一种审美资源与生活装饰品。

目前，各地都有类似美术类非遗开始相继进入景区，方便游客在旅游之中购买具有当地特色的非遗产品，丰富游客的消费需要。如缙云县非遗中心持续推进“非遗 + 旅游”的发展模式，不断搭建非遗展示和交流平台，积极推动非遗文化转化为旅游文化商品，打造缙云非遗品牌，取得了显著成效。目前，《缙云根雕》《缙云剪纸》《缙云木雕》《缙云烧饼制作技艺》《索面制作工艺》等项目都在旅游市场上焕发了生机，不仅让这些非遗项目大放异彩，也让缙云旅游有了自己的新名片。天津泥人张、北京兔儿爷、朱仙镇木版年画等在当地景区都有大规模开发、利用，并形成具有当地特色的旅游文化产品与文化标签，这些都在游客的旅途中增加更多的乐趣，使当地非遗更广泛的传播增加旅游景区的人气与热度。但是，把传统美术类非遗融入景区时，不能生搬硬套强行融入，更不能拘泥于老式创作形象，固守“原汁原味”，从而忽略游客的审美与消费理念。目前，许多美术类非遗，手工制作价格高昂，产品脱离时代，使得一些非遗产品销售滞塞。现在，在很多年轻人眼中，非遗的历史性对应的是“过时”，文化性对应的是“土气”。如果没有创造性转化和创新性发展，美术类非遗旅游必将面临一个尴尬的局面。

（四）传统技艺类“非遗”体验感不强

古往今来，传统技艺类非遗为我们的生活提供了更多集审美与实用为一体的产品与技艺。但在现代，更多的人不会注意到非遗产品的背后的传承技艺与制作工艺。由此，国家发布相关政策以促进这一类非遗的加速转型，进行合理运用、传承。2017 年 3 月 12 日，文化部、工业和信息化部、财政部发布《中国传统工艺振兴计划》，提出："依托乡村旅游创客示范基地和返乡下乡人员创业创新培训园区（基地），推动传统工艺品的生产、设计等和发展乡村旅游有机结合。鼓励在传统工艺集中的历史文化街区和村镇、自然和人文景区、传统工艺项目集中地，设立传统工艺产品的展示展销场所，集中展示、宣传和推介具有民族或地域特色的传统工艺产品，推动传统工艺与旅游市场的结合。在非物质文化遗产、旅游等相关节会上设立传统工艺专区。"在此基础上把非遗制作技艺展现在游客面前，让其近距离地观看，非遗产品背后的故事，促进游客对其的认知，感受非遗的文化魅力，感叹匠人师傅的精湛技艺。

现在各地景区都推出了现场制作等传统工艺展示专区，如福建龙岩的世界文化遗产——永定土楼。永定是福建拥有最多土楼的县，总共 23000 多座。是世界上独一无二的神奇的山区民居建筑，是中国古建筑的一朵奇葩。2017 年以来，福建永定实施"文化进土楼"工程，按照"一楼一景致、一楼一特色、一楼一主题"的理念，改建了建筑文化展示馆、客家家训馆、民间绝艺馆等多处保护传承场所，打造了土楼技艺专区，吸引了越来越多的游客参观非遗文化。

在江西婺源，悠久的徽商历史在这片热土上遗存了丰富灿烂的非物质文化遗产。这里有绿茶制作技艺等国家级非物质文化遗产，有甲路纸伞制作技艺等省级非物质文化遗产。在婺源，走出了一条独具特色的非遗旅游融合发展之路，建立工艺制作专题景区，吸引大批游客参观、购买。

再如江西景德镇，古窑制作技艺让非遗"活"起来，千年窑火，生生不息，承载着中华文化与中华民族哲学智慧的江西景德镇手工制瓷工艺享誉全球。为传承展现国宝非遗，景德镇古窑恢复传统制瓷作坊与红店，并复建复烧瓷窑，使景德镇古窑景区重新焕发生机与活力，成为代表千年瓷都的一张瑰丽名片。

然而，更多的景区在展现其技艺的过程中忽略了游客更为深入的体验感受，只是停留在游客的欣赏阶段，使得其体验感不强，以及其后续安全规划管理跟不上等。传统技艺类非遗就是传承的古老制作技艺，这样加强技艺类非遗的游客体验度，更多地参与到非遗制作的过程中来，游客才能拥有更多的获得感、参与感。比如，安徽宣纸、徽墨，武夷大红袍岩茶，宜兴紫砂陶等，在游客旅游观看的同时使其亲身体验制作，一方面大大提高其旅游的满意度，另一方面也会促使购买自己制作的非遗产品，这样使得游客有了更加深入的体验感，才会真正对景区内的非遗制作工艺专区有深刻印象，从而提高景区的满意度。

第四节 “非遗”旅游发展展望

目前我国旅游业处于重要战略机遇期。随着全面建成小康社会，城乡居民收入稳步增长，消费结构加速升级，人民群众健康水平大幅提升，带薪休假制度逐步落实，旅游消费得到快速释放。旅游业被确立为幸福产业，非遗作为新兴旅游资源，国家正在促进非遗更好更快地融入旅游，各级政府也更加重视非遗旅游发展，总体呈现出良好的发展态势。

（一）“非遗”旅游政策将进一步下沉

随着中国传统文化的不断倡导，非遗热度的持续上升，近些年国家在非遗融入旅游方面密集出台相关政策法规，以促使非遗的合理、有效地转化，近三年来就出台非遗相关文件数十件。特别是随着国家部门改革，将文化部与国家旅游局合并为文化和旅游部，促使非遗加快旅游融合，这在各地省市都将会产生积极效应。如北京市发布《北京市非物质文化遗产条例》，天津市发布《天津市非物质文化遗产保护条例》，上海市发布《“非遗在社区”品牌建设三年行动计划（2018—2020年）》等，各地省市政府都在加紧推进非遗文旅融合，紧跟国家政策形势，并且各地还在密集出台扶持政策，加快总方针的落地、落实，其后续政策法规文件也将给非遗的文旅融合带来更大的契机，从而推动非遗与旅游更多形式的融合，形成多因素、多方面、多形态的全新旅游体验。

（二）各地“非遗”项目进景区试验区将大面积增加

现在，在多项扶持政策推动下全国各地积极开展建设非遗景区基地试验地，并取得良好效果，这将大力推动在各地景区的有效建设，加快新一轮非遗旅游产品的落地开发，为更多的非遗文旅之路打开了大门。辽宁非遗文化产业基地落户沈阳，基地西邻世界文化遗产地沈阳清故宫、南邻张氏帅府、北邻商业中心中街，总占地面积1万余平方米。该项目已被列为辽宁省委省政府《辽宁省推进文化产业高质量发展行动计划（2019—2020）》重点项目之一，目前已经投入资金2.3亿元。在浙江，温州非遗保护中心举行非遗创新案例分享会暨“媒体看非遗”活动，吸引了“中国文化报”、中新社、“文汇报”等十余家主流媒体参加。在四川，成都市发布了10条“非遗之旅”线路和40个非遗项目体验基地。在全国各地，通过传统节日习俗体验、传统表演艺术展演、传统工艺展示、非遗传习等丰富多彩的活动在全国各省掀起文旅融合、实践非遗生活美学的热潮。

（三）曲艺类“非遗”旅游率先形成热潮

随着2019年7月16日文化和旅游部最新发布的《曲艺传承发展计划》提出：“要把曲艺演出场所数量和演出实践频次持续增长，形成一批驻场演出场所和专题品牌活动；扶持曲艺演出，增加实践频次鼓励各地在各种曲艺相关展演会演中增设交易环节，推动曲艺演出交易。鼓励和引导曲艺项目进入城市和乡村旅游演艺市场，与当地旅游发展相结合，拓展更大发展空间。”2019年9月6日至10日，由文化和旅游部非物质文化遗产司、艺术司及山东省文化和旅游厅等主办的2019全国非遗曲艺周在山东济南举办，主题为“非遗曲艺薪火相传”。同时，2019全国非遗曲艺周期间举办了学术研讨会，主办方将邀请业内专家学者围绕曲艺项目如何“活态传承”展开交流。2019全国非遗曲艺周践行文旅融合发展的理念，在济南市内知名景区组织驻场展演，并创新设计曲艺旅游线路，从而再现济南历史上“曲山艺海”的景象。由此，全国各省市将会集中发力推进曲艺类非遗的旅游发展进程，大批曲艺类非遗在景区涌现，像山东琴书、东北二人转、莲花落、评书等已经相继出现在各大景区。总体来说，曲艺类非遗的发展必会凭借更多的发展技术、传播途径与政策法规，在此基础形成一股新的热潮，引领未来文化旅游的新风向。

（四）“非遗”文创产品的研发将进入快速增长期

近年来，非遗文创IP不断爆发。《新文创消费趋势报告》显示，围绕历史、文化IP进行文创开发正呈现出井喷态势。文创产品的销售额在过去两年内翻了三倍，不少网红产品的销售额呈几何级数暴增；流量高、年轻化、转化高成为文创上网的动力。各大城市一方面将更大规模地开发文创品，同时还让文创上网，IP 联动、跨界出圈。非遗文创产品也将融入多元素的设计理念，多元化发展，创作出符合现代潮流的文创产品。比如，新国潮晨光文具，将非遗等文化理念与现代产品相融合，受到了大众游客的喜爱；故宫里的国潮元素文创产品一度被游客热捧等。借助 IP 设计，探索“非遗 + 市场 + 科技”的融合发展模式，为非遗注入新动力，成为当今社会“非遗”文创的重要选择。

（五）“非遗”的开发与展示将向场景化、体验化、生活化、产品化方向发展

数字“非遗”也是未来发展的一个重要方向，也受到广大民众的普遍欢迎。如“仿佛若有光”是今年在各地巡展的非遗沉浸式的光影艺术展，以全新的创意再造非遗展示空间；“我和国博有个约会”以国博展览及馆藏文物为创作素材，进行交互装置、交互游戏、H5（HTML5 缩写，即第五代 HTML 网页技术标准，主要应用于微信等即时通信软件）广告、主题漫画等新媒体设计，使传统文化与现代技术和青年的无限创意力量相结合，以青年创意力量再造数字文化的新解决方案。景区可以借助 5G、VR（虚拟现实）等技术实现非遗的场景体验，利用现代化的线上、线下的传播宣传传播方式，打造非遗化品牌景区等，使其更加生活化、产品化，从而使非遗“活”起来，融入大众的生活之中，成为文旅的一大特色亮点。

（作者简介：彭恒礼，中国旅游研究院文化旅游研究基地研究员，非遗旅游中心负责人；何启欢，中国旅游研究院文化旅游研究基地研究助理；陈东泽，中国旅游研究院文化旅游研究基地研究助理）

第五章　夜间经济发展分析与展望

张英俊

第一节　夜间经济发展现状

夜间经济一般指从当日下午 6 点到次日早上 6 点服务业方面的城市活动，包括购物、餐饮、文旅、娱乐等消费行为，是以服务业为主体的城市经济在第二时空的延伸。作为一种基于时段性划分的经济形态，夜间经济是经济的延长，是白天“工厂经济”的补充，对经济增长的推动作用巨大。在国际上，纽约的夜生活每年创造约 290 亿美元经济收入、25 万个就业岗位；悉尼的夜间消费每年带来 150 亿澳元以上经济收入，为本地创造近 1/3 的就业。从国内来看，有数据显示，我国约 60% 的城市居民消费发生在夜间，2019 年市场规模为 26.43 万亿元，2020 年预计突破 30 万亿元。

2020 年是极不平凡的一年，作为典型的消费驱动型产业，夜游经济经历了从按下暂停键到重启键，再到加速换挡的艰难过程。由中国旅游研究院发布的《2020 中国夜间经济发展报告》显示，2020 年 4 月下旬，夜间旅游已经强劲恢复到疫前水平。2020 年 8 月，景区夜间游客量是 1 月的 1.76 倍；8 月夜市游客量是 1 月的 1.91 倍；5 月商圈夜间游客量首次超过 1 月；85% 以上的受访者表示夜游意愿强烈。夜间旅游市场复苏快于本地夜生活，2020 年国庆期间游客夜间消费金额和笔数占比均高于全国居民水平，再次凸显了夜间经济对市场修复、行业复苏的独特价值，也成为各地重振“后疫情时代”旅游市场的重要抓手、赋能文旅复苏的“新引擎”。

（一）发展历程

1. 国际发展

现代夜间经济是20世纪70年代英国为改善城市中心区夜晚空巢现象提出的经济学名词。在学术领域，1991年Comedia发表了关于英国城市中心的经济、社会和文化生活的一份研究报告《时间之外》，1994年蒙哥马利介绍了18小时/24小时城市的概念，提出在城市中心鼓励一系列的夜间经济、社会和文化活动。1995年比安基尼提倡城市夜晚活动的多元化[①]。

20世纪90年代以来，一些国家开始关注并采取一系列鼓励措施促进夜间经济发展：1980年法国里昂实施了《城市灯光规划》，将灯光作为城市风景的重要组成部分进行打造，每年都举行灯光节会吸引游客；1995年英国正式将发展夜间经济纳入城市发展战略，2016年年初伦敦成立了由政策专家和行业领袖组成的夜间工作委员会，扩大夜间活动的范围，保护长期存在的“酒吧经济”，并确保收益流到社区；2017年日本东京成立“夜间经济议员联盟”，倡议发展夜间经济，提供和白天一样自由活动的夜间环境空间，提高夜间时段对GDP的贡献。2003年荷兰阿姆斯特丹任命了全球首位“夜间市长”，由政府和企业出资成立的非营利组织阿姆斯特丹夜间市长基金会设置，负责沟通协调政府、夜间商业经营者和居民之间的关系，协助政府管理夜间活动。2016年，阿姆斯特丹举

① 邹统钎：我国夜间经济发展的现状、问题与对策，《中国旅游报》2019年4月22日。

办了第一届夜间市长峰会。到 2017 年，荷兰已有 15 个城市任命了不同形式的“夜间市长”。目前，全球已有包括伦敦、巴黎、纽约、东京、苏黎世、马德里等 30 多个城市设立了类似的职位或行政模式。

2. 国内发展

夜间经济在我国由来已久，在周朝已有日落后售卖饮食的摊贩。唐早期实行宵禁政策。唐中叶以后，长安曾出现过“鬼市”，但很快被政府禁止。唐朝后期，坊市制度遭到破坏，汴州城商贩的经营时间已打破了白天和黑夜的限制。北宋时期，东京开封府人口百万，是当时世界上首屈一指的大都会，店铺遍布，商品交易量巨大，仅靠白天的交易已无法满足需要。宋太祖乾德三年（965 年）四月十三诏令开封府：“令京城夜市至三鼓已来，不得禁止。”借助首都地位和汴河漕运之利，开封饮食夜市开始兴盛并走向空前繁荣。《东京梦华录》记载：“夜市直至三更尽，才五更又复开张。如要闹去处，通晓不绝。”“冬月虽大风雪阴雨，亦有夜市。”东京城内店铺林立，大小商业饮食市场超过 20 处，就连皇宫的东华门外，也是一个“市景最盛”的饮食市场。到宋徽宗时期，夜市更加繁盛，有夜市、鬼市、早市，还有跳蚤市场，没有营业时间和地点的限制。当时的东京城为举世无双的不夜城，彻底融通了“城”（城堡）和“市”（市场）的功能，实现了坊市合一，是中国真正意义上城市的起源地。北宋时期中国的城市居民才开始有了属于自己的夜生活，“夜市”成为当时开封最大的城市标签之一，也是我国古代夜间经济的源头。靖康之变后，北宋宗室南迁，夜间交易习惯和夜市经济播迁到临安，并对后世产生深远影响。南宋时的杭州“五鼓朝马将动，其有趁卖早市者，复起开张，无论四时皆然”。夜市在元代经历过低迷，在明清时期再度兴起。民国时期曾发布命令取缔北京、开封等地夜市，但收效甚微。

改革开放后，我国夜间经济逐步萌芽壮大，成为开放发展经济繁荣的一面镜子。1979 年广州东方宾馆开设了国内第一间音乐茶座。自 20 世纪 80 年代中期起，夜间经济在我国经历了灯光夜市、城市商圈、夜间经济聚集区的发展阶段。1984 年 5 月广州设立全国第一个灯光夜市——西湖路灯光夜市，主要由个体户提供商品、服务。1984 年北京决定试办 9 处夜市，开启了中国夜经济的 1.0 版本。此后，全国各大城市掀起了开办“灯光夜市”的热潮：开封鼓楼夜市、南京三牌楼夜市、厦门定安夜市、上海彭浦夜市等一批著名“夜市”如雨后春笋般涌现。这一阶段的夜市，以延长营业时间为主要特点。

迈入新世纪后的 10 余年间，是夜间经济发展的第二阶段，特点是夜市转型，城市商圈崛起，夜间经济业态逐步丰富。到 2005 年，开封传统夜市达 40 多处，夜市经营户有 1500 多家，从业人员近 5000 人，年成交额近 3 亿元。2006 年厦门定安夜市拥有摊位近 300 个，其中流动摊位 80 个。随着城市规范化、精细化治理的实施，一些大城市迎来了夜市关闭潮：2007 年 5 月南京马台街关闭；7 月，厦门定安路夜市被关闭；2012 年 8 广州关闭了最后一个灯光夜市；2013 年 10 月南京三牌楼夜市关闭；2014 年福州市所有 24 家夜市被关闭；2016 年 6 月北京东华门夜市闭市。同时，许多特色美食和风味小吃在城市划定的夜间餐饮区内集聚，形成如北京簋街，成都锦里、宽窄巷子等独立的 24 小时餐饮区，北京王府井、上海南京路、南京新街口、广州北京路、郑州德化街、开封马道街等一批著名“商圈”迅速涌现，标志着夜间经济 2.0 时代的到来。北京的后海、工体北路、燕莎商业区、朝外大街等区域相继形成了酒吧聚集区，北京簋街 24 小时营业，集聚 150 多家商业店铺和餐馆。正是这一时期，青岛、重庆、南昌、宁波等城市开始陆续出台促进发展夜间经济的相关政策。

近 10 年来，涵盖“食、游、购、娱、体、展、演”等多元内容的复合型夜间经济综合体开始出现，逐渐成为拉动消费的新增长极，我国夜间经济逐步升级到3.0时代。如广州天河路商圈，包括5座大型文化体育设施、22家大型购物中心、12家五星级酒店，诞生了多个全国第一。国内城市纷纷将发展夜经济作为供给侧结构性改革的重头戏、塑造城市品牌促进经济增长的新引擎，加强规划引导，加大政策支持，丰富产品业态，改善消费环境服务品质，推动建立夜间经济聚集区和示范区。

（二）发展特征

2019年12月，在“汉语盘点2019”揭晓的年度热词中“夜经济”成功入选2019年度十大新词语。《中国文化产业年度发展报告2020》将“夜间经济”列为2019年文化产业十大关键词之一。2019年被业内称为“夜间经济元年”。数字昭示趋势：在“前新冠肺炎疫情时代”，夜间经济是名副其实的新风口；在疫情防控常态化阶段，我国各地夜间经济正“强势回归”；在“后疫情时代”，夜间经济将成为文旅深度融合的重要领域、激发内需潜力的重要引擎。

1. 政策供给更加充足

截至2019年12月，全国发布夜间经济、夜间旅游的政策超过30个，涉及6个省（直辖市）、18个市，覆盖北上广等一线城市。到2020年10月，全国共出台夜间经济高度相关政策197项，其中以夜间经济命名的政策文件82个，2020年前三季度出台夜间经济高度相关政策数量和出台主体数量都是2019年全年的近4倍。

一是中央层面。2018年12月中央经济工作会议提出“促进形成国内强大市场”。2019年7月国务院提出了3条促进文化和旅游消费措施，其中包括“发展文化和旅游场所夜间餐饮、购物、文化演出等。”8月，国务院办公厅印发《关于进一步激发文化和旅游消费潜力的意见》，提出“到2022年，建设200个以上国家级夜间文旅消费集聚区”；同月，国务院印发《关于加快发展流通促进商业消费的意见》，提出要“活跃夜间商业和市场。鼓励主要商圈和特色商业街与文化、旅游、休闲等紧密结合，适当延长营业时间，开设深夜营业专区、24小时便利店和深夜食堂等特色餐饮街区”，各部委积极跟进贯彻落实。11月，文化和旅游部提出2020年启动国家级夜间文旅消费集聚区相关工作，推动夜间文旅消费规模持续扩大。12月，国家发改委等9部门发布《关于改善节假日旅游出行环境促进旅游消费的实施意见》，提出在符合安全保障等相关条件的基础上，适当延长游览开放时间，鼓励开发夜间游览项目，促进旅游消费。

2020年，为应对疫情冲击刺激消费，国家采取了发放消费券和鼓励地摊经济发展等措施，对促进线上线下消费融合、丰富夜间经济业态、城市商圈发育起到了重要作用。11月，文化和旅游部印发《关于开展文化和旅游消费试点示范工作的通知》《关于推动数字文化产业高质量发展的意见》，前者提出到2022年，建设100个国家文化和旅游消费试点城市、30个示范城市；后者提出支持利用数字技术打造夜间文化和旅游产品，推动数字文化融入夜间经济，激发夜间消费活力，为夜间经济增光添彩。

二是地方层面。2018年中央经济工作会议后，各地对发展夜间经济空前重视，将其作为城市竞争的“新赛道”、重构经济版图的新抓手，掀起新一轮政策支持高潮。夜间经济在扩大内需、提振消费、增加就业、提升游客市民幸福指数方面的独特功能不断彰显。

2019年，一批知名旅游城市先后出台推动夜间经济的文件，形成了不同“夜间经济”版本。如北京版提出打造全球知名“夜京城”消费品牌；上海版要打造“国际范”“上海味”“时尚潮”夜间生活集聚区；成都版要以夜间经济助推成都国际消费中心城市建设；厦门版要打造“高素质高颜值现代化国际化城市”和区域消费中心城市；开封版提出努力打造文旅“柱石”产业；三亚版以“月下三亚”为主题要打造夜间经济新名片；济南版要建设具有独特韵味的“不夜城”；青岛版要推动“国际范、琴岛味、时尚潮”夜生活聚集区建设；福州版要将“夜福州”打造成全国知名的夜间经济品牌；沈阳版要打造东北夜间经济地标城市。西安、重庆、三亚等均提出了夜间经济占全市社会消费品零售总额比重的量化目标。为引导夜间经济布局，北京规划了 4 个“夜京城”地标、9 个“夜京城”商圈和 9 个“夜京城”生活圈的“499”网格式建设布局；沈阳规划了“三核、两带、九片区”的夜间经济布局；重庆市提出到 2025 年，基本形成“1+10+N”夜间经济发展格局。

在夜间经济集群打造上，上海发布了 6 个区的首批地标性夜生活集聚区；成都提出精心打造十大类 100 个夜间经济示范点位；天津提出建设 6 个市级及一批区级夜间经济示范街区；广州市提出建设 30 个夜间经济集聚区，打造“广州之夜”品牌；南京划出了 27 个夜间经济试点区域，引导夜间经济向 7 类区域集中；开封提出重点打造 8 个夜间文旅消费集聚区；洛阳计划打造 8 个夜间消费集聚地，丰富 8 种消费业态；青岛要探索形成“购物休闲、特色餐饮、文体娱乐、演艺体验、观光旅游”五位一体的夜间经济模式；淄博要建设 10 个以上夜间经济示范区域；石家庄要重点打造 12 条特色商业示范街区；三亚计划打造 21 个夜间经济项目，推出“24 小时不打烊”的书店、药店、咖啡屋、酒吧、茶社等新业态。为提升夜间集聚区建设水平，济南市发布《济南市夜间经济聚集区建设与管理规范》，指导各区及夜间经济集聚区按照规范标准落实设施标准、管理规范、安全生产、食品安全等监督管理制度，抓好公用设施配套，完善主体保障服务队伍，持续优化营商环境。为保障目标实现，2019 年以来，陕西、河南、江苏、广东、浙江、辽宁、云南、广西等都把夜间经济聚集区作为重启夜间经济的工作内容。其中，陕西将每年在全省重点打造10个商旅文体娱的夜间经济聚集区；河南力争到2022年，全省建设若干个区域性夜间消费中心城市和2~3个国家级夜间文旅消费集聚区，培育200个以上各类夜间消费示范聚集区；江苏提出到2022年，建设30个以上省级夜间文旅消费集聚区、10个以上国家级夜间文旅消费集聚区，力争全省文旅消费场所4G/5G网络全覆盖；广东鼓励有一定夜间经济基础的地市新建、改造提升酒吧街、咖啡街、餐饮街，打造一批夜间经济示范商圈（示范街区）。浙江率先提出城市繁荣度、商业成熟度、夜间消费活跃度、业态完善度、环境美化度、消费舒适度、政策引领度7个维度的创建方案评审指标。为加快推动复工复产、复商复市，稳定产业链供应链，北京提出7大措施，丰富“夜京城”冬季产品供给；福建出台9条措施促进夜间经济发展；四川省提出6个方面24条针对性促消费措施。

在省级统筹下，各地市积极跟进，纷纷加码夜间经济，通过一系列措施激发消费潜力，夜间经济百花园群芳竞艳：成都对外公布100个夜间经济示范点位，涵盖旅游、视听、文鉴等10类消费场景；苏州提出积极发展昆曲、评弹、话剧、歌舞演出等“剧场经济”，着力打造10场小剧场演出，形成“江南小剧场”品牌；济南提出打造夜泉城2.0版”，确定打造首批7个精品夜间经济聚集区，提升7个夜间经济IP品牌；广州提出打造2~3个国际旅文融合功能区、4个商旅文融合功能区、30个夜间经济集聚区；开封提出增加“食、游、购、娱、体、展、演”等夜间产品供给，重点培育8大夜间经济集聚区，2022年形成1~2个国家级夜间大型旅游消费集聚区，2~5个省级夜间文旅消费集聚区，打造“大宋不夜城”夜游品牌；郑州提出开展“醉美·夜郑州”系列消费促进活动；昆明重点打造首批“夜春城”地标，计划用3年时间打造15~20个夜间经济集聚区、3条夜间旅游特色线路，打造10个夜旅游项目、10个夜经济文化项目、10个夜经济体育项目；黄山积极打造夜游、夜宴、夜演、夜购、夜娱、夜宿“六夜”业态，构建“城区、街区、景区、商区”四位一体的夜间经济体系，以新安江夜游景观带为轴线，打造中心城区“新安月夜”品牌，围绕七大主题，打造“徽府盛景”“古村夜韵”“夜市天街”“田园星光”“梦幻客厅”等组团品牌，形成“月照七星、众星拱月”等夜间品牌矩阵；宁波提出，到2021年将建成具有较高知名度的夜间经济地标商圈5个、特色街区10个、15分钟商贸便民服务圈40个。

表 5–1　各地促进夜间经济发展政策

发布省市	文件名称	发布时间
青岛	《关于加快我市市区夜间经济的实施意见》	2004年5月
河北省	《关于加快发展城市夜经济的指导意见》	2010年8月
重庆	《关于发展夜市经济的意见》	2014年6月
南昌	《关于鼓励培育城区夜市发展的若干意见》	2014年8月
宁波	《关于发展月光经济的指导意见》	2014年8月
温州	《关于加快推进月光经济发展的意见》	2014年10月
南京	《关于加快推进夜间经济发展的实施意见》	2017年10月
西安	《关于推进夜游西安的实施方案》	2018年4月
北京	《支持“深夜食堂”特色餐饮发展项目申报指南》	2018年5月
福州	《关于推进夜色经济发展的实施意见》	2018年6月
福州	《加快全域旅游发展三年行动计（2018—2020年）》	2018年6月
成都	《成都加快建设国际消费城市行动计划》	2018年8月
天津	《关于加快推进夜间经济发展的实施意见》	2018年11月
北京	《2019北京市政府工作报告》	2019年1月

续表

发布省市	文件名称	发布时间
上海	《关于上海推动夜间经济发展的指导意见》	2019年4月
开封	《关于促进文化事业、文化产业和旅游业高质量发展的若干意见》	2019年4月
济南	《关于推进夜间经济发展的实施意见》	2019年6月
北京	《关于进一步繁荣夜间经济促进消费增长的措施》	2019年7月
上海	《关于进一步优化供给促进消费增长的实施方案》	2019年7月
甘肃	《关于加快夜间商贸服务业发展推进措施的通知》	2019年7月
广州	《广州市推动夜间经济发展实施方案》	2019年8月
青岛	《关于推动夜间经济发展的意见》	2019年8月
石家庄	《关于推进夜经济高质量发展的若干措施的通知》	2019年8月
成都	《关于发展全市夜间经济促进消费升级的实施意见》	2019年9月
三亚	《三亚市鼓励发展夜间经济三年（2019—2021）行动方案》	2019年9月
沈阳	《关于加快发展夜经济的实施意见》	2019年9月
常州	《加快常州夜间经济发展的实施意见的通知》	2019年9月
龙岩	《加快推进夜间经济发展促进消费升级的实施意见》	2019年10月
淄博	《关于挖掘消费潜力繁荣发展夜间经济的实施意见》	2019年10月
厦门	《厦门市进一步激发文化和旅游消费潜力实施意见》	2019年11月
厦门	《进一步繁荣夜间经济促进消费增长工作方案的通知》	2019年12月
淄博	《关于推进夜间文旅经济发展的实施方案（试行）》	2019年12月
甘肃	《关于进一步激发文化和旅游消费潜力的意见》	2019年12月
淄博	《淄博市城市品质提升三年行动计划》	2019年12月
新疆	《自治区关于发展夜间经济促进消费增长的实施意见》	2019年12月
昌吉	《关于夜间经济的实施计划》	2019年12月
北京	《持续打造有品质有特色有温度“夜京城”冬季活动措施》	2019年12月
佛山	《关于推动夜间经济发展的实施意见》	2020年1月

续表

发布省市	文件名称	发布时间
合肥	《关于加快推进夜间经济发展的实施意见》	2020 年 1 月
广州	《广州市全面增强国际商贸中心功能实施方案（2020—2022 年）》	2020 年 2 月
苏州	《关于加快苏州夜间经济发展的实施意见》	2020 年 3 月
江苏	《关于促进文化和旅游消费若干措施》	2020 年 3 月
浙江	《关于提振消费促进经济稳定增长的实施意见》	2020 年 3 月
广西	《关于加快发展广西夜间经济的指导意见》	2020 年 3 月
嘉兴	《关于培育发展夜间经济的实施意见》	2020 年 3 月
黄山	《关于推进夜间经济发展的实施意见》	2020 年 4 月
江门	《江门市推动夜间经济发展实施方案》	2020 年 4 月
四川	《关于做好激发消费潜力稳定经济增长的通知》	2020 年 4 月
云南	《关于促进夜间经济发展的指导意见》	2020 年 4 月
贵阳	《关于贯彻落实〈多彩贵州促消费百日专项行动方案〉若干工作措施》的通知	2020 年 4 月
昆明	《云南省人民政府办公厅关于促进夜间经济发展的指导意见》	2020 年 4 月
天津	《天津市发展夜间经济十大工程（2020—2022 年）》	2020 年 5 月
浙江	《关于开展省级夜间经济试点城市创建工作的通知》	2020 年 5 月
福建	《关于进一步促进夜间经济发展九条措施》	2020 年 5 月
河南	《关于进一步激发文化和旅游消费潜力的通知》	2020 年 5 月
洛阳	《打造“古都夜八点”文旅消费品牌行动方案》	2020 年 5 月
天津	《天津市发展夜间经济十大工程（2020—2022 年）》	2020 年 5 月
呼和浩特	《呼和浩特市促进夜间经济发展的指导意见》	2020 年 5 月
江西	《关于进一步推动夜间经济发展促进消费升级的指导意见》	2020 年 5 月
呼和浩特	《呼和浩特市高品位特色商业步行街建设的指导意见》	2020 年 5 月
北京	《北京市促进新消费引领品质新生活行动方案》	2020 年 6 月
广东	《广东省加快发展流通促进商业消费政策措施》	2020 年 6 月

续表

发布省市	文件名称	发布时间
陕西	《关于加快发展夜间经济促进消费增长的实施意见》	2020 年 6 月
济南	《关于推进夜间经济发展十二条措施》	2020 年 6 月
济南	《关于促进夜间经济提质升级、打造“夜泉城”2.0 版的若干措施》	2020 年 6 月
济南	《济南市夜间经济聚集区建设与管理规范》	2020 年 6 月
	《宁波市加快发展夜间经济实施方案》	2020 年 6 月
成都	《成都市以新消费为引领提振内需行动方案（2020—2022 年）》	2020 年 6 月
郑州	《关于贯彻以人民为中心发展思想 进一步做好为民造福工作的意见》	2020 年 6 月
深圳	《关于进一步激发消费活力促进消费增长的若干措施》	2020 年 6 月
福建	《关于进一步促进夜间经济发展的九条措施》	2020 年 6 月
济南	《关于推动济南夜间经济提质升级打造“夜泉城”2.0 版的若干措施》	2020 年 6 月
宁波	《宁波市加快发展夜间经济实施方案》	2020 年 6 月
山东	《关于抓好保居民就业、保基本民生、保市场主体工作的十条措施》	2020 年 6 月
重庆	《关于加快夜间经济发展促进消费增长的意见》	2020 年 7 月
辽宁	《关于促进夜经济发展的指导意见》	2020 年 7 月
开封	《关于进一步激发文化和旅游消费潜力的通知》	2020 年 7 月
重庆	《关于加快夜间经济发展促进消费增长的意见》	2020 年 7 月
哈尔滨	《哈尔滨市繁荣夜间经济实施方案》	2020 年 7 月
杭州	《杭州市提升发展夜间经济的实施意见》	2020 年 7 月
遵义	《遵义市促进夜间商业消费实施方案》	2020 年 7 月
四川	《四川省培育发展新消费三年行动方案（2020—2022 年）》	2020 年 8 月
河南	《关于促进夜经济发展的指导意见》	2020 年 8 月
昆明	《昆明市促进夜间经济发展实施意见》	2020 年 8 月

续表

发布省市	文件名称	发布时间
太原	《太原市繁荣夜间经济促进消费增长实施方案》	2020 年 8 月
开封	《关于鼓励夜消费促进夜经济发展的实施意见》	2020 年 9 月
贵阳	《贵阳市推动夜间经济发展的实施意见》	2020 年 9 月
六盘水	《促进夜间消费若干措施》	2020 年 9 月
淄博	《关于挖掘消费潜力繁荣发展夜间经济的实施意见》	2020 年 10 月
湖北	《关于促进湖北省夜经济发展的指导意见》	2020 年 12 月

数据来源：根据公开资料整理。

2. 业态载体更加丰富

夜间经济涉及面宽，涵括领域广，拓展性强，横跨餐饮、住宿、娱乐、购物、旅游、体育、文艺、康养、教育等多领域。在产品业态上，既包括灯光夜市、咖啡厅、酒吧、KTV、商场等传统业态，也包括文化沙龙、深夜影院、剧场、音乐俱乐部、健身房、24 小时阅读空间、宠物消费、密室消费、付费自习室、电竞和轰趴等时尚业态。在“夜游”上，包括特色购物、特色美食、娱乐休闲等类型的街区；在“夜秀”上，包括实景演艺、景区剧目、舞台艺术、沉浸式微演艺等；在“夜宿”上，包括景区民宿、街区民宿、乡村民宿等；在“夜美”上，以皮肤管理、局部美化、植发为代表的提升颜值类消费同比增长 233%，增长速度最快；在“夜玩”上，宠物和密室消费分别增长 99.3% 和 72.7%，是夜间新消费增长的主力业态；在“夜学”上，以付费自习室为代表的新业态同比增长 166%，说明有更多的人加入到以自习、考试、阅读等以夜间学习为目的的消费队伍中来。

尤其近年来，随着人们消费需求的分层化、多样化，夜间消费边界不断扩展，各地逐步形成集食、游、购、娱、体、演、展、行、宿、读等多场景于一体的综合夜间经济模式。例如，广州结合自身夜茶文化，推出夜间休闲餐饮；北京依托首都博物馆群落推出博物馆夜游；天津发掘街区特色历史文化，打造“夜游海河”“夜赏津曲”“夜购津货”三部曲；上海引进培育沉浸式话剧、音乐剧、歌舞剧，上线“24小时影院”；广州依托广州动物园、广州海洋馆、中国科学院华南植物园、广州正佳极地海洋世界等场馆推出了“科技之夜”系列夜间活动；西安大唐不夜城、郑州建业·华谊兄弟电影小镇、成都大川巷艺术夜市、昆明老街等特色街区带给游客完整流畅的游园体验，武汉《夜上黄鹤楼》大型行浸式夜游演艺，开封《大宋·汴河灯影》《微梦大梁门》沉浸式夜游项目以高科技光影技术打造城市地标夜游新体验，杭州《宋城千古情》《印象·西湖》在长三角地区的“跨地域”夜观演，苏州评弹文化、天津相声文化受热捧，“紫禁城上元之夜”“大唐不夜城”“夜游黄浦江”“澜沧江湄公河之夜”、闽江夜游等持续火爆，上海、大连、福州、杭州等地网红荧光跑道，开封“大宋不夜城”、洛阳“古都夜八点”、西安“长安夜·我的夜”夜游嘉年华、上海“我爱夜上海”等夜游品牌节会，三联韬奋推出24小时书店以及小镇青年热衷的“躺着买”深夜新零售等，展示了打开夜间经济的多种方式。长沙拥有购、食、游、娱、展、演等多领域的丰富资源，夜间经济业态丰富，目前已从单一的餐饮、购物等消费活动，发展到酒吧、夜游、演艺体验、灯光夜景等多元业态，夜间消费人数年增幅高达49%以上，培育出文和友、火宫殿、茶颜悦色等40多个享誉全国的网红品牌。

3. 管理举措亮点纷呈

为调动市场主体积极性，促进夜间经济发展壮大，各地在组织领导、市场准入、资金奖补、管理服务等方面不断创新举措。在组织管理上，北京设立分级夜间经济“掌灯人”；上海鼓励各区建立“夜生活首席执行官”制度，试点放宽酒吧街夜间外摆位管制、分时制步行街；济南由各区县政府分管领导担任“夜间区长”，公开招聘“夜生活首席执行官”，协助“夜间区长”开展工作；南京市设立 12 位“夜间区长”服务夜间消费。长沙设立了“夜经济”服务机构——长沙市天心区夜间经济服务中心，每天 20 点至次日凌晨 2 点办公，并设立“夜经济”公共服务热线；黔西南警方创新推出“夜间警务 3+N+4”模式，护航黔西南州“夜间经济”健康发展；青岛安排“夜行人”服务“夜间经济”，每日开展夜间徒步巡查；广州探索“政府 + 商协会 + 企业”共治共管商圈发展模式，成立白云商圈商会，推广夜间延时服务；上海静安区大沽路 70 多家商户成立了“自治委员会”，制订公约，构建和谐商居关系。在市场准入上，云南将发展夜间经济的重点区域、街区、项目纳入州市、县级国土空间规划，完善空间布局；福州将列入夜色经济示范街（区）四至范围内建设管理涉及规划相关审批事项下放到各县（市）政府；沈阳取消了对沿街门市牌匾（包括亮化牌匾）的审批；成都简化了店铺营业前消防安全检查，实行告知承诺制；石家庄放宽对文化娱乐场所经营服务项目审批条件的限制；青岛允许有条件的餐饮街、酒吧街在夜间特定时段开展“外摆位”试点。在资金奖补上，宁波财政每年安排 2000 万元以上“月光经济”专项发展资金，扶持夜间经济发展；福州设立旅游品牌建设资金，对游船经营企业新购游船、游艇的按造价给予一次性补助；郑州开展夜经济活动评选，市财政对前三名的县（市、区）、开发区分别给予 100 万元、80 万元、50 万元奖励；贵阳提出对纳入全市夜间经济示范街（区）建设的项目，一次性奖励 100 万元；开封出台了《开封市“明星夜游项目”评选奖励办法（试行）》，对每个明星夜游项目奖励 10 万元；呼和浩特对申报成为国家级、自治区级试点步行街的特色商业街区，分别奖励街区所在地政府300万元、100万元。在管理服务上，2017年上海实行地铁逢周末延长运营60分钟，目前已有线路运营至凌晨1点；2018年成都开行了14条夜间公交线路，覆盖城市主要客流通道；2019年三亚推出了海棠湾免费穿梭巴士；西安夜间运营的公交线路数达71条，居国内前列；沈阳上线“滴滴公交”动态巴士，为市民夜间出行提供便利。在信息指上，广州发布了《广州夜间消费地图》，对“夜广州”消费地标进行标注；北京推出《夜京城消费指南》，对消费设施进行分类，面向消费者加强信息推送；济南发布了消费指南地图，标注全市99个购物美食、文化旅游、夜间消费打卡地，为游客提供全方位的指引服务；深圳计划发布深圳夜间经济报告，制定夜间消费热力图；南京推动行政、企事业单位自用停车场夜间向社会开放；福州设立美食街游客服务中心，提升街区标识标牌，不断提升旅游服务品质；重庆成立夜间经济发展联盟，吸收各区县商圈、特色商业街区、商业综合体、品牌商家、行业平台、中介机构和配套企业参与，开展主题论坛交流、系列夜间经济促进活动、搭建线上线下惠民促销平台，推动夜间经济发展。

灯光照明是夜游经济的基础。在规划布局上，2018年2月以来，先后有上海、南京、广州、杭州、成都等20多个城市发布了城市照明专项规划。其中，杭州、成都均定期对规划进行调整修编。南京确定夜景照明以黄、白光为主色调，划分“暗夜保护核心”“重点暗夜保护区”实施分类保护，规划设计了7条夜游线路；成都明确了“一山双心、三轴四环、多廊多片”的景观照明结构，并允许各区根据城市特质提出色调定位；济南以“两核三带、五心多点”作为景观照明架构，着力打造“济南十二景”；长沙采用5G等高科技手段，以“一洲、一山、两岸、四组团、七桥”为重点实施部位，增加重要节点丰富的演绎内容，实现“一江两岸”夜景照明从基础模式到重要节点整体联动的主题模式升级。在照明管理上，上海出台《景观照明管理办法》，大力发展智慧灯杆，推广“多杆合一”；天津制定了《海河夜景灯光设施管理办法》，优化夜景运行维护管理机制，实现海河两岸夜景灯光设施完好率 98%、开启率 95%；西安把城市夜景空间划分为许可设置区、限制设置区和黑暗天空保护区，更好保护城市夜间生态，并根据区域规划属性，对全市夜景照明分平日、周末、节日进行多模式管控。

总体上看，城市灯光经历了从技术，到技术 + 艺术，再到技术 + 艺术 + 文化的迭代升级，形成了从亮化美化到场景化、内容化，再到 IP 化的渐进发展过程，为夜间经济发展提供了有力支撑。2019 年，国家下发《关于整治“景观亮化工程”过度化等“政绩工程”“面子工程”问题的通知》，对个别地方盲目跟风，脱离实际上马灯光亮化工程，造成国家财力和社会资源的浪费的现象纠偏，对规范照明行业发展起到了积极作用。

4. 学术论坛异常活跃

2019 年以来，政府部门、文旅行业、智库、研究机构等纷纷涉足夜间经济这一社会热点，举办论坛，交流观点，发布研究成果，引领行业发展。《夜间旅游市场数据报告 2019》指出，我国夜间旅游参与度高、消费旺；夜间旅游需求日益多元，文化体验为重要组成；夜间旅游市场品质可控，七成游客仍期待提升；中青年情侣、家庭夜间旅游占主流，18—22 时为黄金 4 小时。自 4 月到 11 月，2019 首届夜间旅游演艺经济创新发展高峰论坛、2019 夜经济暨文创灯光精品论坛、2019 夜游经济座谈研讨会、2019 广州夜间经济高峰论坛、2019 欧亚经济论坛文旅分会——品牌赋能文旅融合发展主题论坛、2019 首届成都夜经济发展论坛、夜游经济发展论坛暨大美大同首届全国 3D 投影大赛、第一届成都夜间消费发展大会暨花 YOUNG 成华生活节、2019 中国夜间经济论坛等分别在襄阳、南京、哈尔滨、西安、大同、成都、芜湖等地举行，分别围绕夜间旅游演艺经济、照明与文旅跨界融合、新时代夜间经济发展新趋势等展开对话讨论，形成了《中国演艺之都西安宣言》《成都夜间经济消费数据报告》《2019 中国夜间经济发展报告》《关于夜间经济高质量发展的芜湖共识》等一批论坛成果，发布了“夜间经济十强城市”“夜间经济十佳城市”等系列标杆项目。尤其是中国旅游研究院发布《中国夜间经济发展报告》，揭示了夜游“黄金四小时、白银六公里”的研究成果，引起行业内外高度关注。

2020 年，在疫情影响下，线下学术交流活动有所减少，但云视频、线上会议等逐渐流行。10月，以“数字经济与场景营造”为主题的“2020 中国夜间经济论坛”在江苏无锡举办，发布了《2020 中国夜间经济发展报告》《无锡夜间经济发展报告》，公布了“2020 夜间经济二十强城市”“2020 游客喜爱的十大夜市”“2020 游客喜爱的十大夜间演艺”“2020 游客喜爱的十大夜商圈”“2020 游客喜爱的十大夜景区”名单，形成了《关于夜间经济高质量发展的无锡共识》。《2020 中国夜间经济发展报告》指出，2019 年的中国夜间经济实现了 0 到 1 的突破，2020 年则在 1 到 100 的发展进程中野蛮生长。双循环的新格局下，蓬勃兴起的需求、野蛮生长的现状、相机抉择的政策对我国夜间经济的发展提出了更高的要求。11—12 月，2020 中国城市夜间经济发展峰会、新长江论坛 · 2020 中国夜间经济发展峰会、2020 全国夜间经济发展生态峰会、第八届中国旅游产业发展年会等分别在长沙、南平、西安、长春举行，分别围绕夜间经济下的内循环、服务消费、品牌打造、数字经济等展开交流，探寻夜间经济与经济社会建设、城市治理的协同发展路径，探讨全国夜间经济发展生态，寻求用“最快最经济的方式”启动夜间经济，总结各地在常态化疫情防控下推动旅游业恢复振兴的经验成果，形成了《2020 年中国夜间经济发展监测及典型城市案例分析报告》及对主办城市夜经济发展的对策建议等成果。其中，《2020 年中国夜间经济发展监测及典型城市案例分析报告》提出了中国夜间经济“南强北弱”的观点。第八届中国旅游产业发展年会发布了 2020 年中国旅游产业影响力风云榜，现场揭晓中国旅游影响力营销案例、中国乡村旅游发展名县（区）案例、中国旅游影响力社会责任企业案例、中国冬游名城案例、中国夜游名城案例等奖项。

表 5–2 《关于夜间经济高质量发展的无锡共识》

1. 在新冠肺炎疫情防控常态化背景下，夜间经济成为消费促进新动力和经济增长新风口，于变局中开新局，培育新动能，发展夜间经济是扎实做好“六稳”“六保”任务的创新路径，可持续增强人民群众的获得感、幸福感。
2. 当前我国加快形成以国内大循环为主体、国内国际双循环相互促进的新发展格局。发展夜间经济是“双循环”的重要一环，应相应加快构建消费设施更加完善、消费结构更加合理、消费环境更加优化、消费供给更加丰富的夜间经济新发展格局。
3. 各方要加强夜间经济发展规律研究，优化夜间经济整体空间规划和业态布局，充分挖掘城市特色文化内涵，开发、打造一批独特的夜间经济 IP 品牌，防止同质化发展，提升城市品位、城市魅力，形成一批在全国可推广的夜间经济最佳实践、最佳案例。
4. 城市公共空间的现代化治理要主动回应和满足人民群众的美好生活需要，对夜间经济新业态、新模式实施包容审慎管理。坚持主客共享，提升城市精细化管理、运作和服务水平，实现人性化、有温度的数字城市治理，提供舒适、便捷、高效的公共服务。
5. 发展夜间经济要加快实现“数字科技 + 夜间经济”深度融合发展，以数字化、网络化、智能化为引领，加强大数据、云计算、物联网、人工智能、区块链、量子科技等新技术在夜间经济领域的应用，打造一批数字经济应用场景创新示范案例，释放城市发展新活力。
6. 市场主体要带头依托地域特色文化空间，坚持“以文塑旅、以旅彰文”指导思想，创新发展夜演、夜展、夜读、夜娱、夜秀、夜游、夜食、夜购、夜宿等多元业态，鼓励艺术、文创、文博、赛事等新兴消费业态创新、跨界、融合，通过研发场景、催生业态、培育市场、带动产业，延伸消费链条，营造沉浸式、体验型消费新场景。
7. 政府部门要加大对夜间经济的保障力度，完善准入、扶持、配套、金融等政策，形成与高质量发展、高品质生活相匹配的夜间经济政策体系，引导广大市民、社会力量广泛参与，通过夜间经济集聚区试点建设等途径，发挥典型的示范引领作用，进一步激发文化和旅游消费潜力。

5. 评价指标日趋多元

随着夜间灯光强度指数、城市夜游指数、夜间打卡指数等一系列评价指数的发布，夜间经济的观察角度、维度进一步拓宽。

NASA（美国国家航空航天局）夜间灯光强度指数。夜间灯光直观反映了城市夜间活力。国际上常以 NASA 地球观测站测量的夜间灯光指数来判断一个城市的经济发展状况：夜间经济活动越繁荣的地区，其亮度就越高。2020 年，国内 NASA 夜间灯光强度指数排名前十的是：上海、苏州、东莞、深圳、天津、北京、广州、佛山、中山、无锡。

新一线城市研究所系列指数。2017 年第一财经・新一线城市研究所以 338 个地级以上城市为研究对象，从地铁平均运营时长、城市夜间公交覆盖范围等 5 个维度进行数据分析，排出了 10 大夜生活指数城市。2019 年，该机构继续发布“城市夜游指数”“知城・夜生活指数”“知城・便利店指数”。相关数据显示，北京夜游景点与夜间演出数量（包括话剧歌剧类演出）为全国之最，上海夜间展览场所（包括夜间文博展览场所）数量最多，成都酒吧数量最多，深圳平均夜间电影场次独占鳌头。“知城・便利店指数”前五名的城市均在广东省。单以便利店万人拥有量论，东莞、广州、深圳位列前三。

阿里巴巴夜经济报告。《阿里巴巴夜经济报告 2019》显示：21 点到 22 点是淘宝成交最高峰，夜间消费占全天消费比例超过 36%；23 点到凌晨 3 点，数万人在天猫“熬最晚的夜，买最贵的眼霜”。夜间文化消费成为新的增长点：19 点到 21 点是观演高峰，20 点到 23 点是“90 后”阅读资讯的黄金时间夜间。

美团点评夜间消费大数据报告。《2019 夜间餐饮消费大数据报告》显示：18 点至 24 点的消费额占夜间餐饮消费总额的 90.82%，消费最为集中。夜间餐饮消费 TOP3 的城市是北京、上海、深圳。美团《2019 国庆旅游消费趋势报告》显示：国庆期间全国新晋夜间旅游热门城市 TOP5 为天津、郑州、北京、沈阳、长沙。

2019 中国大陆城市逛吃指数榜单。榜单显示，2019 中国大陆城市逛吃指数前十名的分别：重庆、深圳、毕节、成都、金华、西安、遵义、广州、温州和铜仁。

曹操出行大数据报告。2019 年曹操专车发布了中国不夜城 TOP10 榜单，上海、广州、杭州位居前三。

全国夜间出行需求城市排行榜。根据 2019 年 7 月至 8 月底 19 点至次日 6 点的夜间日均呼叫订单量，滴滴出行发布了全国夜间出行需求城市 TOP10 榜单，北京、成都、上海位居前三。

京东互联网夜经济报告。《2019 上半年互联网夜经济报告》指出，21 点到 23 点是京东商城成交最高峰，上海是全国夜间订单量最高的城市。据下单活跃指数（18 点次日 6 点），排名 TOP5 的省（市）是广东、北京、江苏、四川、山东。

重点城市夜间打卡指数。短视频已经成为城市形象的新窗口。《2018 抖音大数据报告》显示，2018 年抖音国内用户全年打卡 2.6 亿次，北京是 2018 年度“抖音之城”，凤凰县是最受欢迎的县城。从夜间打卡比例来看，南方城市普遍比北方城市活跃。

中国白领夜间消费调研报告。《2019 年中国白领夜间消费调研报告》显示，全国仅 5.2% 的白领习惯于夜间外出娱乐度过休闲时光。对于夜间外出娱乐的白领而言，TOP4 的消费方式分别是朋友聚餐、运动健身、看各类演出、唱歌泡吧。

银杏夜间消费复苏指数。2020 年“银杏大数据”显示，全国夜间消费规模已恢复至去年同期水平。从行业看，夜间消费复苏指数 TOP3 的行业分别为：游览、购物、餐饮。2020年夜间游览风头正劲。夜食、夜购等夜间消费的传统业态也已全面复苏。从城市看，2020年3月至11月末，成都夜间消费复苏指数稳居全国首位；截至四季度，武汉市夜间消费规模已基本恢复至上一年同期水平。2020中国大陆城市主流商场逛吃指数top50显示，逛吃城市上榜商场数量TOP5，被一线城市和新一线城市包揽，分别是：北京、深圳、上海、广州、西安。

部分机构还发布了国内某些特定区域、特定城市的夜间经济报告。譬如《2020年中国西南地区夜间经济发展情况及区域特色分析报告》重点分析了夜购、夜食、夜娱、夜行、夜游、夜宿6大典型夜间经济消费业态的数据和用户需求情况，总结我国夜间经济吸引力及预判行业未来发展态势。《浙江省夜间经济活跃度指数报告》指出，浙江省过半数设区市、县市区的夜间经济活跃度已达到去年同期水平。《重庆市夜间经济发展大数据分析报告》显示，2019年重庆灯光指数较2013年相比增幅达184.53%。《2020年上海夜间经济发展报告》指出，2020年前三季度上海夜间线上消费总额居16个样本城市第1位。《长沙城市夜经济数据分析报告》显示，2020年长沙夜经济呈现出V形反弹的曲线图，其中，夜间娱乐等消费势头旺盛。

表5-3　主要机构夜经济相关研究数据报告

发布单位/企业	数据报告	发布时间
NASA地球观测站	夜间灯光强度指数	2017年
新一线城市研究所	知城·夜生活指数	2017年8月
字节跳动算数中心	抖音城市夜间活力数据	2019年1月
新一线城市研究所（《第一财经》商业数据中心）	知城·夜生活指数	2019年3月
美团点评&中国旅游研究院	美团点评夜间餐饮消费大数据报告	2019年3月

续表

发布单位 / 企业	数据报告	发布时间
《经济观察报》、标准排名城市研究院 & 启信宝	2019 中国大陆城市逛吃指数榜单	2019 年 5 月
阿里巴巴	2019 阿里巴巴夜经济报告	2019 年 7 月
新一线城市研究所	城市夜游指数	2019 年 8 月
智联招聘 & 美团点评	2019 年中国白领夜间消费调研报告	2019 年 8 月
京东	2019 年上半年互联网夜经济报告	2019 年 8 月
饿了么	2019 年上半年口碑饿了么夜间经济数据报告	2019 年 8 月
曹操出行大数据研究院	曹操出行大数据报告	2019 年 9 月
新一线城市研究所	知城・便利店指数	2019 年 9 月
滴滴出行	全国夜间城市出行需求排行榜	2019 年 9 月
中国旅游研究院	2019 中国夜间经济发展报告	2019 年 11 月
浙江省商务厅等	浙江省夜间经济活跃度指数报告	2020 年 9 月
西部大数据前沿应用研究院	重庆市夜间经济发展大数据分析报告	2020 年 9 月
标准排名城市研究院	《2020 中国大陆城市主流商场逛吃指数 top50》	2020 年 9 月
中国旅游研究院	2020 中国夜间经济发展报告	2020 年 10 月
艾媒咨询	2020 年中国西南地区夜间经济发展情况及区域特色分析报告	2020 年 10 月
美团研究院等	2020 上海夜间经济发展报告	2020 年 10 月
长沙市数据资源管理局	长沙城市夜经济数据分析报告	2020 年 10 月
中国商业联合会等	2020 年中国夜间经济发展监测及典型城市案例分析报告	2020 年 11 月
银联商务	银杏夜间消费复苏指数	2020 年 12 月
中国旅游报社等	2020 年中国旅游产业影响力风云榜	2020 年 12 月

数据来源：根据公开资料整理

6. 价值地位更加凸显

2020年，大疫之下，百业艰难。夜经济再度受到各地高度关注。截至2020年5月，全国31个省级行政区政府工作报告中，提出发展夜间经济的有27个，提出要改造提升步行街、商业街、商圈，打造新型消费载体的有20个。不仅如此，2020年3月以来，短短2个月时间，据不完全统计全国已有浙江、江西、云南、广西等近20个省区市就推动夜间经济复苏作出部署。

“十四五”乃至更长时期，夜间经济的重要价值和地位更加凸显。据统计，在已公布的我国内地30个省级行政区（新疆暂无数据）国民经济和社会发展第十四个五年规划和二〇三五年远景目标建议中，明确提出发展夜间经济的有14个，占比达到46.7%，表明发展夜间经济已经成为我国区域性的中长期的战略选择。以杭州、广州、成都、南京、青岛、开封、长沙等为代表的一大批城市，也在远景目标中明确了夜间经济的发展任务。

第二节　夜间经济存在的问题与对策建议

夜间经济已成为消费的“新蓝海”。发展夜间经济是系统工程，从项目谋划、在地文化梳理到内涵挖掘、业态孵化，从基础设施建设、公共服务配套到宣传造势、市场监管，从灯光亮化、交通出行到环卫治安、应急救援，从政策设计、资金投入到品牌打造、绩效评估，需要政府决策者、消费者、市场投资者、服务提供者、行业组织、学术智库共同参与，需要政产学研用从不同角度发现审视问题、提出对策思路、总结完善提升。

（一）值得关注的问题

1. 整体统筹偏弱，顶层设计不足

夜间经济发展有内在规律，需要科学的顶层设计、完善的政策环境、必要的政府引导，不可能一蹴而就。目前来看，在发展理念上，“夜间经济”是做增量而不是存量在分配，发展面临着边际收益递减的规律，需要有内生的市场需求支撑，必须综合考虑“成本—收益”。现实中一些地方忽视本地实际市场需求盲目跟风，导致配套成本过高收益低得不偿失，或半途而废或骑虎难下。在统筹规划上，国家已做出“发展假日和夜间经济”的战略安排，尤其在十四五乃至更长时期，将发展夜间经济作为长期任务，需要从规划层面做好整体设计。尽管北上广深等一线城市在城市照明、景观照明等细分领域具体业态出台了专项规划，但省市层面夜间经济发展规划和专项规划供给仍显不足，且不成体系。在政策供给上，虽然各地出台了相关政策文件，尤其是 2020 年为应对疫情冲击政策密集发布，甚至明确了夜间消费集聚区建设的具体目标，大部分政策执行期仅为 2~3 年，以短期救急为主，缺乏长远制度考量，含金量不高，落地实施效果有待观察。在协调机制上，夜游管理是城市管理的重要组成部分，点多线长面广，协调任务重，实践中夜间区长、夜生活首席执行官等的职责定位有待明确，作用发挥有待市场检验。在产业培育上，目前在夜间商圈、特色街区、文旅消费集聚区、商业集聚区、夜间经济示范区等的培育中，缺少系统的评价规则、评定办法、奖励措施，部分地区提出的建设指引和标准尚未推开，对行业发展的规范成效尚不明显。

相对于火热的夜经济，政策储备、人才培养、理论研究等还比较薄弱。整体上看，我国大部分城市有发展夜经济的冲动，但缺乏运用法律、制度、标准、政策等多种手段对夜经济进行有效指导、促进、规范的能力，对促进夜游经济持续健康发展的探索仍处于初级阶段。

2. 业态产品单一，独立 IP 偏少

我国夜间经济发展仍处于初级阶段，发展中一哄而起、盲目跟风的现象比较普遍，在供给侧带来的问题也较突出。总体表现为地方特色突出、互动性强的夜间产品供给不足；对历史文化内涵挖掘不够，“地摊经济”特征明显，品牌化程度偏低。中国旅游研究院调查显示，72.99% 的旅游企业提供的夜游产品品类占全部旅游产品的比例低于 30%，79.24% 的旅游企业夜游产品收入不足 30%，夜游产品供给在量和质上有较大提升空间。2019 年全国近 3 万家景区中开设夜游项目的不足 10%。全国夜游景点数量在 400 个以上的城市仅有 7 个，大部分城市仍缺乏夜间游玩选择。

从业态看，我国夜间经济产品局限于餐饮、购物、游船、灯光秀，而文化、体育、竞技、表演、康养类的产品相对匮乏，尤其在参与性、体验性、互动性的业态方面存在突出短板，游客市民高层次的夜间消费需求尚未被有效满足。在产品结构上，夜市、夜购、夜秀供给比例较高，夜读、夜间节会供给相对不足。在景区夜游方面，大多是常见的灯会、庙会、演艺剧目、夜间游船等同质化产品。在服务时间上，公共图书馆、文化馆、博物馆等公共场馆关闭时间大多早于 20 点；博物馆夜游尽管公众叫好，但囿于政策、管理体制、陈展内容、研究水平、运营经费、安全等因素，实行常态化制度化开放的还不多。文旅综合体夜间服务项目大多以餐饮、购物、影视、游戏为主，博物馆展览、文化沙龙、研学讲座等优质项目偏少。在夜市方面，大多有数量、少品牌、缺独立 IP，缺乏像台北士林夜市、台中逢甲夜市、高雄六合夜市、曼谷夜市那样的夜市品牌。

3. 公共配套不足，管理存在短板

发展高质量夜间经济，既是经济命题，也是治理考题，考验着各地的公共管理服务能力。夜间经济涉及安全、交通、卫生、水电等诸多领域，牵一发而动全身，离不开便捷的交通运输体系、完善的水电气供给、污水收集排放、餐饮油烟处理、垃圾分类处理、停车场、卫生间等配套设施和良好的安全保障。相比之下，我国的夜间经济在服务体系、产业环境、城市精细化管理上还有不少短板不足：交通拥挤、车辆停运时间早、亮化绿化、环境污染、噪声扰民、消防治安等问题不同程度的存在，影响了人气集聚和夜经济发展。在安全保障方面，相比于白天，夜间旅游的安全因素更为复杂，在思考“今晚玩什么”时，游客考虑的第一要素就是安全性，尤其后疫情时代，更需认真对待。在交通保障方面，目前国内城市大多在 22—23 点结束公交营运，地铁运营时间也未超过 24 点，导致夜间出行成本较高。如作为北京“夜经济”的地标，簋街曾长期面临停车场难的困扰。在公共服务保障方面，很多城市没有夜游消费指南或夜游地图供应，给外地游客夜游选择造成不便；一些城市夜间消费场所投诉机构、志愿服务岗不健全，导致投诉办理不及时、消费者维权困难，导致游客抱怨；一些城市夜游核心区的免费 Wi-Fi、充电设备覆盖不足，5G 覆盖有盲区。在市容管理方面，一些城市夜市管理不到位，占道经营、油烟排放、垃圾乱扔、噪声污染等现象突出；一些地方在发展夜间经济时忽视各方利益诉求，难以平衡消费者、商家、辖区管理机构、当地居民间的关系，影响夜间经济健康发展。

（二）对策建议

1. 加强组织领导，健全管理机制

应立足“敢消费”下功夫，加强顶层设计，优化夜间经济促进机制，为夜间经济健康发展提供硬支撑。要充分发挥政府“裁判员”“守夜人”职责，统筹供给端和需求侧，调动各方力量，建立“官民一体”多方联动推进机制，实现“放养模式”向“圈养模式”转型。

国家层面，要及时研究出台针对试点示范城市的评定、验收和奖励扶持政策，鼓励先进地区大胆实践；甄选基础较好的城市开展试点，开展夜间经济名城、夜游名城创建命名活动。

地方层面，可借鉴阿姆斯特丹“夜间市长”、伦敦“夜间委员会”、东京“夜间经济议员联盟”等管理模式，总结推广国内“夜间市长”“夜间区长”“夜间街长”做法，设立临时或常设办事服务机构，加强对本地夜间经济的领导；支持成立夜间经济相关协会、产业发展联盟和重点夜生活集聚区自治组织，建立起商户、业主、居民、管理部门之间的沟通反馈机制。加强规划指引，结合各地发展实际，编制夜间经济专项发展规划，优化完善城市整体夜间经济空间发展格局，明确本地区夜景亮化、项目建设、业态布局、品牌定位，推动夜游经济从点、线发展向面、圈、带状发展，形成集聚效应。借助专业智库和研究机构力量，有条件的城市组织开展夜经济专题研究，定期发布年度研究报告、专项报告。

2. 加快载体建设，开发多元产品

只是灯亮，不是夜间经济；玩法单一，更不是夜间经济。应围绕“能消费”做文章，因地制宜、科学规划，挖掘特色、精准定位，强化引

导、加强孵化培育，综合发挥政府市场“两只手”作用，完善“食、宿、行、游、购、娱、体、展、演”等夜游要素，加强夜赏、夜市、夜秀、夜购、夜宿、夜读、夜行等多业态培育，不断增加高品质夜游产品供给。

一是要坚持创新。政府要加强制度、政策创新，企业要通过产品内容、技术手段、经营模式、营销手段创新，两只手同向发力，促进消费内容形式升级，实现供需高水平动态平衡，不断扩大夜间消费规模。二是应重视资源整合。鼓励有条件的博物馆、科技馆、展览馆、美术馆、音乐厅、体育馆、纪念馆等公共文化场所延长营业时间，增设咖啡店、文创店、酒吧餐厅等，提高公共资源时间价值效应；引导旅游景区、主题公园充实夜游项目，按照市场规律运营，培育消费市场；提升传统的夜市、美食、休闲购物商圈，适度集聚发展；积极培育文旅、文创、文博、文教、艺术、节会、赛事、文化科技等融合夜游新业态，开发光影秀、茶社、精品剧目、荧光跑幕、24 小时书店等新产品。三是应立足多维度消费场景营造。树立全域旅游理念和大资源观，创造新的消费方式，拉长夜间经济产业链条。面向分层化市场，大力发展冬（夏）令营、博物馆夜宿、动物园夜赏、天文夜游等适合青少年群体的夜游项目；开发深度文化体验类、标签化、高端化产品满足“80 后”“90 后”、商旅人士等主力群体；推广夜跑、夜店、夜购等适合上班族的休闲项目；发展夜市、景区夜游、夜间观演、夜读等适合大众群体的夜游项目；鼓励旅行社和 OTA 开发主题夜游线路，带动夜间经济发展。四是应优化产品结构体系。以市场化、商业性产品满足游客需要，以公共文化空间、公益性产品满足市民需要，做到大小兼顾，集散适宜，布局合理，“顶天立地”与“铺天盖地”相统一。如在核心商圈和文旅商夜游综合体打造上，要面向外地游客，突出集聚，提高承载力；在便利店布局上，要面向本地居民，突出分散，为 24 小时便利店进社区提供便利，让人能享受到“家门口的夜经济”。五是应加强特色品牌培育。在夜间经济发展上，每个地方、业态、项目、模式都应做到量身定制而不是复制。例如，成都夜间经济主打“休闲牌”，南京以“夫子庙——秦淮风光带”为夜游的“金字招牌”，广州依托特色夜茶文化做文章，哈尔滨立足“冰雪大世界”引爆冰雪游夜间消费。要结合城市资源禀赋，在特色上做文章，依托景区、街区、镇区、河流、湖滨、海滨等开发符合城市定位、气质、品位、调性的夜游专项产品，形成独立夜游 IP。在塑造 IP 过程中，要立足城市自身情况和百姓实际需求，挖掘特色，发挥优长，不照抄照搬简单模仿。要考虑区域差别。夜间经济发展会受城市经济发展水平、人口基数、消费需求、气候差别等影响，要考虑城市承载力、南北方差别。要尊重客观规律。把握好夜游“黄金四小时、白银六公里”。针对活力不足、服务较少的科教、公共服务场馆、产业区，制定夜间经济促进措施，允许市场主体发展体育健身、24 小时便利店、深夜食堂等设施业态，打造多元、普惠、包容度高的夜间经济载体。

3. 完善配套设施，提供多重服务

应立足“愿消费”做文章，强化系统观念整体思维，提供综合性的城市优质服务，提高目的地夜游满意度。要加强游客意见收集，针对夜间经济管理服务中的短板和不足，加大必要资金投入，完善配套设施，创新管理模式，强化服务保障能力，营造良好消费环境。

在消费引导上，应关注游客市民需求，加强夜游资源和产品梳理，编印发放夜间消费指南或夜经济地图，通过 App 等现代方式加强信息推送，方便消费者获取。借助现代科技手段，如游客分布热力图、灯光亮度指数等，提高便民化程度，开辟差异化夜游发展新路径，促进轻松消费、放心消费。在治安防控上，应增设监控设施、治安岗亭，建立警察、居民、商家、志愿者多方参与的街区安防机制，加大警保联动力度，营造安全消费

环境。在交通出行上，可适当延长公交、地铁的运营时间，加密运行班次，在周末、假日等特定时段实行 24 小时运营。在配套设施上，配合夜游线路延伸，不断完善停车场、公共厕所、引导标识、休息座椅、智能网络等基础设施，扩大免费 Wi-Fi 信号覆盖，方便游客分享。在光环境营造上，提高光环境艺术设计水平，按照功能性照明要求、产品化思维实施灯光造景、装饰照明综合改造，打造宜游的夜间体验环境。在支付交易上，考虑推广商户开通无现金移动支付满足游客多样化支付需求；鼓励设置自动售货机、无人超市、无人售货车等，培育多元化夜间消费模式。

第三节　夜间经济发展趋势展望

我国夜间经济发展面临良好发展机遇，是一片日渐活跃的新蓝海，同时也承载着为普罗大众创造更加美好文旅生活的新使命。在发展夜间经济时，要始终牢记“人是目的，不是手段”，始终坚持以人为本，顺应人民群众对美好生活的现实需要，发展业态多元、体验丰富的夜间经济，扩展产业发展、居民消费的新时间、新空间，彰显城市品格魅力，增强城市发展活力，不断提高人们对社会、城市、生活的满意度、幸福感。后疫情时代，在政策支持力度、市场巨大潜能、产业创新势能等长期利好因素的加持下，夜间经济将成为文旅产业最具发展潜力的新亮点之一。

（一）夜游将成为全域旅游、产业复苏的新抓手

全域旅游是涉及“全域、全时、全员、全业”的综合性发展战略。在全域旅游时代，以开放为本质要求，以突破传统季节限制、时间限制

为趋势，以满足游客需求为出发点和落脚点，文化、旅游、商业、体育、教育加速融合，景区、街区、园区边界逐渐模糊，观光、购物、餐饮相互渗透，供给夜游产品的上下游企业（单位）的横向一体化、纵向一体化发展态势明显，使服务夜间经济的产业链条不断延展，也让夜游成为全域旅游发展的重要切入点和加速器。随着各地对夜间经济认识和实践的不断深化，未来将可能衍生出更多主题、各具特色的夜间经济形态，供给端更加多元、亮点频现。从长远看，作为全域旅游"全时"要素的具体化和延展化，随着多个省份十四五规划和二〇三五年远景目标对发展夜经济的战略地位的明确，夜间经济将成为落实全域旅游发展战略、助力构建双循环新发展格局的重要抓手。

（二）IP 将日益成为竞争的焦点

差异性是夜游产业最显性的特征。目前，北京酒吧经济、上海 PARTY 经济、广州夜茶经济、长沙 K 歌经济、成都麻辣经济等都是所在城市的鲜明标签和独特 IP。未来，发展夜游经济，形成 IP 才是制胜王道。只有依托本土资源，不断提升内在的文化特色和文化底蕴，形成鲜明的地域文化特色，夜间经济才会有强大生命力。西安主打盛唐文化、开封主打宋文化，北京主打明清文化，上海主打海派文化就是这些地方夜间经济火爆的根本原因。

对北方地区而言，（室内）"盒子"经济和（室外）冰雪经济将是可选择的发展方向：可以依托商业综合体、剧院、体育场馆等室内设施发展"盒子式"业态，克服天气影响，拉动室内消费；依托"冰天雪地"，开展户外冰雪运动，让"冷资源"迸发"热效应"，如哈尔滨的冰雪"琉璃之城"，沈阳的"彩灯嬉雪节""冰上龙舟大赛"，乌鲁木齐的"滑雪＋

夜市”“滑雪+温泉”等特色夜游产品受到追捧。对南方地区，运动休闲、剧场展演、酒吧夜市将是可选择的发展方向。利用传统节会打造 IP 则是各地都可考虑的品牌塑造方向。对历史文化资源厚重的古都古城，可深挖人文典故、演艺节事、特色市集等资源，盘活各类文化场馆、景区街区等载体，引入文旅类、电竞赛会、演艺服务等专业运营团队，打造标杆项目和文化 IP。

（三）科技将扮演更加重要的角色

“互联网 +”是未来“夜经济”的一大特色。随着 5G 等新技术日益成熟，科技对夜间经济格局的塑造日益深刻，在 VR（虚拟现实）、AR（增强现实）、AI（人工智能）、区块链等为代表的新科技加持下，文旅夜间经济未来将成为数字经济的重要爆发点，夜间经济将面临新的产业变革，沉浸式的数字文旅产品将为夜间经济重新赋能。

“数字”赋能带来的未来酒店、未来餐厅、未来书店等“新物种”将重构传统夜间经济的版图。在数字经济大潮汹涌，深刻重塑世界格局的背景下，如何实现“宅经济”、云演艺、云娱乐、云直播、云展览等新业态与夜间经济的有机结合，做好加法而不是减法，相互赋能而不是相互替代是一个行业必须面对的全新课题。如何推动文化 + 和科技 + 与夜间产品深度融合，打造标杆项目、文化 IP，形成体系化的地标网络，促进城市夜经济发展路径多元化、差异化、特色化，形成“各美其美、美美与共”的夜间经济发展格局，同样是每个城市必须思考的全新课题。

（作者简介：张英俊，中国旅游研究院文化旅游研究基地特约研究员，开封市文化广电和旅游局副调研员）

第六章　康养旅游发展分析与展望

郭　缨　张明明

康养旅游作为一种新兴旅游类型，近几年备受关注。作为旅游领域与养老领域、健康领域、医疗领域等的结合，康养旅游呈现出良好的发展态势。《健康中国 2030 规划纲要》等政策文件的出台，为康养旅游的发展提供了支持和动力；各旅游目的地基于自然资源或人文资源进行规划和开发，为康养旅游的发展提供了丰富内容；多领域与康养旅游的结合延展了其发展外延；文化和旅游的全面融合，为康养旅游的发展指明了方向。目前，我国的康养旅游市场需求大、品类丰富、特色鲜明，并呈现出不断更新旅游观念、不断融合文化内涵、不断加强行业规范建设等新趋势。

第一节　康养旅游发展概况

（一）康养旅游的定义与内涵

康养旅游作为一种新的旅游类型，近几年颇受学术领域的关注。康养旅游在国际上一般被称为健康旅游，也常被理解为跨境医疗，是医疗健康从本地产业向全球化演变的一种形态。世界旅游组织从服务主题的角度出发，将健康旅游定义为以医疗护理、疾病与健康、康复与修养为主题的旅游服务。从分类角度看，国际领域将健康旅游分为治疗和养生健康管理两大类。前者包括癌症、心血管、器官移植等重症治疗，以及糖尿病等慢性病的诊疗，这一类健康旅游最主要的驱动力是新药和新技术，病患对医疗品质的追求重于价格因素；后者包括体检、康复、养生度假、美容整形、抗衰老等，这一类健康旅游更看重旅游环境和服务质量，产业融合的驱动力更明显。

国内关于"康养旅游"较有代表性的论述如王赵在《康养旅游：内涵解析与发展路径》一文中较早对其进行了初步界定，"康养旅游概括来讲即为健康旅游、养生旅游，是一种建立在自然生态环境、人文环境、文化环境基础上，结合观赏、休闲、康体、游乐等形式，以达到延年益寿、强身健体、修身养性、医疗、复健等目的的旅游活动"。任宣羽在《康养旅游：内涵解析与发展路径》一文中将康养旅游定义为"以良好的物候条件为基础，以旅游的形式促进游客身心健康，增强游客快乐，达到幸福为目的的专项度假旅游"。2016 年，国家旅游局发布了康养旅游领域首个规范性文件《国家康养旅游示范基地标准》，其中将康养旅游定义为"通过养颜健体、营养膳食、修心养性、关爱环境等各种手段，使人在身体、心智和精神上都达到自然和谐的优良状态的各种旅游活动的总和"。《中国康养产业发展报告（2017）》则将康养定义为"结合外部环境以改善人的身体和心智并使其不断趋于最佳状态的行为活动"。

康养旅游的诸多定义中皆包含了三个层次，即"养眼、养身、养心"，这也是康养旅游最为典型的特征。"养眼"即基于一定的自然资源，具有较高的观赏价值；"养身"即包含有益于身体健康的旅游要素，能够缓解游客的身体问题或起到强身健体的功效；而"养心"则是康养旅游的较高追求，即通过旅游体验，在放松身体的同时，获得精神世界的满足感，提升幸福指数。随着大众化旅游时代的到来以及人们对自身身体健康及精神健康的日渐关注，康养旅游逐步发展并走向成熟。目前，康养旅游已经在全世界超过100多个国家发展兴盛。与传统旅游相比，康养旅游游客的消费能力更高、停留时间更长，也更加能够带动相关产业发展。

从年龄角度来看，康养旅游以老年人群为主，中年为辅，中老年市场的休闲度假消费数量较大，消费诉求为医疗保健、提升生活质量。从性别角度来看，康养旅游以女性市场为主，养生保健消费较大，其养生商品的购买力较强。从商务市场看，养生保健消费量大，对养生餐饮消费要求较高，消费者较为注重生态养生场所的档次规格，消费额较高。据中商产业研究院发布的《2018—2023年中国康养旅游行业市场前景及投资机会研究报告》显示，我国康养旅游的市场规模将呈现快速增长的态势，年复合增长率有望达到20%。

目前，康养旅游的快速发展已经成为不可阻挡的趋势，成为度假、观光、体验旅游之后的一种新潮流。再加上2020年全球的疫情影响，人们更加关注健康，医疗健康领域将迎来一个黄金发展期。康养旅游作为健康医疗行业和旅游业相结合的一种新型产业，在促进地区经济发展的同时，也带动了旅游业、健康医疗服务业、交通运输业和会展业等相关行业的快速发展，产业融合趋势日益显著。

（二）康养旅游发展动力分析

康养旅游发展的动力来自社会各个领域。老龄化社会压力、亚健康、雾霾与疾病以及人们对慢病与压力的关注忧虑使得“健康”这一话题日益重要。经济持续增长背景下人们对高品质生活、精神境界及人生价值的追求，使得“健康”和“旅游”有了结合在一起的机会。同时，人们的医疗康复、健康活力、文化养生等核心诉求日益强烈。这些都成为催生康养旅游发展的动力。

1. 老龄化社会带动“银发经济”增长

进入 21 世纪以来，中国已步入了老龄化社会，并处于老龄化不断加深的阶段。由国家统计局最新发布的人口统计数据显示：截至 2019 年年底，我国 60 周岁及以上人口约 25388 万人，占总人口的 18.1%，较上年增加 439 万；65 周岁及以上人口约 17603 万人，占总人口的 12.6%，较上年增加 945 万。中国现有老龄人口已超过 2.5 亿，已经远超老龄化 10% 的标准。银发人群数量的增加同时带来了“银发经济”的增长，老年人关注身体健康、有闲有钱的特性也为康养旅游的发展提供了巨大的发展红利和潜在的市场需求。老年群体成为康养旅游的主要消费群体之一。

2. 健康问题日益受到重视

2017 年 10 月 18 日，党的十九大报告中提出“健康中国”发展战略，指出人民健康是民族昌盛和国家富强的重要标志，要完善国民健康政策，为人民群众提供全方位全周期的健康服务。

《国务院关于实施健康中国行动的意见》中指出，随着工业化、城镇化、人口老龄化进程的加快，我国居民生产生活方式和疾病谱不断发生变化。心脑血管疾病、癌症、慢性呼吸系统疾病、糖尿病等慢性非传染性疾病导致的死亡人数占总死亡人数的 88%，导致的疾病负担占疾病总负担的 70% 以上。居民健康知识普及率偏低，吸烟、过量饮酒、缺乏锻炼、不合理膳食等不健康生活方式比较普遍，由此引起的疾病问题日益突出。

事实上，随着生活节奏的加快和工作压力的增加，人们对于“健康”的观念已逐渐从“养身”向“身心并重”发展，并期望通过休闲放松的方式改善生活状态和身心健康。因此，温泉旅游、森林旅游、禅修旅游等适合于都市人群的康养旅游市场发展迅速。

3. 旅游产业蓬勃发展

目前我国拥有全球规模最大的中等收入群体，数据显示我国居民收入水平和消费能力日益提升，消费结构不断升级。从消费支出来看，基本生活消费占比较低，而更多的则是为追求高品质，高质量生活产生的消费支出。其中，居民在旅游、文化、体育、健康、养老等“幸福产业”花费更多，在未来的发展中，这类产业增长空间巨大。

从旅游收入和游客接待量来看，自 2000 年以来国内游客数量呈现持续高位增长，推动中国步入了大众旅游时代和国民休闲新阶段，我国也一跃成为世界上拥有国内游客数量最多的国家。2019 年国内旅游人数已经超 60 亿人次。随着国民大众休闲度假需求快速增长，未来国内旅游人数和人均旅游消费将继续增长。

在文化和旅游融合发展新时代，游客的核心诉求正在从美丽风景转向美好生活，在科技、文化、创意、金融等新要素推动下，文化与旅游的融合发展将更加深入。而融合自然风景、健康、疗愈、休闲、娱乐、文化等要素的康养旅游契合满足了人们的需求变化，并且顺应了旅游产业发展的新趋势。

（三）康养旅游发展政策环境分析

1. 国家政策环境分析

截至目前，国家层面出台的有关康养旅游的政策众多，侧重点各有不同，但都显示了国家对康养旅游的重视与支持。同时在“健康中国”战略背景下，健康产业已经成为经济新常态的重要引擎，而随着大众旅游的不断深化，追求健康与精神享受将成为旅游市场面临的主要需求。

2016 年 1 月，国家旅游局发布《国家康养旅游示范基地标准》，标准主要对康养旅游的内涵与要求做出具体规范，指明康养旅游示范基地应包括康养旅游核心区和康养旅游依托区两个区域，在保证康养旅游内涵式发展的同时能够提供配套的服务体系，从而推动康养旅游全产业链的系统性完善。

2016 年 2 月，国家林业局印发《关于启动全国森林体验基地和全国森林养生基地建设试点的通知》。通知要求，大力推行森林康养产业试点，对康养旅游的细分领域进行进一步明确。通知以森林体验和森林养生为切入口，提出为大众提供高品质、多样化的产品，以期创造新产业经济，提升经济增长质量。

2016 年 4 月，国家林业局印发《中国生态文化发展纲要（2016—2020 年）》。纲要要求：以国家级森林公园为重点，建设 200 处生态文明教育示范基地、森林体验基地、森林养生基地和自然课堂；推进多种类型、各具特色的森林公园、湿地公园、沙漠公园、美丽乡村和民族生态文化原生地等生态旅游业，健康疗养、假日休闲等生态服务业；推动与休闲游憩、健康养生、科研教育、品德养成、地域历史、民族民俗等生态文化相融合的生态文化产业开发。

2016 年 10 月，中共中央国务院印发《“健康中国 2030”规划纲要》提出，积极促进健康与养老、旅游、互联网、健身休闲、食品融合，催生健康新产业、新业态、新模式；制定健康医疗旅游行业标准、规范，打造具有国际竞争力的健康医疗旅游目的地；大力发展中医药健康旅游；打造具有区域特色的健身休闲示范区、健身休闲产业带。

2017 年，中央一号文件指出，要大力发展乡村休闲旅游产业；充分发挥乡村各类物质与非物质资源富集的独特优势，利用“旅游 +” “生态 +”等模式，推进农业、林业与旅游、教育、文化、康养等产业深度融合。

2018 年，中央一号文件提出，要实施休闲农业和乡村旅游精品工程，建设一批设施完备、功能多样的休闲观光园区、森林人家、康养基地、乡村民宿、特色小镇；加快发展森林草原旅游、河湖湿地观光、冰雪海上运动、野生动物驯养观赏等产业，积极开发观光农业、游憩休闲、健康养生、生态教育等服务；创建一批特色生态旅游示范村镇和精品线路，打造绿色生态环保的乡村生态旅游产业链。

2019 年，国家发改委联合多个部门印发关于《2019 文旅康养提升工程实施方案》的通知。方案鼓励吸纳社会资本参与，推广 PPP 模式，对没有回报率或回报率极低的公益性、基础性设施建设，发改委统筹安排中央预算内投资；明确了 2019 年康养旅游中央投资补助标准：原则上东、中、西部地区（含根据国家相关政策分别享受中、西部待遇的地区）中央投资补助比例为 30%、60% 和 80%。西藏自治区、四省涉藏地区和新疆维吾尔自治区南疆四地州（含兵团）的项目可按规划确定的最高补助额度予以全额（100%）补助。主要内容涵盖了公共文化服务设施建设、国家文化和自然遗产保护设施、旅游基础设施和公共服务设施等方面。

此外，2019年3月国家林业和草原局、民政部、国家卫健委、国家中医药管理局联合印发《关于促进森林康养产业发展的意见》。意见提出，到2022年建设国家森林康养基地300处，到2035年建设1200处，向社会提供多层次、多种类、高质量的森林康养服务，满足人民群众日益增长的美好生活需要。

从一系列文件中可以看出，康养旅游已多次被写入国家战略发展性文件，国家也对康养旅游的发展提出了明确的要求和方向，一系列政策的出台也为康养旅游的发展提供了宽松的政策环境。

2. 地方性政策环境分析

基于康养旅游巨大的市场发展潜力，全国各省地市都在积极创造条件，充分挖掘本地自然资源和历史人文资源，出台相关政策为康养旅游的开发和发展开辟道路。

河北省着力打造环京津康养产业平台：分别从鼓励社会资本进入（采用PPP模式共建康养服务机构）、促进融资支持（按照“政府引导、市场运作、公开透明、开放包容、依法合规、防范风险”的原则发展各类康养产业机构）、推进创新创业（推动医、养、旅、居、文、体科技创新，创新产品和新型康养模式）、推进重点项目（建立省级康养重大项目库）、扶持领军企业（发挥企业龙头作用）、建设产业园区（依托雄安新区等资源，建设康养产业制造园区）、打造环京津康养产业平台、建设智慧康养平台（互联网+康养发展模式）、打造医养结合平台等方面着手。

浙江省林业局、省民政厅、省卫生健康委员会和省中医药管理局出台《关于促进森林康养产业发展的意见》，将主要目标定为争取到2022年，创建省级森林休闲养生城市10个，命名省级森林康养小镇30个、森林人家300个，认定森林康养基地100处、森林氧吧500个，基本形成布局合理、类型多样、功能完善、特色突出的森林康养发展格局；到2025年，争取创建省级森林休闲养生城市15个，省级森林康养小镇100个，命名森林人家500个，认定森林康养基地200处、森林氧吧1000个，修复森林古道150条，逐步建成集医疗、养生、康复、保健、旅游、教育、文化、体育等于一体的新型林业产业体系，打造国际知名的森林康养目的地和森林康养大省。

山东省主要以建设国家健康大数据北方中心，建立蓝色海洋健康产业带、运河养生健康产业带、鲁中南山区健康产业带。山西省则以康养小镇和康养社区为主抓手，通过一系列项目建设，逐步布局大康养产业。

随着康养理念的不断深化和康养旅游的不断发展，全国多个省市都在积极布局康养旅游产业发展，而依托当地自然资源和人文资源是发展康养旅游的基础，政策支持、跨行业合作、宽松的行业环境则是康养旅游发展的有力保证。

第二节　康养旅游类型及特征

（一）自然资源依托型康养旅游

自然资源依托型康养旅游是以自然资源为核心进行旅游开发，其核心优势是具有不可复制的先天自然资源，开发具有规模化效应，且其中很多旅游资源本身就具有康养价值，生态资源如温泉冷泉、森林山地、滨海资源等，一般有气候康养、海洋康养、地形康养、森林康养、温泉康养、田园康养等种类。

气候康养旅游：以地区或季节性宜人的自然气候（如阳光、温度等）条件为康养资源，在满足康养消费者对特殊环境气候的需求下，配套各种健康、养老、养生、度假等相关产品和服务，形成综合性气候康养产业。气候康养旅游的典型表现就是“候鸟式旅游”，候鸟式旅游是指人们（尤其是老年人）出于自身健康的考虑，为了回避长住地的不良气候环境而前往更适合自己生存的地方的旅行和游览活动。随着老年人消费观念及居家养老观念的逐渐转变，候鸟式旅游已成为老年旅游市场中的一种新兴旅游产品和旅游热点。同时，以避暑游、避寒游、避霾游、踏春游、金秋游、海浴游、冰雪游、滑雪游、经纬游、观日出、观云海、观候鸟、赏百花、赏月华、赏红叶、摘时果等为主要取向的气候旅游，已经成为越来越受到人们关注的旅游方式与时尚话题。

海洋康养旅游：海上休闲度假旅游自古以来就格外重视康体疗养功能，近年来海洋疗法更是愈演愈热。临床研究证明海洋疗法对于许多疾病都有独特的疗效。海水浴的推广以及海水对某些疾病治疗功能的发现更孕育了滨海养生旅游的诞生。此类康养旅游主要是以海水、沙滩、海洋食物等海洋资源为基础，建设形成以海水和沙滩理疗、海上运动、海底科普旅游、海边度假、海洋美食等产业为依托的旅游产品。国外较为成功的海洋康养旅游如墨西哥坎昆度假村等。我国海洋领域也十分广阔，海滨旅游作为重要的旅游类型一直颇受游客喜爱。海南岛作为我国第二大岛，具有发展海洋康养旅游的独特优势，这里拥有高品质的海水资源，优质的沙滩，一年中绝大多数适合进行日光浴、海浴以及沙浴。目前该地已开发以亚龙湾，海棠湾为代表的20个主要滨海旅游区以及蜈支洲岛、西岛、分界洲岛等海岛型旅游度假区，成为海洋康养旅游的典型代表。

地形康养旅游：这类康养旅游主要依托地形自然资源展开，如高原、山地、丘陵等。高原康养旅游可以说是地形康养旅游中最受欢迎的类型之一。由于高原独有的气候特征和自然风光，往往成为人们旅行的向往之地；又因高原地区的自然和文化等保存相对完整，因此形成了以旅游休闲、高原食品、宗教文化以及民族医药等为主打产品的康养业态。山地康养旅游针对户外运动爱好者以及静心养性者呈现一动一静的形态，主要有登山、攀岩、徒步、户外生存、山地赛车，以及户外瑜伽、山地度假、禅修活动等。丘陵康养旅游则主要集中在丘陵规模较大和景观较好的地区，由于丘陵特殊的景观和生态环境，其康养主要以农产品种植、药材生产、生态体验等为主。除此之外，还有集中在农业发达地区，康养产品以绿色果蔬、保健食品等为主的平原旅游。

森林康养旅游：森林康养旅游是以森林资源及其生态环境为依托，通过提供多种形式的森林养生项目，以促进游客强身健体、修身养性为目的，满足不同人群生理和心理健康需求的特定旅游形式。依托丰富多彩的森林植被景观、沁人心脾的森林空气环境、健康安全的森林食品、内涵浓郁的生态文化等优质的森林资源，将现代医学和传统中医学有机结合，并配备相应的养生休闲、医疗及康体服务设施、丰富森林游憩体验，在森林中开展一系列以改善身心健康、保健、养生、养老为主要目的的森林康养旅游度假产品。我国的森林康养旅游起步较早，四川以及湖南是我国森林康养产业发展较早的地区，在20世纪90年代，周边山区就出现了依托农家乐开展的森林康养旅游的民间自发形态。近年来，河北、北京、陕西、黑龙江等地就森林康养相关建设进行了有益的探索，开始着手建立森林康养基地试点，积极推动以森林康养旅游为中心的新产业经济。

温泉康养旅游：温泉本身具有保健和疗养功能，是传统康养旅游中最重要的资源之一。现代温泉康养已经从传统的温泉汤浴拓展到温泉度假、温泉养生领域。温泉养生产业在坚持温泉医学和温泉疗养的基础上，开始出现休闲化和综合化的趋势。以针对健康和亚健康人群为主，以放松解压、快乐度假为主要目的的温泉康养旅游逐步成为时尚，并与传统温泉医疗产品有机结合，形成以保养和健康促进为主的养生温泉。有学者认为，温泉康养旅游中的“康养”包含三个层次：一是以放松身心、休闲娱乐为目的的温泉休养；二是以温泉为介质，综合东西方各种养生方法的保健养生体系，取得维护健康、保持青春、美容美体功效的温泉保养；三是充分利用温泉矿物元素的医疗功效，以现代医学和水疗技术为基础的温泉治疗康复体系，达到预防疾病、恢复健康、治疗疾病功效的温泉疗养。

田园康养旅游：田园康养旅游指的是以田园为生活空间，以农作、农事、农活为生活内容，以农业生产和农村经济发展为生活目标，回归自然、享受生命、修身养性、度假休闲、健康身体、治疗疾病、颐养天年的一种康养旅游方式。这里所说的田园包括整个农村地区，既包括土地、田园、水域和环境，还包括道路、城镇、集市、村庄、厂矿和自然环境。田园康养旅游以乡村文化环境为基础，在保持原有田园特色风光的基础上，完善基础设施，提供高品质配套服务，以区别传统田园仅具有“三农”作用，从而具备发展康养旅游的客观条件。在具有田园特色的自然风景中，在农事农活的体验过程中，游客获得了身体上的回归、享受生命的美好，也获得了心灵上养性、感受自然的舒适，在休闲度假中，让自然环境治疗疾病，健康身体、最终达到颐养天年的目的。

（二）文化驱动型康养旅游

与自然资源依托型康养旅游不同，文化驱动型康养旅游主要以区域养生文化底蕴为基础，塑造地区文化品牌，符合养生、娱乐、休闲度假等多重功能，主要可以分为民俗文化、传统文化、艺术文化等多种类型。

民俗文化康养旅游：民俗文化康养旅游是以“民俗文化”为核心，将健康、养生、休闲、文化、旅游等多元化功能融为一体形成的生态环境较好的特色文化旅游。同时，它也将健康疗养、生态旅游、文化体验、休闲度假、健康产品等业态聚合起来，实现与健康相关的大量消费的聚集。颇具特色的民俗活动以及对自然的敬畏思想等都是支撑此类康养旅游的重要人文资源，让游客参与到旅游目的地丰富多彩的民俗艺术中，让当地的风土人情和人文活动陶冶游客的身心，实现民俗养生与传统文化传承的双赢。

云南西双版纳旅游度假区具有独特的民俗文化资源，这里人口不足百万，却居住着傣、汉、哈尼、拉祜、布朗、彝、基诺、瑶、壮、回、苗、景颇、佤13个世居民族。以傣族为主的十多个少数民族形成并保留了独具特色的民族历史文化、传统习俗和生活方式。众多历史遗迹、佛塔、亭井、佛寺以及具有代表性的民居和村寨、民族节日、宗教和民族风情，构成独特而又多样的人文景观。哈尼族的“嘎汤帕节”、布朗族的“桑勘比迈节”、基诺族的“特懋克节”、瑶族的“盘王节”、拉祜族的“扩塔节”都体现了独特的民族风情。依托这些丰富的民俗文化资源，云南西双版纳旅游度假区能够带给游客不一样的旅行体验，在满足传统旅游所具有的观赏性、娱乐性的同时，也让游客感受到了不一样的文化体验。

传统文化康养旅游：这是以古村古镇、历史文化遗迹、国学文化、传统武术、太极养生、冥想等为基础的特色康养旅游类型，如利用道教、佛教等宗教传统中饱含的丰富的养生、绿色医疗、自然保健、自我身心保养等资源，深度挖掘旅游目的地独有的宗教、民俗、历史文化，结合市场需求及现代生活方式，打造利于养心的精神层面的旅游产品。传统文化康养旅游在满足人们观光游览、审美欲望、精神需求和猎奇心理的同时，也使游客获得了丰富的文化体验，能够修身养性、回归本心、陶冶情操。无锡灵山小镇·拈花湾是东方禅文化度假区的典型。作为一个综合性的旅游会务度假胜地，拈花湾包括有重要的精神性建筑——大禅堂、会议中心和会议酒店、若干高品质精品酒店、旅游休闲商业、文化性建筑、重点景点、商业建筑群、度假型物业区等功能。从整个小镇的总体布局来看，拈花湾通过三条主要交通道路和水系的组织，规划了“五谷”“一街”“一堂”的主体功能布局，并配以禅意的命名体系，形成以“五瓣佛莲”为原型的总平面。可以说，拈花湾打造的是一个自然、人文、生活方式相融合的康养旅游目的地，追求一种身、心、灵独特体验的人文关怀，从而开创“心灵度假”的休闲旅游新模式。

艺术文化康养旅游：此类康养旅游开发模式以区域养生文化底蕴为基础，塑造地区文化品牌，符合养生、娱乐、休闲度假等多重功能。艺术文化康养旅游主要以为游客提供精神层面的服务为主，以乡村和传统节俗为载体，把自然与艺术融合成一个主体，尽可能使当地村民保持其原有的生活状态，尽可能保持原貌，减少人为的影响，体现乡村的自然性与艺术性，使田园、村庄与自然环境以及民俗艺术的设计更符合美学规律，符合养生者的审美需求，使其更具意识气息，更有品质。其中具有鲜明特色的就是以江西篁岭晒秋为代表的传统特色节俗，晒秋是一种典型的农俗现象，具有地域特色。在湖南、安徽、江西等生活在山区的村民，由于地势复杂，村庄平地极少，只好利用房前屋后及自家窗台屋顶架晒、挂晒农作物，久而久之就演变成一种传统农俗现象。这种村民晾晒农作物的特殊生活方式和场景，逐步成了画家、摄影家创造的素材，并塑造出“晒秋”这一称呼。

（三）医养植入型康养旅游

医养植入型康养旅游主要是指以先进的医疗技术为核心，依托中西医疗产业资源和适宜的康疗养生气候，配套完善的养生养老设施，提供专业化的医疗诊断、医护疗养、健康检查、康复护理服务产品的康养模式，主要可以分为中医药康养旅游、康复康养旅游、照护养老康养旅游、医疗美容康养旅游等类型。

中医药康养旅游：中医药康养旅游指的是依托中医药资源以及养生保健服务设施，以中医药文化独具特色的理论体系和内容为基础，将现代科技和古代中医养生理论相结合，在环境适宜的旅游度假区实现中医养生，增强体质、修身养性的度假生活方式。中医药旅游主要以中药材基地、中医院和中医药博物馆为依托，以中医药的深厚文化内涵、独特理论体系和内容为基础，以各种医疗和健身方法、药材观赏、购买和使用为基本吸引物而产生的一种新的旅游方式。早在 2011 年，北京市就开始着手构建中医药康养旅游产品体系，先后评选出 35 家中医药文化旅游示范基地、设计出 13 条中医药养生旅游线路。此后，海南岛等地也着力发展中医药康养旅游产业。目前，中医药康养旅游通过传播中医药养生、膳食、修心等文化，逐步使中医健康理念深入人们旅游生活的细节之处。未来，整合旅游目的地的优势旅游资源和特色养生保健资源，开辟健康养老、医疗旅游养老、康养等多样化健康服务等是中医药康养旅游发展的新方向。

浙江省金华市磐安县是著名的“中国药材之乡”，中药材种植面积达 8 万亩，盛产以“白术、元胡、玄参、白芍、玉竹”为代表的磐五味，被誉为“天然的中药材资源宝库”。该地在规划时明确定位为“药材天地、医疗高地、养生福地、旅游胜地”，培育了“中医药健康产业 + 养生旅游服务业”为主的产业体系，将产业、旅游、社区、人文功能融为一体，着力塑造一个尊重和传承中国中医药文化、人与自然和谐共生、可持续发展的精致特色小镇。江南药镇的建设也拉动了新渥镇的镇区发展。为配合江南药镇建设，新渥镇投入 3000 万元资金完成了新兴街、城里街的改造，同时，大量融入药文化元素，建设药文化景观公园 6 处，提升集镇整体特色品位。

康复康养旅游：康复康养旅游是以治疗疾病、康复疗养为目的的一种旅游形式，如健康疗养、慢性病疗养、老年病疗养、骨伤、职业病疗养等。以康复为主要目的的康养旅游主要凭借疗养地所拥有的特殊自然资源条件，以及先进或传统的医疗保健技艺、优越的设施，将休息度假、健身治病与旅游有机结合起来。除此之外，以康复为特色的旅游目的地还配套有完善的养生养老设施，提供专业化的医疗诊断、医护疗养、健康检查、康复护理服务产品。博鳌乐城国际医疗旅游先行区作为国家级医疗旅游开发园区，2013 年 2 月 28 日经国务院批复正式成立。该区的主要模式是国际医疗旅游服务、低碳生态社区和国际组织聚集地，其具有较为显著的发展特色即完善的医疗产业链。园区包括世界顶级医院、国际组织基地、高端购物中心、特色体验居住区四大功能区以及由 5 个医疗养生组团构成的健康长廊，旨在建设以医疗服务业为重点的新兴产业园区，吸引国际高端医疗、研发机构进入、发展旅游性医疗和康复性医疗等医疗旅游导向。

照护养老康养旅游：照护养老型康养旅游一般以位于具有良好环境资源的疗养院为主要依托形式，融入医疗、气候，生态、康复、休闲等多种元素，发展康复疗养、旅居养老、休闲度假型“候鸟”养老等旅游形式，具有一定经济实力的老年人是主要消费群体。除了关注身体健康元素之外，此类旅游目的地还兼顾老年人的精神健康，如通过开展老年体育、老年教育、老年文化活动等业态，为老年人打造集养老居住、医疗护理、休闲度假为主要功能的养老小镇和享老社区，借此带动护理、餐饮、医药、老年用品、金融、旅游、教育等多产业共同发展。乌镇雅园就是学院式养老的典型代表，该地位于浙江桐乡乌镇，总面积约为60万平方米，划分养生居住区、颐乐学院、度假酒店区、休闲商业区、雅达国际康复医院、养老示范区六大功能板块，特色项目为“学院式养老”——颐乐学院。乌镇雅园以“颐、乐、学”为核心理念，以“老年大学”为组织方式，把园区内老年人的日常生活、学习、娱乐都调动起来，并建有雅达国际康复医院等酒店式高端康复医院，为神经系统病患、亚健康人群提供康复治疗、老年全科门诊、专业体检服务。

医疗美容康养旅游：当前，颜值经济席卷全球，从美国刮起的医疗美容风影响世界，再加上全球旅游行业的发展，由此催生了以医疗美容为目的的康养旅游形式。旅游目的地以为游客提供高质量、长时段、精护理的细致服务为核心竞争力，通过“医疗+美容”的形式，来带动地区新型旅游产业的发展，而游客也借助旅游的机会达到提升自身形象的目的。医疗美容康养旅游目前已成为一种独具特色的康养旅游发展模式，全球具有医美基础的城市都在尝试打造宜居、宜养、宜医的国际性医疗美容康养度假胜地。韩国首尔江南区狎鸥亭整形一条街就以医美康养旅游为大众所熟知，该地采用“美容+旅游”模式在其约3千米的半径范围内云集了400多家整容医院，200多家整容诊所，以医疗美容、整容技术为核心吸引，覆盖全方位的外科整形项目及完善的产业链，带动高附加值的医疗观光，迅速发展成韩国的重要支柱产业，使韩国成为全球医美渗透率最高的国家。

第三节 康养旅游发展展望

基于广阔的市场需求，康养旅游近几年发展迅猛，越来越多的企业涌入市场寻求机会。但这些企业在进入市场的初期，往往存在着随意效仿、缺乏创新，甚至“轻创新、重推广”的短视行为，这在一定程度上制约了康养旅游的良性发展，也不利于整个行业秩序的稳定。在经历了初期阶段的粗放型快速发展之后，康养旅游行业也逐步从“盲目热情”走向“理性对待”，开始朝着精细化、精准化的方向发展。从政策支持到行业规范化建设，再到行业外延的扩展与融合，都呈现出新的发展趋势。

（一）加强从养身向养心过渡的内涵建设

习近平总书记在十九大报告中强调，中国特色社会主义进入新时代，我国社会的主要矛盾已经转化为人民日益增长的美好生活需要和不平衡不充分的发展之间的矛盾。这反映出当下人们不再只是追求单方面的生活质量，而是逐渐转化为对生命质量的追求趋势。康养旅游顺应了大众对健康养生、康体保健的追求以及旅游消费升级和高品质生活的转型需要，具有广阔的市场前景。

然而相较于美国、日本、韩国、新加坡、泰国等康养旅游发展较为成熟的国家，我国的康养旅游尚处于初级阶段，大多停留在依靠当地的生态环境资源或自然资源打造生态康养旅游。也就是说，多数康养旅游目的地还停留在“养身”的层次，即通过自然与现代科技条件以及先进的医疗体系使游客达到养心的效果。

《国家康养旅游示范基地》将康养旅游定义为：通过养颜健体、营养膳食、修心养性、关爱环境等各种手段，使人在身体、心智和精神上都达到自然和谐的优良状态的各种旅游活动的总和。因此，康养旅游就是将有利于身心健康的自然资源、人文资源和旅游资源有机融合起来，在满足自身游览观光、休闲度假需要的同时，又能达到强身健体、陶冶心灵的目的。康养旅游并不是单一的健康、养老与疗养的旅游产业，也不是简单地将健康与旅游相加，而是将健康与旅游系统有机融合起来的一种新兴产业。但纵观目前的康养旅游发展情况，普遍存在对地域性文化资源挖掘不够深入的问题。

在未来的发展过程中，康养旅游势必将更加注重内涵建设，深度挖掘旅游目的地的文化内涵，让人们在获得身体健康的基础上，也能得到心理健康及思想、文化、价值观等精神层次的关注和养护，从而实现从物质、心灵到精神各个层面的健康养护，实现生命丰富度的内向外延。

康养旅游发展从养身走向养心，文化是内核与根基，也是持久竞争力的源泉。中国传统文化本身就包含有许多保健养生、健康生活的理念和哲学，已形成了一套康养文化体系，由此衍生出的中医药、武术太极、养生功法、素斋禅茶等康养文化资源，在与当前时代需求相结合之下，可以孕育出许多康养旅游的特色产品。与此同时，我国各地文化差异明显、文化内容极为丰富，旅游目的地还要深度挖掘所在地独有的历史、文化和民俗等内容，结合市场需求及现代生活方式，运用创意化的手段，打造利于养心的精神层面的旅游产品，使游客在获得文化体验的同时，能够修身养性、陶冶情操、回归本心。

康养旅游发展从养身走向养心，养心是根本，也是高质量发展的动力。从历史传统上看，中国传统文化及观念中更强调“养”，“养”是以“养心”为本，包括针对性、持续性和潜移默化的习性养成。当今社会发展迅速，生活压力逐渐增大，越来越多的人注重健康与养生，因此康养旅游目的地需要向游客提供更多健康的生活方式和养生理念，提供可以被旅游者认可和接受的思想观念、文化体系。就康养旅游产品的竞争力而言，“养眼”的观光系列产品通常属于低端产品，“养身”的休闲系列产品属于中端产品，而“养心”的文化系列特色产品可以有效提升康养旅游的内容和品质，则属于高端特色产品。因此，康养旅游高质量发展的路径依赖于养身到养心的转型，要不断提升康养旅游的文化含量、加强内涵建设，发展具有丰富文化内涵和高康养功能的康养旅游产业，形成独具特色的中国康养旅游模式。

（二）加强从观光式体验到沉浸式体验的旅游设计

在康养旅游中，“康养”是目的，“旅游”是载体。随着经济水平的日益提升和旅游行业不断深入发展，人们的生活品质也在不断提高，人们对于旅行体验的期望也从一开始的“蜻蜓点水式”的旅游，到现在的更希望在旅游中与目的地有更加深度的连接，在与日常生活截然不同的环境中充分获得全身心浸润的崭新感受。康养旅游的发展也正在经历从“观光式体验”向“沉浸式体验”过渡的趋势。

康养旅游发展初期往往会更多地依赖自然资源，如自然风光、景区或是历史人文景观，并在这些景观中融入健康和养生的元素。基于此，游客的体验也往往只能从参观游览和基本的体验中获得，仅仅停留在视觉以及新鲜感中。当旅行结束后，游客并不能获得真正想要的身心满足的旅行体验以及目的。从“观光式体验”向“沉浸式体验”的过渡，就是要调动游客的多重感官，改变浮于表面的浅层体验，转而追求以地域历史、传统文化、民俗风情等为核心内容的深层体验，即以“康养”为目的，将文化和旅游进行深度融合。

可以说，“沉浸式体验”的目的不再仅仅是单纯的消遣和娱乐，而是更加注重精神需求的满足，其中情感和情绪的经历和感受尤其重要。如果说“观光式体验”重在满足游客的外在视觉需求，那“沉浸式体验”满足的就是人们内在的体验需求了。“沉浸式体验”强调的是游客能够成为旅游目的地的一部分，让游客真正地融入进去，从而获得身心灵的全方位感受。

（三）不断完善政策措施、提升服务质量

完善的政策措施和合理的旅游规划为康养旅游的发展提供了支持。目前，除了国家层面出台的相关政策之外，各省市地区都在出台相关的政策，以支持和激励当地康养旅游行业的发展。政策先行，不仅为康养旅游的发展提供了宽松的环境，更使康养旅游的健康发展有法律法规可依，有规章制度可循。这是维护康养旅游健康有序发展的必要手段，可以为康养旅游的健康发展提供方向引导，同时有效促进社会资本的合理注入，提高康养产业发展活力。政策的引导还能够促进当地特色产业与康养旅游的结合，如绿色有机农业、养老产业、医养结合产业等，这也是康养旅游未来的发展方向。

政策保障之外，康养旅游的发展还离不开软硬件环境的提升。与传统的以观光体验或放松度假为目的的旅游不同，康养旅游的侧重点在于“养”，即在旅游的过程中达到修养身心、寻求快乐、增进幸福感的目的。因此，除了赏心悦目的自然风光、轻松快乐的娱乐项目之外，康养旅游目的地也在不断加强软硬件环境的提升，以为游客营造更好的旅游体验。例如，交通不够便捷的旅游目的地，尝试通过完善公共交通、景区内部

交通及共享型交通方式，减少景区与游客之间因为交通不便带来的距离感。由于康养旅游相较于一般旅游类型来说呈现出时间长、消费高的特点，因此提升住宿环境也是各旅游目的地提高自身竞争力的方式之一。除了引进中高端星级酒店、规范宾馆等，各旅游目的地还积极引导发展具有本地特色的民宿，以期通过舒适的住宿环境提升游客的归属感和幸福感。

在从粗放发展向精细发展的转型过程中，打造主题明确、特色鲜明的产品及服务是康养旅游持续发展的动力。康养旅游或依托自然资源、或依托人文资源而开发，因此往往有着鲜明的主题和特色的服务。随着康养旅游市场日趋激烈的竞争态势，旅游目的地在前期开发的基础上不断寻求新的特色与创新。旅游目的地在主打核心主题的同时，不断扩展周边服务，如建设游泳馆、健身房、各种球类场馆等休闲健身设施以及电影院、特色商场、剧院、杂技馆、中医药体验服务、针灸推拿体验馆等休闲体验设施，以此提高旅游者在“食、住、行、游、购、娱”等方面的舒适性和良好体验。

（四）打造“康养旅游 +”模式，实现旅游产业可持续发展

打造“康养旅游 +”的发展模式，实现旅游产业可持续发展，为康养旅游全域化发展提供可能。在全域旅游发展如火如荼的背景下，旅游目的地也尝试在空间上对康养旅游景区景点由点连线，由线成片以打造全城旅游景观。如通过开发新景点，做好景点与景点之间的衔接，突出景点特色和文化特色，由单一景点上升到全空间景观，让旅游者更好地沉浸在优美的自然环境和独特的文化特色中，获得美好的旅游体验。

除了空间上的全域化，“康养旅游 +”更多地还体现在与其他产业的

联动效应上，“康养 + 地产”“康养旅游 + 医疗”“康养旅游 + 农业”“康养旅游 + 中医”“康养旅游 + 体育”等新形态相继出现。如康养旅游与房地产业结合，诞生了在旅游产业、休闲产业、文化产业、健康产业及养老产业的基础上，以中国传统的养生的理念及方法解决养老问题的复合型房地产开发模式；康养旅游与体育产业相结合，依托山地、峡谷、水体等地形地貌及资源，发展山地运动、水上运动、户外拓展、户外露营、户外体育运动、定向运动、养生运动、极限运动、传统体育运动、徒步旅行、探险等户外康体养生产品，推动体育、旅游、度假、健身、赛事等业态的深度融合发展；康养旅游与农业相结合，不仅具有指导生产性功能，还具有研究指导改善人体健康与生态环境质量，为人们提供食疗、健康、绿色的农产品。康养旅游与多产业的相加，创造出“1+1 ＞ 2”的效果，通过“康养旅游 +”打造多元化旅游产品，为旅游者提供更优质的产品的同时，也带动其他各个产业的发展，达到共赢。

（五）康养旅游与文化深度融合，成为发展新趋势

2019 年是文化旅游产业融合发展元年。康养旅游领域也出现了许多与文化深度融合的现象，成为康养旅游产业发展的新趋势。康养旅游有着“养眼”“养身”“养心”三养的特征。“养”是以“养心”为本，包括针对性、持续性和潜移默化的习性养成，因此康养旅游产品的开发者需要提供更多健康的生活方式和养生理念，提供可以被旅游者认可和接受的思想观念、文化体系。不断深挖当地的文化内涵，结合时代特色，发展具有丰富文化内涵和高康养功能的康养旅游产业，是康养旅游可持续发展的不竭动力。例如，安徽齐云山结合道教养生文化和乡村旅游开发出一系列乡村道教养生旅游产品，以听道乐、品道茶、观道场等为代表，

并定期举办道教文化旅游节；河北新奥集团融合禅宗与中医养生精髓，打造以“德、食、功、书、香、乐、花”为载体的新绎七修酒店，将七修特色养生产品与酒店的住宿、餐饮、会议、康乐等业态巧妙融合，形成以七修养生为内核的中国养生文化酒店服务体系；山东威海文登华玺大酒店打造出老子养生文化主题宴。这些康养旅游目的地都认识到了文化之于旅游的重要性。在未来，深挖文化内涵、讲好文化故事，将无形的文化转换成有形的景观，以此达到“养心”的目的，是康养旅游发展的重点。

第四节　特色康养旅游案例分析

（一）重庆：用“温泉之都”书写城市新名片

1. 重庆温泉旅游概况

重庆温泉作为世界级的旅游资源，开发利用已有 1600 年之久的历史，但在发展过程中曾一度衰落，以 2002 年长江之滨海棠晓月温泉度假村的开业为标志，重庆温泉旅游进入了全面复兴时期。短短数十年的时间，重庆温泉旅游在市政府高度重视下得到迅速发展，并在 2012 年夺得了全球首个“世界温泉之都”称号。温泉也由此成为了重庆又一张亮丽的城市名片。

2. 重庆温泉康养旅游的优势

第一，依托丰富的温泉资源。重庆市温泉资源储量丰富、品质优良、类型多样、点多面广，得天独厚地具有集地热、生态、气候、文化于一体的温泉旅游资源优势，具有巨大的开发潜力和广阔的市场前景。有关数据显示，截至 2012 年年底，重庆已探明的温泉点有 107 处，已投入使用的温泉旅游区有 40 余处，每日地热水资源开发利用量超过 8 万立方米。重庆市几乎所有区县都有地热水资源分布，主要集中在主城都市圈，主城九区范围内共有各类温泉 74 处，其中自然出露 21 处，钻井温泉 53 处，可以说重庆就是一座建在温泉上的城市。丰富且优质的温泉资源为重庆市发展温泉旅游产业提供了良好基础，也为城市旅游提供了打造特色产品的可能性。

第二，依托良好的政策环境。重庆市政府高度重视温泉旅游发展，举全市之力全面推进其发展。2005 年，重庆市编制出台了《2005—2015 年重庆市温泉旅游发展规划纲要》，首次提出通过政府主导、社会参与和市场运作，高起点规划、高质量建设、高水平管理，突出特色、打造精品、做大做强、全面提升重庆温泉旅游品质和综合竞争力，把重庆打造成“温泉之都”，推动和促进全市经济社会协调发展。随后，市政府组建成立了“重庆市温泉旅游业发展规划领导小组”，并举办了“首届温泉旅游节”。2006 年，市政府出台了《关于加快“五方十泉”建设打造“温泉之都”的意见》。该《意见》提出了科学规划布局，高水平、高起点建设的总体要求。政府部门在地价、融资渠道等方面还出台了不少扶持政策。

第三，不断完善温泉产业供给系统。重庆市温泉资源的开发利用已有 1600 年的悠久历史。在多年开发建设基础上，2005 年重庆市政府正式提出加快建设“温泉之都”的发展目标，按照“五方十泉”示范引领、“一圈百泉”联动拓展、“两翼多泉”辐射跟进的“三步走”发展战略，全力推进“温泉之都”开发建设。目前，“五方十泉”基本建成，“一圈百泉”规模初显，“两翼多泉”全面启动。重庆温泉产业供给系统粗具规模。

第四，不断创新开发模式。重庆市温泉项目采用“温泉＋X”创新开发模式，表现为以下六种，即“温泉＋景区旅游”“温泉＋运动游乐”“温泉＋康复疗养休闲”“温泉＋生态庄园”“温泉＋旅游地产”“温泉＋会展”，基本形成能满足人们各项需求的旅游产品，促进温泉与其他行业的融合发展，拉动全市旅游业的发展，塑造良好的城市形象。2019 年 5 月，在第二届中匈温泉产业合作高峰论坛上，重庆首次推荐发布了三条“重庆温泉康养旅游线路”。三条线路分别整合了重庆优质的“温泉＋康养”资源，从“温泉＋中医康养”“温泉＋生态康养”“温泉＋文化康养”三个维度，将温泉与中医药养生、特色景点、特色美食进行深度融合，不断创新温泉旅游新模式，加快与其他产业的融合发展。

3. 重庆温泉旅游案例的启示

温泉旅游以其特有的医疗保健功能、休闲养生功能发展成为新兴的康养旅游形式。温泉旅游的发展不仅满足我国度假旅游的消费需求，对现实旅游业的经济效益、社会效益以及生态效益都有着特殊的贡献。

重庆的温泉旅游被定义为重庆旅游业发展的新引擎，不仅仅是因为其坐拥天然的温泉资源优势，更在于其以政府支持为基础、多种开发形式为路径、多产业融合为突破的可持续发展模式。在多方共同努力下，温泉旅游已经成为重庆的一张新名片。

（二）四川巴中：以森林康养旅游助力经济发展

1. 巴中森林康养旅游概况

巴中市位于四川盆地东北部，区位优势独特、气候条件宜人，现有森林面积 1070 万亩，森林覆盖率 58%。近年来，巴中市森林康养旅游产业蓬勃发展，据统计 2018 年全年接待游客 960 万人次，实现收入 81.7 亿元；成功创建全国森林康养试点基地 4 个、省级森林康养基地 9 个、省级森林康养人家 14 个、省级森林自然教育基地 1 个；评定市级森林康养基地 11 个、区县级 20 个。

在探索森林康养旅游产业发展的实践中，巴中市以森林康养基地建设为突破点，示范带动，整体推进。各区县不断完善基地配套服务功能，因地制宜，差异发展，正形成各具特色、全域发展的森林康养产业发展格局。同时主动融入全域旅游整链布局，推进森林康养示范创建，强化政策支持、要素保障、设施配套，加快医养融合、文旅结合、养教一体，深入开展“森林康养月”“生态康养日”宣传，努力营造森林康养健康生活新风尚。

2. 巴中森林康养旅游的优势

第一，依托丰富的森林资源和良好的生态环境。巴中市位于四川东北部，地处大巴山系米仓山南麓，属于我国南北交界地带，森林资源丰富，森林覆盖率高。巴中境内拥有光雾山・诺水河国家 4A 级旅游景区和光雾山・诺水河国家地质公园，米仓山、镇龙山、天马山、空山 4 个国家森林公园和章怀山省级森林公园，以及大小兰沟、五台山猕猴、驷马 3

个省级自然保护区。全市国有林场 17 个，经营面积 99 万亩，有野生动植物 2400 多种，其中国家Ⅰ级、Ⅱ级保护动植物 65 种，被专家称为“四川盆地北缘山区重要生物基因库”。在温度、湿度、高度、优产度、洁静度、绿化度以及负氧度、精气度方面，巴中市都具备发展森林康养产业的优良条件。巴中市 4 大国家森林公园在中国（四川）首届森林康养年会上，均被评为全省 10 大“最佳森林康养目的地”，米仓山、空山国家森林公园被授予“四川森林康养试点示范基地”称号。

第二，做好产业发展规划是关键。依托巴中丰富的森林资源和良好的生态环境，该地确立了以森林公园、湿地公园、自然保护区、国有林场、重点镇和巴山新居为重点，统筹财政资金项目，积极引进社会资本，规划建设一批具备森林游憩、度假、疗养、保健、养老等功能的森林康养基地的发展目标。以森林康养产业为有力抓手，促进一、二、三产业深度融合，切实将生态优势转变为发展优势和经济优势，推动现代林业发展和林业经济强市建设，推进扶贫攻坚和助农增收，让生态建设的成果惠及山区群众。同时，巴中还做出了中长期发展规划，明确到 2030 年年底，全面建成国家森林公园标准化森林康养示范基地，将光雾山—诺水河景区建成具有全国影响力的森林康养度假区，带动国有林场、巴山新居等广大林区发展一大批成熟的森林康养基地集群，将巴中打造成西部重要的森林康养福地。除此之外，规划中还着力建好精品康养景区、全域康养基地两大平台，切实抓好森林生态提升工程、基础设施完善工程、康养房产建设工程、医疗服务配套工程、康养文化教育工程、特色产业培育工程、体验项目打造工程七大重点工程。

第三，拓宽市场、铸造品牌，实现可持续发展。随着森林康养旅游越来越受欢迎，巴中的好山好水正逐渐变成财富。除了做好内部资源开发和利用规划，巴中还十分重视招商引资。资料显示，目前巴中已通过招商引进重庆恩泽、欣都、域城等旅游投资有限公司。通江县在广纳镇、文峰乡、空山乡、唱歌乡等地建成6个森林康养示范基地，来自重庆、新疆、成都、西安、达州等地享受“森林盛宴”的游客已达30万人次，有6000多人在三大区域购房长年居住或“候鸟式”居住。为了将森林康养旅游打造成城市特色品牌，把森林康养产业与生态旅游、休闲农业、乡村文化深度融合，巴中市先后承办环中国自行车赛、国际自驾游交易博览会等国际、国内大型活动，以提升巴中市知名度，进一步推动经济发展。

3. 巴中森林康养旅游案例的启示

四川巴中以丰富多彩的森林景观、沁人心脾的森林空气环境、健康安全的森林食品、内涵浓郁的生态文化等为主要资源和依托，配备相应的养生休闲及医疗、康体服务设施，开展以修身养心、调适功能、延缓衰老为目的的森林游憩、度假、疗养、保健、养老等活动。其成功之处除了得天独厚的自然资源优势之外，还在于政府合理有序的发展规划以及集中明确的发展目标。其所探索出的以创建示范基地为抓手推进康养旅游产业发展的模式，也为有关城市和地区提供了值得借鉴的成果经验。

（三）海南博鳌乐城：打造国际医疗旅游先行区

1. 海南博鳌乐城国际医疗旅游概况

海南博鳌乐城国际医疗旅游先行区位于海南省琼海市博鳌镇——博鳌亚洲论坛年会所在地的中心地带，规划面积约20平方千米，投资预计将达到数百亿元甚至上千亿元。海南博鳌乐城国际医疗旅游先行区是一个集康复养生、节能环保、休闲度假和绿色国际组织基地为一体的综合性低碳生态项目，以万泉河为生态廊道，形成“一河两岸、四区五组团”的整体空间结构，包括世界顶级医院、国际组织基地、高端购物中心、特色体验居住区四大功能区以及由 5 个医疗养生组团构成，是全国到目前为止唯一一家国际医疗旅游先行区。

2. 海南博鳌乐城国际医疗旅游优势

第一，抢占市场先机，占据有利形势。当前随着医疗产业的深入发展，医疗旅游迎来快速发展的机遇。海南博鳌乐城作为全国独一无二的国际医疗旅游先行区，外界对其发展充满信心和期待。海南博鳌乐城国际医疗旅游先行区是以发展医疗服务业为重点的新兴产业园区，主要业务为吸引国际高端医疗、研发机构进入，发展旅游性医疗和康复性医疗等。同时，将以健康检查、慢病治疗康复、中医养生保健、整形美容、先进医疗技术研发和孵化为重点，这些都透露出潜在的巨大医疗旅游市场。在未来，除了重点发展高端医疗产业，海南博鳌乐城还将同步发展多元有机农业、环保产业（绿色建筑）、国际事业及其相关的配套产业，并按照循环经济打造产业链，促进地区产业升级，力争规划期末核心产业实现年总产值 140 亿 ~200 亿元。毫无疑问，先试先行的政策优势、海南独特的区位优势以及全国唯一性的优势，都为海南博鳌乐城国际医疗旅游先行区的发展奠定了良好基础。

第二，获得政府政策支持，赢得宽松发展环境。2013 年 2 月 28 日国务院正式批复海南设立博鳌乐城国际医疗旅游先行区，并给予“量身定做”的九项支持政策。包括在先行区内将允许境外资本举办医疗机构，并逐步取消中外合资和合作医疗机构对境外资本股比的限制。2019 年 8 月，海南博鳌乐城国际医疗旅游先行区管理局成立，作为具有公共服务职能的法定机构，乐城管理局负责统筹规划、整体推进乐城先行区国际医疗旅游、高端医疗服务、大健康产业高标准高质量发展。2019 年 9 月，国家发改委发布《关于支持建设博鳌乐城国际医疗旅游先行区的实施方案》，进一步提出要求、指明方向。一系列政策出台和管理举措都表明国家将乐城先行区打造成为海南自由贸易试验区和中国特色自由贸易港建设的重要先行区和制度创新高地。同时也为其他自由贸易试验区和医疗旅游目的地的发展提供了先行经验和发展模式借鉴。

第三，坚持低碳生态发展方向。2016 年 8 月，习近平总书记《在全国卫生与健康大会上的讲话》中指出：绿水青山不仅是金山银山，也是人民群众健康的重要保障。作为国际医疗旅游先行区，海南博鳌乐城以低碳生态环境为基础、以发展高端医疗养生产业为方向、以可持续发展为标准，确立了三大发展战略定位：国际医疗旅游先行区、21 世纪新的国际组织聚集地和全球领先的低碳低排放生态社区。

3. 博鳌乐城国际医疗旅游案例的启示

海南博鳌乐城国际医疗旅游先行区的最大启示莫过于其先试先行的先进经验成为医疗旅游发展的风向标。依托海南的自然资源和良好旅游产业发展基础，借助海南自由贸易试验区的发展契机，以国家政策为支持，以国际医疗旅游服务、低碳生态社区国际组织聚集地为主要内容，期待国际旅游岛建设能够为我国医疗旅游的发展提供成功案例和可复制可借鉴的发展模式。

（作者简介：郭缨，中国旅游研究院文化旅游研究基地研究员；张明明，中国旅游研究院文化旅游研究基地研究助理）

第七章　旅游文创发展分析与展望

宋朝丽

旅游文创是近几年来随着故宫文创火爆而兴起的热词，在文化和旅游融合发展的时代背景下，通过旅游产业链下游的文创产品反向带动旅游的二次创业，成为一条创新型的旅游开发路径。同时，旅游文创通过对景区旅游和文化元素的创意转化，能够满足消费升级时代人民群众更多元化、个性化、精细化的文化需求，对于刺激消费、创造经济增长动力、传播中华优秀文化，都有着举足轻重的作用。2019 年以来，旅游文创受到前所未有的重视和关注，盲盒经济更是迅速崛起，带领旅游文创进入一个新的发展时期。

第一节　旅游文创发展状况及其特征

（一）对旅游文创产品的再认识

旅游文创不同于传统的旅游纪念品，后者仅仅停留在工艺品、纪念品、农副产品的层面，随着市场的变化，传统的旅游纪念品、工艺品销售逐年下降，而文创商品、文创美食、创意生活用品、文创体验产品等成为主流发展方向。

文创产品是指依靠人的创意智慧、技能和天赋，借助于现代科技手段对文化资源、文化用品进行创造和提升，通过知识产权的开发和运用，而生产出的高附加值商品。旅游文创产品，是通过挖掘旅游所在地的文化，融合地域历史和文化因素，将旅游景区特色以创意方式呈现并以商品形式售卖的产品。旅游文创产品有广义和狭义之分，狭义旅游文创产品是指具备文化旅游主题、创意转化和市场价值三要素的物质化产品，如迪士尼乐园依靠米老鼠、唐老鸭等经典 IP 开发的玩偶、帽子、水杯、冰箱贴等，广义旅游文创产品是指同样符合旅游文创产品三要素的物质实体和非物质形态的服务，如灯光秀、复合书店、主题餐厅、旅游演艺、无人机表演等。本报告基于篇幅所限，将旅游文创仅限定为狭义上的旅游文创产品。

旅游文创在旅游纪念品的基础上延伸而来，更加注重文化元素和创意元素的产品中的体现，产品形态和种类也更为丰富多元。

文化文物单位文创。以故宫博物院为代表的国有博物馆是最早开始进行文创产品开发的，广大图书馆、美术馆目前也都开始文创开发工作，其中最出色的是博物馆文创。国有博物馆集中着全国 87.5% 的文物资源，利用其藏品进行文创产品开发能够将文物的价值得到更大范围的发挥。2019 年，博物馆文创市场呈高速增长趋势，整体规模相比 2017 年增长了 3 倍。故宫博物院的“朕的心意”故宫食品、陕西历史博物馆推出的唐妞系列、中国国家博物馆推出的宪宗元宵行乐系列成为爆品。据阿里零售平台数据，2019 年实际购买过博物馆文创产品的消费者数量已近 900 万，相比 2017 年增长超 4 倍。

文化街区文创。2019 年，大规模的城市更新运动和老旧厂房改造正在很多城市如火如荼地展开，历史文化街区和文化产业园区成为热门旅游目的地。很多历史文化街区除了售卖传统的钥匙扣、套娃、丝巾等旅游纪念品外，开始重视有自身特色的文创产品。比如，成都宽窄巷子结合熊猫文化和盖碗茶文化推出的金熊猫里程杯，“潘家园礼物”入驻南锣鼓巷并推出以北京胡同文化为主题的特色手账、纯手工制作传统风筝等。

旅游景区文创。以历史人文景观为主的景区开发文创较早，近年来，一些以自然风光为主的旅游景区也开始重视开发体现景区文化内涵、民俗风情及深层价值的文创产品。华山景区于 2018 年 7 月成立华山文创礼物之家，华山英雄杯、华山吾侠系列文创产品深受市场欢迎，嵩山于 2019 年 7 月份举办嵩山少林国际文创大赛，黄山、五台山等景区也开始举行文化创意大赛征集文创设计方案，并出现了木渎·风物记、鹤影里等风景文创优秀品牌。

乡村特色文创。国务院《关于促进乡村产业振兴的指导意见》指出，培育一批“土字号”“乡字号”产品品牌。目前乡村文创主要有两大类：产品类文创，精心挑选“小而美”“精而美”“骨架小”的传统产业，如卤制品、酱制品、豆制品等；工艺类文创，充分挖掘农村非物质文化遗产资源，传承开发竹编、铁器、陶瓷、剪纸等文创产品。响水大米、姑苏繁华糕等已经创出一定的品牌知名度，但大部分乡村文创仍处于初级阶段。

红色旅游文创。红色旅游文创产品是发展红色旅游、促进红色文化传播的重要组成部分。在 2019 年 10 月，中国旅游协会和江西省文化和旅游厅举办的首届全国红色旅游文创产品和红色旅游创新成果发布会上，出现了香山·双清红亭系列办公用品、南昌八一起义纪念馆·兵娃娃公仔系列等一批红色旅游文创精品。

城市礼物。2011 年起，很多城市政府为了规范城市和旅游市场，提出以自身文化元素为依托，打造城市礼物。产品涵盖本地老字号、本地特产、风景名胜、非遗文创等，“北京礼物”“西安礼物”“洛阳礼物”“南京礼物”“海南礼物”“开封礼物”等陆续走向市场，在重点商圈、交通枢纽实体店、城市书城、景区、酒店等都有售卖点。

（二）旅游文创发展概况

1. 文创产品开发政策利好

2014 年，国务院印发《关于推进文化创意和设计服务与相关产业融合发展的若干意见》，明确提出推进文化创意和设计服务与相关产业融合发展的总体要求、重点任务、政策措施和组织实施。

2016 年 5 月，文化部、国家发改委、财政部、国家文物局等部门联合发布《关于推动文化文物单位文化创意产品开发的若干意见》，对文化文物单位进行文化创意产品开发做了明确部署。

2016 年 11 月，国家文物局、国家发改委、科技部、工信部、财政部联合印发《“互联网 + 中华文明”三年行动计划》，鼓励通过观念创新、技术创新和模式创新，推动文化资源开放共享。

2018 年 3 月，国务院办公厅发布《关于促进全域旅游的指导意见》指出，要开发具有自主知识产权和鲜明地方特色的时尚性、实用性、便携性旅游商品，增加旅游购物收入。

2019 年 5 月 8 日，国家文物局公布《博物馆馆藏资源著作权、商标权和品牌授权操作指引》，提出要有序开放文物资源信息，合理开展文物资源授权使用工作。

2019 年 5 月 19 日至 20 日，文化和旅游部举办全国旅游景区发展与文创产品开发座谈会暨全国文化和旅游资源开发工作会，围绕旅游景区发展与文创产品开发等工作进行阶段性总结和部署，交流最新发展经验。

2. 旅游文创产品开发蔚然成风

2019 年以来，全国和各地举行数百场旅游文创商品创意设计大赛。其中有以城市或地域为单位举办的各类文创大赛，如北京的首届中国数字创意设计大赛、西安的第二届中国西安国际文创产品创新设计大赛、江苏的第六届紫金奖文创产品设计大赛、苏州的文创设计大赛、山东的“泰山设计杯”文化创意大赛、云南的“金茶花”文化创意设计大赛等。也有以各种文化元素为主题的专题类文创设计大赛，如中国航空文化创意设计大赛、第一届国际海洋文创设计大赛、全国中医药文创产品设计大赛、中国体育文化创意与设计大赛、中国白银文化创意设计大赛、中国文字博物馆汉字文创产品设计大赛等。可见，旅游文创开发已经引起了全国各地各行业的关注与重视。

文创商店数量进一步增多。以北京市为例，2018 年北京市公园管理中心文创产品达到 4989 种，文创商品销售金额已超 4000 万元，文创商店 31 家，总面积近 3600 平方米。其中，颐和园、天坛、动物园线上商店逐步开通，开始实质性运作。很多景区也纷纷开通线上商店，如西溪湿地文创产品天猫旗舰店于 2019 年 12 月上线，首期推出近 50 款精美产品。据清华大学文化经济研究院与天猫联合发布的《2019 博物馆文创产品市场数据报告》，2019 年全球的博物馆正出现“集体上网潮”，已有 24 家博物馆入驻天猫，大英博物馆入驻天猫 1 年吸引超过 70 万粉丝，位列世界四大博物馆之一的俄罗斯埃尔米塔什博物馆、美国波士顿艺术博物馆、荷兰梵高博物馆、法国国家博物馆联盟等多家博物馆也即将入驻天猫。

文创产品的种类更加丰富。2019 年 3 月，《国家宝藏》和天猫推荐的

20 多个品牌合作，在其“你好历史”天猫旗舰店推出了花瓣胶带、收纳盒和眼罩等多款文创新品。苏州博物馆江南四大才子这一 IP 与天猫上的 8 款茶品牌进行跨界。七夕节活动中，中国探月和棒棒糖品牌 crafted 进行了跨界合作，在天猫的推动下，这个系列的商品从创意到上架仅不到 30 天，上线当天就爆卖 10 万份。作为文创开发龙头的故宫博物院 2019 年推出故宫系列银行卡、“吉服回朝”系列女装、神兽造型雪糕、与健力宝携手推出以乾隆龙袍为创作灵感的新春佳品——祥龙纳吉罐等文创新品，深受消费者欢迎。总体上看，家居日用、文化娱乐用品仍是博物馆自营文创用品核心行业，占比超过 80%。“乾隆”“梵高”“甄嬛”“唐伯虎”文化 IP 最受欢迎，成为名副其实的“带货王”，也反映出文化 IP 超强的变现能力。

3. 文创开发地域差明显

在一些文化比较活跃的地区或城市，如北京、上海、成都、西安等地，旅游文创成为热门，存在广大的消费市场，带动了广大的文旅消费。例如，北京多数知名景区有文创，故宫有“朕的心意”，颐和园有“皇家礼品”，主打“福”“寿”元素的皇家贺岁礼物如围巾、“颐和园八景”御膳糕点，天坛公园文创推出福道香炉、祈年佑福 U 盘等多款贺岁礼，北海公园、动物园、植物园、八达岭长城也纷纷推出了特色文创产品。而在更多的传统旅游景点，旅游文创仍处于刚起步甚至未起步状态。如湖南的凤凰古城，云南的丽江古城、黄山、九华山等景点中所售卖的旅游商品，80% 以上仍是来自广州、义乌等小商品批发市场。有些景区还在售卖三十年前的纪念品，如木剑、口哨、佛珠佛串等，毫无创新。

4. 旅游文创产品销量整体堪忧

在旅游发达国家，旅游购物收入在旅游综合收入中的占比普遍达到40%~60%，而在中国，旅游购物收入没有官方的统计数据，业内专家估计比例在10%~15%。峨眉山、黄山、九华山、张家界、长白山、丽江旅游等多家上市的山岳型景区，主要收入来自索道、旅游客运、酒店、旅行社等，旅游商品销售收入占比因过小而没有单独公布。

2019年，文创产品销量两极分化。知名品牌销量火爆，但更多文创产品销量堪忧。以线上销售为例，故宫在淘宝天猫的旗舰店累计访问量达到16亿人次，实际购买过博物馆文创产品的消费者数量已近900万，相比2017年增长超4倍（阿里零售平台数据），故宫淘宝的粉丝量达到426万，销量最高的一款窗花售价3元，月销量超过10万件，其他大多数产品月销量也达到了4位数。与此同时，仍有大部分文创产品销量并不理想。截至2019年12月份，天坛礼物淘宝店的粉丝有7269位，月销量最高的一款产品是三阶魔方原创设计玩具，月销量19件，其他几十件产品月销量均未超过十位数，近半数产品销量显示为0。恭王府官方淘宝店有7836名粉丝，全部产品只有一款纯铜廉政书签，月销量为0。文创产品销售呈现出冰火两重天的局面。

5. 旅游文创消费群体以中青年为主

首先，消费群体总体方面，旅游文创商品购买者是年轻且中高消费力的消费者。阿里巴巴数据显示，在中国旅游客群中，男性以51%的占比，略高于女性。以22~40岁的年轻人群为主，占比高达76.4%，且85.7%的客群具有中高级消费能力。

其次，在整个文创消费客群中，旅游文创商品购买者女性高于男性，

“90后”高于“80后”。“80后”到“95后”占整个文创消费客群的74%的比重，其中女性占了近7成的比例。

最后，就文创商品的消费动机来看，大部分游客将购买文创商品作为回忆和证明行为，女性更愿意作为礼物。根据陕西省社会科学基金项目的研究成果《陕西旅游纪念品消费导向研究阶段成果》表明，消费动机对消费行为具有显著影响，一般认为消费动机是消费行为的前兆和预言。除了特殊的旅游专用品，游客对旅游商品的消费动机主要归纳为三类：礼物动机、回忆动机、证明动机。根据研究表明，游客消费动机对消费行为贡献度的高低，依次为证明动机、礼物动机、回忆动机。在证明动机方面，32%的男性和17%的女性认为旅游商品可以很好地引发话题；32%的男性和34%的女性认为旅游商品可以帮助他们证明自己曾经的旅游经历。在礼物动机方面，13%的男性和27%的女性考虑将旅游商品作为一般礼品赠送，3%的男性和27%的女性将其作为特殊节日礼品赠送。在回忆动机方面，22%的男性和39%的女性认为旅游商品可以在未来帮助他们回想起当时的经历和经验。

（三）旅游文创发展整体特征

1. 旅游文创的消费更趋日常化

中国旅游研究院的数据显示，在旅游中，超八成的受访者表示参加了文化体验活动，异地旅游的文化体验占比超八成。75%左右免费文化场馆的人均购物、餐饮、交通消费集中在“50~200元”，26%游客文化消费占旅游消费的30%。这说明在旅游过程中，民众对精神文化的需求已经超过了对物质消费的享受和追求，越来越注重旅游过程中的体验和感受，对旅游购物的需求也更加追求品质化、个性化、多元化。同时，随着游客审美品位的提升和旅游阅历的丰富，低端的旅游纪念品越来越没有市场。

2. 品牌跨界融合效果良好

近年来，跨界融合现象越来越突出，很多品牌商与文化文物单位从设计开发到生产营销展开深度合作，解决了文创开发的供应链问题，也推进了文创 IP 的商业化落地。清华大学的报告显示，跨界衍生品在整体文创产品市场份额高达 72%，也就是说，跨界衍生品的规模是旅游景区及博物馆自营产品的 3 倍。很多国货老品牌通过跨界融合获得新的活力，如老牌糖果品牌徐福记与被誉为“皇家园林博物馆”的颐和园合作推出三款礼盒，均以“颐式美学”为卖点，美妆品牌卡婷也与颐和园合作推出口红、眼影等美妆套装礼盒，博物馆还与服装及非遗手工艺联合，尤伦斯当代艺术中心与童装品牌英氏以及非遗公益组织“妈妈制造”合作，将毕加索元素融入童装与非遗手工艺作品中。

互联网平台的介入为旅游文创跨界融合提供了更大的便利。在 2019 年首届天猫新文创大会上，天猫平台运营事业部总经理家洛发布“天猫新文创 2.0 计划”，提出未来 3 年，让全球博物馆的“镇馆之宝”都上天猫，并与 1 万个品牌进行跨界合作。此外，天猫计划还包括将引进 100 家全球文化机构入驻，与北京国际设计周培育 1000 位优秀文创设计师，并为文创 IP 提供 10000 个品牌的跨界赋能，同时在未来全年推出 100 位“传承先锋官”，协助文创产品破圈。

3. 注重旅游文创空间的生态营造

越来越多的旅游文创从业者不再将注意力仅放在产品本身，而是更加注重产品体现的文化空间打造，以及对产品所代表文化的体验与互动，讲好产品背后的文化故事。《上新了故宫》以邓伦、周一围为故宫文创新品开发员，带着观众去发现故宫不为人知的一面，从而获得灵感，设计出与众不同的文创产品。节目获得好评，文创产品也受到网友追捧，仙鹤纹样睡衣、故宫星辰时光旅行系列行李箱、美妆日用品“美什件”等成为文创爆品。另外，很多文创产品也开始重视文化场景的营造，如茶具的销售通过打造茶文化体验空间，让顾客体验宋代“点茶”工艺，然后购买产品，这样的营销模式越来越受到欢迎。文化生态的营造和文化复兴成为旅游文创发展的主流趋势。

4. 旅游文创市场潜力尚有巨大发展空间

根据尼尔森和支付宝联合发布的《2017 中国旅游和消费趋势白皮书》，中国游客在海外消费的前三类是购物（25%）、住宿（19%）和餐饮（16%），中国游客每人平均购物消费为 762 美元，远远超过非中国游客（486 美元）。其中，免税店是最受中国游客欢迎的购物场所，占 62%，其次是百货公司（47%）和超市（47%）。由此可见，中国游客拥有强大的购物消费能力，对旅游购物有着巨大需求。旅游文创收入不高，主要原因在于大多数景区的旅游商品同质化严重，缺乏创意和个性，质量和品质不高，让游客不愿消费。深层次的原因，是旅游景区和目的地没有及时了解和发现消费者的购物需求变化，没有针对购物需求变化及时调整旅游商品供给，也没有形成成熟的旅游商品开发与运营模式。随着旅游文创产品数量的增长和优质文创供给的增加，可以预期国内旅游文创仍有巨大的市场空间。

第二节　旅游文创发展困境

（一）文创产品的品质有待提升

产品同质化是影响旅游文创产品品质的首要因素。全国各地的旅游文创产品，千篇一律地都是钥匙扣、手机壳、帽子、笔记本、鼠标垫、书签、冰箱贴，虽然印有本地旅游资源的图案，但总体上相差无几，很难激起游客的购买欲望。在文创设计方面，模仿和抄袭现象严重，如自从故宫推出彩妆系列之后，颐和园紧随其后推出“百鸟朝凤”彩妆，连以痔疮膏闻名的马应龙也推出八宝口红。产品雷同的根本原因在于缺乏对文化资源的充分尊重和挖掘，屈从于消费文化容易让传统文化流于肤浅，“天坛口红蓄势待发，长城眼影摩拳擦掌”，联名款太多会让人陷入审美疲劳。

旅游文创产品质量问题堪忧。故宫淘宝彩妆一度停产，部分原因在于消费者对其产品“包装外壳缺乏质感”“膏体颜色不够高级”的质疑。泸州老窖推出的定制香水，则被消费者吐槽包装不细致、瓶身缺乏质感、喷头容易坏、味道与某著名款香水雷同、价格偏贵等。大白兔唇膏在销售火爆背后质疑声不断，甚至有人收货后表示“没有广告宣传中称的大白兔奶香味，感觉像买到了假货”。

（二）旅游文创开发资金匮乏

旅游文创的开发在前期需要投入大量的资金，如故宫工作人员透露，故宫每设计一款文创产品需要投入2~3个月的时间，投资成本为20万~30万元。但很多旅游景区如今在旅游文创产品投资方面还存在误区，不舍得在研发设计环节投入太多资金。西安鲤鱼文创科技有限公司总经理王泽表示，“有的景区听说设计一个IP要几万元，觉得设计师画一个娃娃怎么要这么贵，做出一个杯子应该只要10元，你们怎么收我那么多”。客户对知识产权、对IP的认知还停留在过去，看不到无形资产的价值，在做决策的时候就会有偏颇，因此投入也有限，限制了方方面面的后续开发。一旦预算不足，很多设计团队只能偷工减料，要么就降低开发标准，导致很多旅游文创产品要么停留在低端市场，要么考虑转行。

一些设计公司表示，“跟我们谈业务的客户很多都是在谈价格，而不是谈诉求，不停压价，希望少花钱多办事，他们预期的产品开发费也就一两万元甚至几千元。事实上，我们前期开发一个小小的IP，就需要较高的开模费”。

近年来政府大力鼓励文创产品的开发，并投入了大量的经费，但大型的龙头文旅企业在拿政府项目及资金方面占有很多优势，中小文创企业很难能够拿到政府的经费支持。而广大中小企业是激发文旅市场活力的主力军，资金的缺乏成为限制市场发展壮大的瓶颈问题。

（三）旅游文创开发授权机制不健全

目前国内大部分的文创产品开发在授权机制方面仍不完善，大部分景区和文物保护单位主要依靠自己的文创设计团队进行，这种文创开发模式存在两个问题：一是景区所拥有的文化旅游资源和文物保护单位所保管的文物资源，按照相关法律规定，都属于国家所有，开发权的归属主体在法律上尚不明确；二是文物保护单位作为公益一类事业单位，没有从事商业运营的权利，作为事业单位对市场也不够了解，并不擅长文创产品开发。

而其他文创企业从事文创产品开发，必须经过资源所在单位的授权，但在授权方式、收益分配、运营管理、风险分担等方面，都没有明确的市场规则。为了规范授权市场，激发文创市场潜力，2019 年 5 月 8 日，国家文物局公布《博物馆馆藏资源著作权、商标权和品牌授权操作指引》，对博物馆文创市场的授权机制进行了明确规定。但从整个旅游文创市场来看，授权机制还需进一步明确。

（四）旅游文创产品销售渠道不畅

很多旅游文创产品做得很好，但渠道不通，做出来的产品基本上就是和市场“打赌”，根本不知道能不能赚钱。林林总总的文创设计大赛虽然参赛者众多，提交的设计作品也不在少数，但最后转化为商品的却很少。因为很多设计者是学生或小企业的设计师，没有能力进行批量生产和宣传推广。而对于文化企业来说，很多设计团队制作完相关产品后，成品除了交付客户外，属于自己的产品会在网上销售，但价格不高，一般多为几十元，销售量不理想。很多团队存在这样“摸着石头过河”的问题。有业内人员表示，“做市场还是需要一些营销思维，整个市场需要更完整的配合。在提质、降价之外，拓宽产品的销售渠道是发展旅游文创产品的必选项”。

转战网络是文创企业必不可少的布局，通过网络平台，可以让更多优秀的旅游文创产品被人熟知，实现其商业价值。很多电商企业也同样需要富有个性和创意的产品，但问题是电商和文创企业都处于信息不畅的局面，“电商找不到我们，我们也找不到电商”，线上线下相结合的

O2O 营销模式需要进一步推广。以文创开发知名品牌敦煌文创为例，敦煌夜市 30 家文创产品店面中，80% 的当地商家对网络销售有所了解，并也在以自己的方式投入互联网市场，20% 的商家因其主客观原因，没有投入线上销售，95% 以上的商户缺乏正规经营的网店，仅仅利用一些社交软件进行宣传和销售，100% 的商家希望可以拓展更多的平台销售其产品。

第三节　旅游文创发展趋势

（一）旅游文创向全品类扩张

作为文化与旅游结合产物的旅游文创，更加注重产品的文化元素和创意元素的挖掘，深知打开市场的关键元素在于个性和创意，迎合消费者尤其是年轻化人群的消费心理。因此旅游文创的品类越来越多元化，故宫文创产品目前已多达 12000 余种，故宫淘宝店商品类目不仅有故宫娃娃和文房书籍，还有生活潮品、手账周边、宫廷饰品、包袋服饰等各品类文创商品。故宫新推出的神兽雪糕、故宫气垫、角楼咖啡、精油香薰等，进一步丰富了文创产品的品类。此外，“故宫文具”旗舰店的上线，更是将生活美学推向新的维度。《上新了故宫》所推出的文创产品也总能超出公众的预期，大大满足了年轻人好奇猎新的心理。跨界合作也扩展了文创产品的种类，越来越多文旅经营者意识到，仅在文艺小清新和卖萌耍酷的范围内打转并不能留住广大“90 后”“00 后”的心，要让年轻人喜爱上旅游文创，必须不断推陈出新，这促使旅游文创的品类不断扩张。

（二）旅游文创向生活化发展

2019 年旅游文创的爆品包括国潮彩妆、故宫雪糕、猫爪杯、探月棒棒糖、仙鹤睡衣、故宫行李箱等，可以看出，旅游文创取得成功的关键元素在于生活化，接地气，能够融入日常生活中，成为生活日用品。缺乏具有鲜明个性、旅游价值、实用功能的创新型产品，已不能满足现代的生活方式，无法调动年轻游客的购买兴趣。近年来，故宫博物院更加注重研究人们的生存方式和生存状况，如分析人们在日常生活中喜爱哪些文化元素，分析人们在以什么方式和手段接收文化信息，分析人们如何度过每日“碎片化”的时间，分析不同年龄段观众的差异化文化需求。其根本目的是通过更生活化的商品载体，引起文化传播的共鸣。

（三）旅游文创进行 IP 化升级

从 2019 年的文化热点事件如《哪吒》、李子柒的走红来看，好的 IP 是旅游文创成功的灵魂。相对于传统的旅游纪念品，IP 视角下的旅游产品内涵发生了很大的变化，传统的旅游纪念品多以特色文化下的造型、工艺为设计重点，而 IP 化的旅游商品将差异化、人性化的内容依附在产品上，以价值观、故事、功能、形象的形式为支撑要素。原创 IP 的价值观可集聚更大范围的受众，IP 化的旅游商品兼具使用功能和精神审美功能，拥有人性化和情感化的因素，可潜移默化地影响游客的生活态度和价值取向。故事引发共鸣，IP 视阈下的旅游商品必须有故事可讲，以故事内容来丰富品牌并加深产品的文化内涵，让游客具有共鸣性地领悟生活中的某些事理，感受到对旅游商品的情感依托，让旅游纪念品成为

“有故事”的物品，而“故事”成为旅游商品的品牌特色。功能仍是旅游商品的重要保障，IP 化的旅游商品开发集功能性和趣味性为一体，让功能主导设计，强调创新实用功能，不仅让游客感觉有情趣，并获得高品质的实用内容体验。引爆性的可视化形象是 IP 化旅游商品开发的切入点，旅游商品作为旅游目的地展开的事物，需要有特别清晰的形象特征，便于引起游客的注意力。

（四）旅游文创与演艺融合发展

传统文创产品无论是线上销售还是线下销售，都以定点销售为主，游客必须到固定的地方进行在地或在线购买。2019 年，旅游文创出现了新的宣传销售方式，即以演艺巡展方式流动在全国展演。2019 年 7 月“故宫里的海洋世界——《海错图》多媒体综合展”在深圳对公众开放，并将演艺产品作为文创产品一种新的呈现形式在深圳、上海、南京等地全国巡展，实行“走出去”，走出故宫、走出博物馆、让文创融合演艺，让游客全方位立体化地感受博物馆文创的魅力。

与此同时，2019 年在秦始皇陵博物院建馆 40 周年之际，全国最大的兵马俑 VR 体验中心正式落成，首次在 VR 科技下重视大秦帝国的盛世雄风，以此打造的首部“世界遗址”VR 写实影片《秦・兵马俑》，开创了文博业 IP 体验的创新方式。未来也将在全球进行巡展，这种新型的文创展览形式在未来也许将成为趋势。

（作者简介：宋朝丽，中国旅游研究院文化旅游研究基地特约研究员，河南牧业经济学院副教授）

第八章　主题酒店发展分析与展望

郭志刚

打造主题酒店，引导消费者深入探索目的地文化，弘扬传统文化，引导消费者发现美、享受美、传播美的同时也可促进酒店业转型升级，改变酒店产品模式单一、同质化现象严重的现状，从而促进我国酒店行业健康可持续发展。要实现酒店的健康发展必须要根据酒店业的历史、现状和市场要素的变化而制定不同的发展规划。

主题酒店近年来深受顾客喜爱，受众普及于高端人士及新中产阶层。酒店特色的打造因有文化的加持，才能获得市场的喜爱。优秀的主题酒店能创造出酒店独特的情调与气氛，为客人提供围绕其主题的服务项目和特色产品，为客人创造难以忘怀的消费体验。中国文化历史悠久，文化主题众多，这些优秀的文化结晶值得传承与发扬，主题酒店作为旅游消费的一个重要环节，是传承与发扬文化的重要载体，打造主题酒店有利于发扬传统文化，具有重要意义。

第一节　我国主题酒店发展现状

（一）主题酒店概述

1. 主题酒店的概念

主题酒店是以某种特定的文化主题为中心思想，在设计、建造、经营管理与服务环节能够提供独特消费体验的酒店。其文化主题包含历史文化、民族民俗、自然资源、社会资源，是通过创意加工所形成的能够展示某种文化独特魅力的思想内核。作为一种酒店建设的独特思维和创建方式，主题酒店正是通过将文化资源以产品化的方式引入酒店，以文化资源的独特魅力丰富和优化酒店服务产品内涵，提升酒店品质，并在消费体验过程中潜移默化地传播特色文化，让顾客拥有更加美好的体验感受和酒店消费经历。

2. 主题酒店的特征

主题酒店是集独特性、文化性和体验性为一体的酒店。三者相互渗透，相辅相成：体验性建立在差异性和文化性的基础上；而差异性和文化性又建立在体验性的基础上，若无体验性则不能实现酒店所追求的本质，即实现给顾客独特的体验来获得的高回报的利润。

（1）独特性

独特性作为主题酒店的战略出发点，以不同特色的文化环境作为营销手段，吸引顾客，并逐渐成为酒店的核心竞争力。主题酒店之间的独特在于主题之间的差异，以及由此引发的在各个细节上的差别，和不同的体验内容，而对于体验的重点突出则是一致的。主题酒店在建设中要处理好模式和主题的关系，可以运用类似的模式达到控制成本的目的，但要突出主题的差异化，形成特色化的经营，才能从众多酒店中脱颖而出。我们可以通过多种方式、多种渠道去体现主题酒店的独特性，如独特的文化资源、独特的服务项目和独特的品牌资源等。

（2）文化性

文化性体现了酒店对内涵的追求，是酒店执行的具体战术和手段，酒店要通过文化来获得竞争优势。主题酒店的文化与一般意义上的酒店文化是两个不同的概念，一般酒店的文化主要是服务文化，而主题酒店的文化是以酒店文化为基础，以特色经营为主导。文化是人类物质财富和精神财富的总和，所以主题酒店也可称为文化主题酒店。任何一个主题酒店都是围绕主体素材来挖掘相应的主题文化，文化主题酒店更加突出了主题酒店的文化性。

（3）体验性

体验性是酒店所追求的本质，酒店最后要实现给顾客独特的体验来获得高回报的利润，这是酒店的最终目标。人们生活水平的不断提升，同时也对酒店业的发展有了更高的要求。规范化、标准化是酒店服务的基础，但酒店行业内过于雷同的产品使得消费者产生了消费倦怠，而主题酒店的发展正是一个新的机遇，激活了消费者的消费热情，带给顾客与众不同的酒店体验，满足了顾客求新求异的消费需求。

（二）我国主题酒店发展现状

1. 主题酒店在我国的兴起

主题酒店的推出在国外已有50多年的历史。世界上第一家主题酒店于1958年诞生，即美国加利福尼亚的玛利亚客栈，首先推出12间主题客房，随后发展到109间，成为当时最早、最具代表性的主题酒店。拉斯维加斯是“主题酒店之都”，世界最大的16家主题酒店中，拉斯维加斯就有15家，现有客房数超过102000间。代表性的主题酒店如纽约纽约酒店（New York- New York）、米高梅酒店（MGM Grand）和金字塔（Luxor）等。国内主题酒店起步相对较晚，2001年正式营业的深圳威尼斯皇冠假日酒店是我国真正意义上的第一家主题酒店。

随着酒店行业竞争日益激烈，主题酒店的建设已成为一种国际潮流。随着我国酒店行业市场日趋成熟、消费者需求的个性化、文化产业的发展，以及国际知名品牌酒店的进入，我国本土酒店业面临着巨大的压力。主题酒店作为代表酒店市场差异化竞争战略的这一概念由此引入中国。作为一种个性化模式，主题酒店在初步发展阶段便取得了显著成效，因而被认为是促进我国酒店业再发展的有效方法之一。

消费者生活水平不断提升，酒店业也需要随市场的需求变化而变化。当下消费者在酒店不仅想要优质的睡眠体验，同时期待更有品质更有个性化的住宿服务，文化主题酒店应运而生，文化艺术与酒店的结合成为时下最受欢迎的住宿模式之一。许多经验丰富的酒店从业者意识到，在激烈的市场竞争中，同质化严重的竞争者很难从中脱颖而出，转型升级成为了必然选择。优秀的主题酒店兼具内涵文化、个性设计以及特色服务等，倡导追寻顾客真实需求，打造满足消费者需求的优质住宿环境并同时满足消费者对目的地文化深入探索的需求。

2. 中国主题酒店的发展阶段

回顾中国文化主题酒店的发展历程可以看到，由模糊感觉到形成概念，由探索式实践到理性化建设，文化主题酒店经历了一个不断发展与完善的过程。

探索阶段（1998—2004 年）。1998 年四川青城山鹤翔山庄在改造中，以道家文化为主线开展设计装修，形成了鲜明的特色，开启了住宿业建设利用文化资源的新尝试，这是首次在住宿业中尝试引入文化元素。紧接着 2001 年深圳华侨城集团借鉴拉斯维加斯威尼斯酒店的建筑手法，以意大利水城威尼斯文化与民俗为载体兴建了深圳威尼斯皇冠假日酒店，成为中国酒店行业中具有异域文化特色的样板。2002 年 12 月青城山鹤翔山庄第一次明确提出道家养生文化主题的概念，并在服务中注入了相应的文化内涵，成为第一家特色四星级饭店。鹤翔山庄的成功升星，标志着中国住宿业接受了“特色酒店”的概念。

实践阶段（2004—2014 年）。2004 年在成都召开了“中国国际主题酒店研究会筹备大会”，明确将文化住宿界定为“主题酒店”，认为这种以创意性文化活动为基础的住宿业创建模式应该是中国现代饭店 21 世纪的发展方向，并希望以一定的组织形式推动和促进中国主题酒店理论研究和实践探索的进一步深化。2005 年，中国旅游文化资源开发促进会、中国国际主题酒店研究会共同发起了“主题酒店古兜论坛”，进一步研讨了主题酒店建设的必要性，并授予全国 22 家酒店“主题酒店”称号，标志着“主题酒店”的概念在行业内的广泛认同。管理部门为规范主题酒店的建设，在四川、北京、山东、浙江、广州等省市开始着手制定相关规范和标准，主题酒店正式被纳入旅游行政管理工作范畴。

规范发展阶段（2014—2017 年）。2014 年《国务院关于促进旅游业改革发展的若干意见》提出，要转变旅游业的发展方式，“更加注重文化传承创新，实现可持续发展”，“大力发展具有地方特色的商业街区，鼓励发展特色餐饮、主题酒店”。与此同时，国务院还出台了《国务院关于推进文化创意和设计服务与相关产业融合发展的若干意见》（国发〔2014〕10 号），要求在旅游业“提升旅游发展文化内涵。坚持健康、文明、安全、环保的旅游休闲理念，以文化提升旅游的内涵质量，以旅游扩大文化的传播消费”“鼓励发展积极健康的特色旅游餐饮和主题酒店”。2017 年《文化主题旅游饭店基本要求与评价》正式颁布，标志着中国文化主题酒店建设进入规范化发展阶段。该标准的出台，为文化主题旅游酒店的创建与发展提供了更为科学的规范性引导，有利于引导主题酒店创新发展和品质提升，有利于推动整个酒店业的转型升级和优质发展，也为旅游投资者指明了投资的方向，对于推进旅游酒店业供给侧改革，促进全域旅游发展有着重要的意义。

高速发展阶段（2017 年至今）。在统一标准的指导下，主题酒店的创建方式突破了星级饭店的范畴，进入到连锁酒店、乡村酒店、旅游客栈等各种业态、各种层次的住宿业中，形成了主题酒店、主题客栈、特色民宿、主题游轮等模式，并在适应市场、适应消费的前提下，越来越成为住宿业建设中十分重要的一种发展模式。

3. 中国主题酒店的发展现状

主题酒店作为一种正在兴起的酒店发展形态，据不完全统计，目前我国已有 400 多家主题酒店，且其发展态势良好。其中拥有主题酒店数量最多的是四川省，达到 49 家；其次是山东省 39 家；然后依次为北京市 36 家、广东省 34 家、浙江省 27 家。但分布范围也不局限在酒店业比较发达的四川、广东、北京、浙江等地。酒店虽具有地域性特点，但这个行业最终是要走向经典、品位及自身的品牌特色。

四川作为国内主题酒店发展最早的省份之一,四川省凭借着深厚的文化底蕴涌现出三国文化、藏文化、盐文化、道教文化等多种类型的主题酒店。四川省是全国文化主题旅游酒店等级评定中的唯一省级试点单位。山东文化主题酒店发展较快，儒家文化、荷花文化、泉水文化、水浒文化等主题酒店相继出现。山东省公布的《山东省文化主题饭店等级划分与评定标准》(试行)，对主题酒店进行了全方位的界定，并将主题酒店评定为金、银两个等级，以引导文化主题酒店健康有序发展。广东深圳华侨城主题酒店群拥有茵特拉根城堡酒店、大华兴寺菩提宾舍、房车酒店、瀑布酒店、火车旅馆等 8 家特色酒店，是国内最大主题酒店群。浙江省在国内率先提出建设特色文化主题酒店，并在淳安县建成并推出了浙江省首家标准化特色文化主题酒店——70 公社知青饭店。之后，以茶文化、以江南水乡民居文化、以鲁迅文化为主题等一大批主题酒店脱颖而出。

(三)中国主题酒店热点聚焦

在挖掘中华文化、创新饭店产品的过程中，涌现了一大批内涵丰富多彩、产品特色缤纷的主题酒店，涵盖历史文化、民族文化、区域文化、民俗民间文化、名人文化、自然体验文化等类型，涌现出了草原文化、藏文化、三国文化、道家文化、奇石文化、电影文化、阅读文化、茶文化、摄影文化、禅文化、敦煌文化、游轮主题酒店、汽车主题酒店等多形态、多特色、多亮点的酒店产品。

1. 泉水文化主题酒店——良友富临大酒店

山东省济南市的良友富临大酒店，从 2012 年开始用泉水作主题。该酒店大堂及各个楼层均有赏泉图以及同泉水相关的诗词歌赋，酒店的包间是以各大名泉命名的，酒店客房的墙面及地毯也有泉水相关元素，住店客人的赠品也与泉水有关。不仅如此，酒店用员工从黑虎泉取来的新鲜泉水烹饪而成的泉水宴成为良友富临大酒店的拳头产品。2012 年至 2017 年间，该酒店入住率累计增长 16%，营业额累计增加 65%。良友富临大酒店注册的“泉水主题”“泉水文化”等商标的无形资产达 5067.17 万元。

2. 景德镇青花瓷主题酒店——青花主题酒店

在景德镇，2008 年开业的青花主题酒店，是世界上第一家以陶瓷文化为主题的主题酒店，景德镇青花主题酒店以特制的青花瓷为装饰元素，每间客房均挂有当地旅游景点和陶瓷工艺的图片介绍，在客人休息之余可增加对陶瓷文化的了解；独具特色的青陶坊提供作品展示、现场手工表演等活动，可以亲手制作陶艺作品，体验陶瓷艺术的独特魅力；同时，酒店还提供艺术交流、陶瓷资讯、包装运输、古瓷鉴定等服务，提供多方位的便利。

3. 禅文化主题酒店——禅修酒店

《禅宗少林·照见山居》禅修酒店是嵩山少林禅文化主题酒店，致力于为游客提供听、看、修、悟全身心的禅文化体验，近年通过对禅宗文化的梳理，并结合中国传统文化，常年开设早课、坐禅、讲禅、禅茶、香道、过堂、抄经、行禅、药石、禅武、农禅、加持开示、发愿祈福、禅思棋趣、墨语禅缘等近二十项禅宗文化和中国传统文化的体验与参修课程，并免费为入住游客开放，客人可根据自己的兴趣与时间安排选择体验、修习。

第二节　主题酒店发展存在的主要问题

我国主题酒店起步较晚，同时，还面临着国外酒店业的进入造成的冲击和压力；同时，国内主题酒店在地理上分布不均匀，大多数集中在广东、上海等发达地区，目前国内消费者还是选择传统酒店入住的居多，主题酒店的入住率保持在 50% 左右，远远低于国外主题酒店的入住率。与国外主题酒店相比较还存在一定差距，我国主题酒店还有许多待改进和完善的地方。突出的问题反映在以下方面：

（一）主题文化的选择相对趋同，构建创新性不足

结合当前我国主题酒店的发展进行分析，较为突出的一个问题就是主题文化的选择相对趋同，各个主题文化酒店之间的差异不明显。没有突出主题文化酒店的唯一性，独特性和不可复制性。主题酒店核心标准就是文化，打造主题酒店的先决条件就是仔细分析客源地市场的文化资源及客源需求，打造特色鲜明且符合宾客消费需求的产品。

我国历史文化悠久，可供选择的主题文化比较丰富，但是在具体主题酒店创建中，往往许多创建者是围绕着最为热门或者为人熟知的一些文化进行构建，由于一些酒店是围绕着同一个主题文化进行构建，导致现阶段我国主题文化酒店的丰富性不足，对于客户的吸引力同样也就比

较弱。

（二）主题文化呈现单一

从主题酒店的具体构建方式上来看，酒店对于主题文化的呈现较为简单，存在着较为明显的表面化现象，没有能够针对主题文化进行深入剖析，也就必然会影响到主题文化酒店的实际价值。比如，当前绝大部分主题酒店仅仅是从自身平面布局、景观搭配、内部装饰以及服务人员着装等方面进行有效构建，虽然从表面上看确实是符合主题文化的要求，但是无法反映深层次的主题文化，顾客同样也无法感悟具体主题文化内涵。

（三）主题文化产品不完善

主题酒店产品主要包含餐饮服务产品，客房服务产品，特色产品服务。首先餐饮服务产品方面应有与文化主题相关的特色餐饮食品，在客房服务产品方面应有与主题文化相关的创意床品产品，以及依据文化主题的创意性服务，以顾客“体验感”为第一要求，最后在产品服务上应提供相应的体验式服务，如康体、休闲服务、特色商品服务。而主题酒店产品并不完善，如在客房服务产品设计上没凸显文化主题，使用客房用品鲜有体现其文化主题，相应的康体休闲服务也无特色。

（四）主题酒店文化形象模糊

随着酒店业态的不断丰富，酒店产品业态之间的界限进一步模糊，主题酒店的市场吸引力受到制约。因此，如何围绕文化，不断提升酒店的人文性、原创性、体验性、舒适性、品牌性，通过文化内涵的传播与渲染、通过文化产品的传递与体验，提升文化的市场吸引力和认同度，塑造主题形象是下一步主题酒店建设中必须思考的问题。

（五）基本功能和服务有待提升

在整个市场需求的推动下传统酒店的时代将被新的时代所取代。新的酒店时代，消费者对酒店的诉求越来越高，因此主题酒店应丰富其基本功能，提升其服务质量。区别于传统服务形式，顺应市场需求发展趋势。如提供文化主题的解说服务，为客人提供酒店文化特色的宣传资料，酒店官网也应有关于文化主题板块介绍，从而形成线上和线下的服务闭环。在酒店的运营空间应有文化主题的具体体现，在细节之处如服务人员的服饰应展现酒店的文化底蕴，在酒店的装饰设计环节，如酒店花艺设计应在造型和主打花束的选择上与文化主题相符，充分展示酒店文化底蕴，从而为客人创造良好的体验感受。

第三节　主题酒店发展对策

（一）合理选择主题文化

对于主题酒店的创建而言，前提是要选择适宜的主题文化，只有主题文化选择适宜合理，进而才能够较好实施后续创建工作。结合主题文化的有效选择，酒店需要从多个维度进行综合考虑，所选主题文化应该具备较为理想的独特性特点，避免仅仅围绕着文化热点进行选择，造成趋同性问题；所选主题文化应该具备较为深厚的底蕴，尽量规避相应主题文化较为浅显，难以在后续创建中进行丰富呈现；主题文化的选择同样也需要具备较强吸引力，能够具备理想的受众基础，如此才能够赢得更多的顾客。

（二）不断创新，保证主题酒店的可持续发展

主题酒店是面向对某一主题感兴趣的特定客户群体提供服务的一种饭店产品生产方式，主题的深化和基于主题的产品创新是增强主题酒店抗风险能力的关键。主题酒店应在主题不变的前提下，定期、适时地更新软硬件条件，不断开发新产品和服务，满足消费群体的求新心理，保证主题酒店的可持续发展。

文化主题创新的基点在于文化主题的确定，创新是需要在充分了解城市人文和历史沉淀，选定主题，试用主题，最后确定主题在此基础之上的创新。文化主题创新需要梳理文化与历史的关系，确定项目开发的创新内核。据此在项目定位的基础上创新休闲生活空间及休闲生活方式。环境建设的创新、客房产品创新、餐饮产品创新、特色产品创新、文创产品创新、服务设计创新，并最终落实到顾客体验创新是创新的具体内容。

（三）因地制宜，重视主题酒店建设的和谐性

通过梳理当地文化，结合当地建筑文化、地域文化、历史传承打造城市精品主题类住宿空间。主题酒店建筑是当地社区的一个重要组成部

分，假若建筑风格和主题文化太过突出、太过“独特”极易弄巧成拙。与社区环境缺乏协调，也可能会引起当地民众的不满。因此，主题酒店应该把酒店所处的地域环境和风土人情因素考虑在内，做到和谐共生，协调发展。

（四）坚持多样化的前提下，深化文化内涵和品质

多样化可以满足不同客户的需求和喜好，增强主题酒店的竞争力，不仅体现在主题表现形式的多样化，还可以是服务内容的多样化，即主题酒店产品的丰富表现力。主题酒店在满足多样化的前提下，应尽可能地丰富、深化主题的文化内涵和品质。主题文化应该根植于酒店的每个角落，不仅让客人看得到，还要让客人感受到、体验到。

文化主题的打造不仅仅是挂上一个主题而已，主题酒店的打造应将传统文化融入酒店的建设中，在延伸主题文化的基础上，将继承与发展中国传统文化为己任，打造品牌文化，并在酒店进行落实与推广。打造丰富的文化主题活动如传统文化手工艺活动，请相关的非物质文化传承人到酒店进行文化手工艺活动的讲授，打造丰富的文化体验活动，让顾客现场参与，体验传统民俗活动。比如，传统节日各种糕点的制作，年画的制作；打造精美文化墙宣传特色文化，让住客在不经意间熏陶到古典气质跟优雅。酒店的细节摆设中，如走廊摆放与主题文化相关的小摆件，在客房的墙壁以及灯具选用上应选用与主题文化相符合，用心给客人一个典雅舒适的居住环境。

（五）培养专业人才队伍

长期困扰酒店业发展的难题之一就是“招人难”“找专业人才更难”的问题。解决这个难题的方法之一是留住人才并培养人才。中国旅游协会副会长兼秘书长张润钢曾经指出：“我国酒店员工每年接受培训时长及专业培训都在逐年减少，不仅如此，而且培训内容固化，主要是应付上岗工作。这样员工在酒店无法得到专业能力的提升，而仅仅是应付工作，面对劳动强度大、薪资待遇吸引力不足的情况下自然会导致在岗人员的流失。”因此，主题酒店人才队伍建设需要从提高培训时间，丰富培训内容，提高薪资待遇，制定合理的岗位人才比例避免员工劳动强度大超负荷工作情况的出现。这样才能保证人才队伍的稳定性。

（六）采用新媒体等营销方式宣传酒店

对于主题酒店产品的市场营销，首先结合酒店自身的定位和目标客户群体的特色化、个性化需求，立足于最大程度提升消费者的体验度，全方位掌握主题酒店消费者的各种需求信息，在此基础上，有针对性地采取合适的市场营销策略、调整主题酒店产品的销售价格和优化销售渠道。

在网络信息时代的今天，主题酒店在宣传促销上应与时俱进，运用电视、报纸、广播等媒介宣传酒店的同时，适当采用微博、微信、App等新媒体营销方式，不仅能降低成本，也能够触及不同的客户群体，提高知名度。

（七）加大力度给予全方位的支持

目前，一些地区出台了针对主题酒店的规章制度，但在主题酒店的认识和理解上，各地区依然存在差异，专业化水平也不一致，在一定程度上造成我国主题酒店品质的参差不齐。笔者建议，相关主管部门、民间协会应统一认识，完善相关机制和方法，对主题酒店建设给予更切实有效的指导和帮助，以保证主题酒店有序、规范、高效发展。

结　语

综上所述，主题酒店创建在当前面临着较高的要求，为了较好克服现阶段存在的明显问题和缺陷，在未来主题酒店创建中必须恰当选择主题，进而创造较为深入的主题氛围，注重增加服务体验产品，优化运营模式。主题酒店要努力打造有文化内涵的产品，提高产品质量，破局行业固化思维，走差异化的发展道路。文化具有的独特性和地域性是特色主题打造的难点，但同时也是其持续发展的独特优势。主题酒店的成功打造不仅是要确定明确的主题，更重要的是符合消费者的需求。

（作者简介：郭志刚，中国旅游研究院文化旅游研究基地特约研究员，安阳工学院商学院副教授）

第九章　乡村旅游、特色小镇和旅游街区发展分析与展望

陈东丽

在文旅融合经济效益开始释放的第一年，乡村旅游、特色小镇和旅游街区以文化为支撑，三者互融互通，作为政府项目布局的抓手，是文化旅游发展的新型载体，与文旅融合、全域旅游、乡村振兴、夜间旅游、研学、非遗传承和文创产品开发等都有着密切的融合发展关系。顶层设计的持续关注，文旅融合方面持续创新，休闲农业和乡村民俗等非遗与文创的结合，为乡村旅游带来新的发展机遇和活力，“慢生活”体验成为乡村旅游发展的核心关键。特色小镇是乡村振兴的有力推手，是城乡融合、区域统筹发展的重要载体，“规范性建设”是特色小镇今后发展重点，动态调整淘汰机制是未来发展的必然趋势。旅游街区作为文化旅游创意产业发展载体，展现文化内涵是其突出特征，在主题街区发展的3.0时代，旅游街区发展的关键是“场景化”和“沉浸式”氛围的打造。

第一节　乡村旅游发展分析与展望

乡村旅游兴起于20世纪80年代，发展速度快，历经40年发展，由乡村观光（1.0）、乡村娱乐（2.0）和乡村度假（3.0）逐渐向生态宜居社区（4.0）发展。当前乡村旅游发展的特点为以特色小镇和田园综合体为依托，以全域旅游发展为整体布局，以乡村文化挖掘与展示为着力点，已经在扶贫、产业布局、文化传承和生态环境保护方面成为乡村振兴战略实施的重要抓手。

（一）乡村旅游发展现状

1. 国家层面持续高位推进，地方政府主导的力度明显加大

乡村旅游作为乡村产业转型和高质量发展的有效途径，在乡村振兴的顶层设计中地位越来越重要。自2018年以来，各部委先后联合印发了《关于开展休闲农业和乡村旅游升级行动的通知》实施休闲农业和乡村旅游精品工程决策部署，《促进乡村旅游发展提质升级行动方案（2018年—2020年）》着力促进乡村旅游发展的提质扩容，《关于促进乡村旅游可持续发展的指导意见》落实乡村旅游精品工程的实施。2019年7月，文化和旅游部、国家发改委联合公布了第一批全国乡村旅游重点村名单，包括北京古北口村、浙江余村、贵州云舍村、四川战旗村在内的320个乡村入选，持续的政策利好是乡村旅游和乡村产业快速发展的重要推手。

乡村旅游是实现观光旅游向休闲度假旅游转型升级的重要途径，各

级政府高度重视乡村旅游的发展，以项目为抓手，以资金补贴和奖励为引导，出台一系列的扶持政策，特别是对乡村旅游新业态和新模式的扶持力度不断加大，引导当地乡村旅游的发展。吉林省文化和旅游厅发布《大力推动乡村旅游发展的十七条政策措施》加快促进乡村旅游提质升级，进一步提升乡村文旅发展活力。浙江省通过“最美田园”推选，优化完善省域内休闲农业与乡村旅游精品线路，进一步实施休闲农业和乡村旅游精品工程。海南省、江苏省、福建省、浙江省、上海市、安徽省、四川省、北京市、陕西省、湖南省、广东省和江西省等省市先后出台了乡村民宿扶持政策，明确各级民宿补贴标准。

2. 进入快速发展时期，形成农村发展新动能

相关数据显示，2019 年我国乡村旅游市场依旧保持快速增长活力，接待游客超过 30 亿人次，直接带动吸纳就业人数 1200 万，带动受益农户 800 多万户，市场的规模在不断扩大，收入不断增加。国务院印发的《关于进一步促进旅游投资和消费的若干意见》明确提出：到 2020 年我国乡村旅游模范村达到 6000 个，休闲农业和农村旅游特色村 10 万个以上，农家乐 300 万家，带动 5000 万个农民参与到乡村旅游发展中。

目前，中国的乡村旅游正朝着融观赏、休闲、娱乐、考察、学习、参与、购物和度假于一体的综合型方向发展。各地区对乡村旅游中的美食文化、服饰文化、居住文化、婚俗文化、礼仪文化、信仰文化、节日文化和游艺习俗等挖掘积极性空前高涨，三亚水稻国家公园以中国传统文化中的二十四节气和生肖文化打造夜间旅游经济，充分展现农耕文化等，通过依托自然生态、农业生产和民宿文化进行开发经营的思路逐渐清晰。北京十渡依托成熟景区带来的强大客源市场，以民俗旅游为主，发展民宿和农家餐馆 300 余家，从最初的“农家乐”和乡村田园观光到现在的乡村观光、休闲、度假的复合性功能结构。大力发掘“乡村旅游+”的多领域融合发展潜力，延长了旅游产业链，促进了乡村旅游转型升级的同时，为农村发展提供了新动能。

3.“网络经济”持续助力乡村旅游，为乡村旅游注入新活力

网络热度助力乡村旅游发展的形式多样，政府、市场、文化名人、娱乐明星、短视频、综艺和影视等多种方式齐发力持续助力乡村旅游发展，迅速提升区域旅游知名度。2019 年 9 月 16 日习近平总书记考察河南省新县后，在接下来的国庆假期客流量和综合收入同比增长都在 60% 以上，600 多处农家乐座无虚席，94 处精品民宿入住率均达 100%。同时随着抖音、快手、小红书等自媒体平台的普及应用，“网红打卡圣地”也成了游客纷至沓来的旅游目的地。最近爆红网络的李子柒可谓是“全球网红”，以中华文化中古朴的传统生活、美食和文化视频拍摄为主，累计发布 200 余条视频，全网粉丝数量超过 8000 万，视频播放量超过 80 亿，其中截至 2019 年 12 月 5 日，其境内外粉丝数约 735 万，拍摄的乡村田园生活视频每条播放量都在 500 万以上，李子柒的成功给休闲农业和乡村旅游发展起到了良好的示范作用。与此同时，李子柒的家乡“四川绵阳的一个小山村”也被网友自发的设成旅游目的地，发起“寻访‘最美春姑’李子柒故乡”的乡村旅游活动。河南栾川县通过县长代言、网红直播、线上限时秒杀等活动，提升“栾川印象”公共品牌的人气，增加了系列产品销量，形成“互联网 + 电商 + 旅游 + 扶贫”的模式，助力乡村旅游发展和脱贫攻坚。

此外，热门综艺、火爆的电视剧、电影等“网红产品”自带巨大流量，成为众多游客首选的旅游目的地，为拍摄地的旅游发展持续助力。例如，《哈哈农夫》沉浸式乡村人文体验真人秀节目传播了云南山水文

化，带来了巨大游客量，同时也带来了众多民宿企业的争相入驻。《向往的生活》这一乡村慢综艺每一季的录制地“蘑菇屋”都成了旅游景点，第三季中“向往的生活”话题微博讨论量高达 1336 万，阅读量 188 亿，并将国情调研作为节目的一部分，为录制地北京密云、浙江桐庐和湘西翁草的乡村发展出谋划策。《亲爱的客栈》第三季节目中对宁夏中卫非遗产品的推介和黄河故事的宣传等助力了当地文化旅游的发展。

根据百度指数显示，2019 年以“乡村旅游”为关键词的全年资讯指数与 2018 年同比增长 380%，日均值高达 256413 次，与“乡村旅游”具有强关联的关键词是“全域旅游”，四川、广州和浙江三省的搜索量位居前三。同时，根据途牛网的监测数据，乡村旅游产品的咨询量、预订量也在持续上升。自 2017 年起，北京密云、江西婺源、安徽宏村、浙江安吉、江苏兴华、河南栾川新县等地成为越来越热门的乡村旅游目的地。乡村旅游游客主要来自上海、广州、天津、北京、沈阳、深圳、哈尔滨、济南、南京、东莞等，以“80 后”“90 后”为主力军，分别占比 38% 和 32%，其次是“70 后”群体，占比 21%，游客群体普遍具有较高的消费能力，更加追求旅游体验感和参与感。

4. 成为旅游投资新热点，投资多元化趋势日益明显

随着政策利好、城镇化拉动、汽车普及，休闲农业和乡村旅游已成为城市居民休闲、旅游和旅居的重要目的地，乡村旅游的投资吸引力随之逐渐增强。据资料显示，开展旅游接待服务的村庄占比仅约 5%，餐馆有营业执照的村占比约为 30%，乡村旅游的开发投资空间巨大，特别是民宿、特色小镇、乡村休闲地产等投资增长迅速。2019 年 7 月，文化和旅游部及中国农业银行印发《关于金融支持全国乡村旅游重点村建设的通知》，中国农业银行 5 年内向重点村提供人民币 1000 亿元意向性信用

贷款额度。

2018 年和 2019 年是田园综合体建设的热潮，投资规模在 10 亿元以内，占比 53%，10 亿 ~30 亿元占比约为 35%，超过 30 亿元投资的占比约为 12%，投资强度在 0.5 亿 ~1 亿元 / 平方千米的占比 37.5%，在 0 亿 ~0.5 亿元 / 平方千米的占比 50%，大于 1 亿元 / 平方千米的占比为 12.5%，随着田园综合体的不断普及，旅游投资项目越来越大。投资主体主要以民营企业为主，特别是以地产企业为首的“非旅”企业投资热情较高，投资融资的渠道更加多元。

5. 更加注重特色化、精品化和品牌化打造，力促乡村旅游的高质高效发展

乡村旅游以游客体验为主，积极引入新业态，与康养、文创、体育、教育产业等融合发展，打造宜居、宜游、宜业、宜养的乡村田园综合体。贵州举办多届国际山地旅游大会及户外运动大会，引流徒步、露营等爱好者集聚，形成了“户外运动 + 乡村旅游”的发展模式，通过体育产业提升了当地的乡村旅游热度。四川蒲江的明月村 2019 年 7 月入选首批全国乡村旅游重点村名单。通过引入文创知名人士和民间组织在这里创作和生活，保留村庄特色，挖掘茶文化、草木染和陶艺文化，形成明月村独有的“浪漫田园、文艺村落”文化品牌，促进了明月村的乡村振兴和高质高效发展。浙江的莫干山民宿在特色化、精品化和品牌化上的打造，为乡村旅游高品质发展提供了样板和思路。

（二）乡村旅游发展中存在的问题

在乡村旅游如火如荼的发展中，一些潜在问题逐渐显现，如下：

1. 乡村旅游缺乏前期规划和后期运营人才，经营问题突出

目前，在缺乏前期论证和科学规划的前提下，不少地方盲目跟风，匆忙入市，多数存在一定程度的简单、低端等开发特征，导致产品结构单一，旅游布局不合理，使得乡村旅游巨大的潜力不能有效发展。同时，过度建设和“去农化”的倾向，导致旅游资源使用不当或过度开发，造成建设成本过高和生态环境破坏，无序盲目发展带来的负面影响日益加剧。村民急于求富，在市场定位不明确的情况下，简单地利用现有资源的原始价值做旅游开发。在“生态、绿色”等卖点吸引力弱化时，同时缺少运营管理人才，产品和服务跟不上，无力升级，导致经营失败。

2. 文化资源开发途径单一，同质化严重

我国乡村地域辽阔，文化旅游资源丰富，类型多样，如特色民俗、民居建筑、农耕文化、渔业文化、非物质文化遗产和美食文化等。但是目前，乡村旅游中对地域文化开发利用不充分，展现形式和开发途径单一，多地打造的四季旅游品牌主题雷同，以赏花、采摘、收获和赏雪等自然景观的观光和体验为主。例如，陕西榆林“春赏花、夏采摘、秋收获、冬年庆”，四川甘孜“春赏花、夏避暑、秋观叶、冬暖阳”，湖南浏阳“春赏花、夏漂流、秋品果、冬滑雪”，重庆巴南“春赏花、夏纳凉、秋摘果、冬泡泉”，苏州启动小镇“春赏花、夏摘桃、秋采梨、冬沐阳”，广西鹿寨“春赏花、夏避暑、秋摘果、冬游玩”，济南长清“春赏花、夏

研学、秋采摘、冬季民俗游”，贵州赤水“春赏花、夏研学、秋采摘、冬运动”。除了少数地区涉及研学、民俗和体育运动等文化体验旅游相关项目，多数地区仍旧停留在较为传统的乡村旅游项目上，特别是乡风民俗方面，对民俗文化展示形式多以平面式照片、实物摆放和实景参观为主，缺乏如角色扮演、体验当地生活习惯等立体式、体验式的展示方式，文化融入不够深入，不能激发游客对当地乡村文化知识的学习兴趣。

3. 配套服务设施建设落后

因经济发展水平的影响，许多乡村旅游的基础设施及相关配套的环境建设滞后，特别是可进入性较低，接待能力弱，接待水平不高。村户面貌落后，餐饮、厕所及住宿条件卫生极差，游客满意度低，严重制约乡村旅游的发展。

（三）乡村旅游发展趋势

1. 越来越注重能人效应和人才培养

乡村旅游 4.0 的时代，乡村旅游开发呈精品化和特色化趋势，不论是开发初期，还是经营管理过程中都需要专业人才的指导与引领，村民的发展也需要专业的引领者。为了充分发挥乡村文化和旅游能人在乡村振兴和脱贫攻坚中的示范引领和骨干带动作用，推进乡村文化和旅游人才队伍建设，国家文化和旅游部发布了《关于公布 2019 年度乡村文化和旅游能人支持项目入选人员名单的通知》，全国共 479 人上榜，为乡村旅游和乡村振兴提供人才支撑。

2. 乡村旅游形式越来越多元化

伴随着消费升级及个性化需求的增加旅游消费模式逐渐从观光游向休闲、度假等深度游方式转化；同时，人们对乡村旅游消费的需求转变为“乡村环境＋城市设施”模式，产品多元是乡村旅游应对市场变化的必然结果。现阶段，随着文旅融合的不断深入，乡村经济发展路径逐渐形成了“乡村主题化、体验生活化、农业现代化、业态多元化、村镇景区化、农民多业化、资源产品化”7大新趋势。

3. 越来越突出生态保护意识

“绿水青山就是金山银山”理论的提出，特别是党的十九大以后从国家到个人的生态保护意识越来越突出。乡村振兴战略要求农村要美，须因势利导，以乡村生态旅游为契机促进区域产业向绿色环保发展方式转型升级，实现生态产品价值变现，让村民自主、自愿、自觉的去保护绿水青山，实现美丽乡村的可持续发展。

4. 全域旅游是重点发展方向

全域旅游以行政区为单元，将旅游产业全景化和区域全覆盖，是全民参与、资源优化、空间有序、产品丰富和产业发达的科学旅游系统。其中景区是全域旅游的核心节点，而乡村是打通区域内全域旅游脉络的连接点和通道。今后乡村旅游必将站在全域旅游视角，由传统点式开发趋向旅游目的地建设与旅游线路的整体开发，从原来单体农家乐向特色村镇、田园综合体、共享农庄等国家政策主导的新形式转变，盘活乡村全域旅游资源。

（四）乡村旅游实例：河南新县乡村旅游的全域发展模式

新县位于信阳市东南部、大别山腹地、鄂豫两省交界地带。围绕全域旅游发展目标，立足“三山一滩”和红色革命老区等特色旅游资源优势，把乡村作为旅游发展的主战场，将乡村旅游作为乡村振兴主抓手，以科学规划为引领，特色产业为根基，美丽乡村为载体，紧扣“高品质”要求，通过“旅游 +”产业模式，走出了一条以乡村旅游带动脱贫攻坚、助推乡村振兴的可持续发展之路。在旅游 + 农业、教育、文化、体育等产业链条的带动下，2019 年全县 32 个乡村旅游扶贫重点村 11321 名贫困群众实现稳定脱贫，84.34% 的建档立卡贫困群众在旅游发展各环节受益，旅游已成为助力县域经济发展、带动富民增收的支柱产业。系统分析新县乡村旅游全域发展模式，有以下发展经验可以借鉴。

1. 坚持规划引领

围绕“一镇一主题，一村一特色”目标定位，构建了由 9 个特色旅游小镇和 18 个特色村落组成的“九镇十八湾”乡村旅游发展布局，逐步形成了集观光、休闲、度假、康养于一体的乡村旅游产品体系和全域景观，探索出“政府主导 + 合作社带动 + 运营公司管理 + 贫困户参与”的乡村旅游开发模式。

2. 强化政策支撑和机制保障

及时出台《关于加快全域旅游发展的实施意见》和《新县进一步加快旅游业发展奖励扶持办法》。成立新县旅游委，健全“县有旅游委、乡有旅游办、村有管委会，经营单位有等级评定委员会”的旅游管理和监督体系。

3. 强化环境配套

优化人居环境，坚持“干净就是美，持续就是好”，实施美丽乡村生态新县建设三年行动计划和改善农村人居环境建设美丽乡村五年行动计划。完善基础设施，全面实施农村公路建设三年行动计划，实现百人以上自然村通旅游公路，完善乡村旅游标识系统、咨询服务体系，通过旅游+体育模式发展“步道经济”，打造登山步道、休闲漫道，布局生态绿道、景观廊道，建成全省首条500千米国家级登山健身步道。

4. 推进人才强旅

立足劳务大县优势，实施“999人才回归工程”，组织旅游管理技术培训班，对村民进行不同种类的培训，如厨师培训、民俗管理培训等。同时，依托大别山民宿学院和大别山乡村振兴学院，开办“大别山旅游讲堂”，开发乡村体察式观摩体验教学点，做活“教育培训”。

5. 总结模式示范引领

“西河大湾”模式坚持“修旧如旧”原则，整合各方资金2000万元实施古民居修缮工程，将古村落保护开发与乡村旅游结合起来，打造古村落休闲度假基地。“创客小镇”模式依托“豫风楚韵”特色，紧扣“乡村创客”主题，将自然与人文、古朴与现代深度融合，把创新创意植入美丽山水，以时尚元素增辉传统村落，打造了河南省首个乡镇层面的创客小镇。“耕读小镇”模式以“晴耕雨读”为发展理念，以特色农业为依托，以旅游产业为支撑，打造了一个既体现传统农耕文化特色，又具备现代产业功能的旅游目的地。

6. 激活乡村全域旅游新活力

坚持文旅融合，挖掘古村民俗转化成旅游项目和旅游产品，举办全国乡村复兴论坛、大别山乡村旅游文化节、大别山民俗文化节、大别山茶花节等文化旅游活动，打造“多彩田园”，促进了新县乡村旅游快速发展，唤醒了沉睡已久的乡村资源，让西河湾、田铺大塆成为远近闻名的旅游景点，叫响了“九镇十八湾”系列品牌。改善了群众精神面貌，美丽乡村建设让古建民居得以保留、村落庭院美化、民俗文化传承，农村基础设施和公共服务水平逐步提升，人居环境明显改善，增强了群众的获得感和幸福感，精神面貌焕然一新。乡村旅游发展为贫困山村带来了大量的客流、信息流、资金流，调动了广大群众的积极性、主动性和创造性，实现了“发展一业、带动一村、激活一片”的综合效应。

第二节　特色小镇发展分析与展望

特色小镇凭借区域、产业、资源、生态和文化等不同特色，以产业集聚吸引“生产 + 生活 + 生态”要素资源的汇聚，是集聚新产业和培育新业态的载体，是文旅融合发展的新载体，是建设乡村振兴，打通城乡融合的抓手，是推动区域经济高质量发展的助推器，是传承和弘扬中华文化的根据地。

（一）特色小镇发展现状

1. 特色小镇进入规范化建设期

自 2014 年浙江省首次提出“特色小镇”后，全国开始进入特色小镇建设潮，之后先后经历了探索阶段（2014—2016 年）—全面推广阶段（2016—2017 年）—规范化建设阶段（2018 年以后）的发展阶段。目前，全国共有2批403个国家级特色小城，996个省级特色小镇。2017年12月，国家发改委等 4 部委印发了《关于规范推进特色小镇和特色小城镇建设的若干意见》，提出特色小镇建设应立足区位条件、资源禀赋、产业积淀和地域特征，凸显产业文化特色，严控房地产化倾向，严防政府债务风险，严格集约用地，标志着特色小镇政策实践进入修正纠偏期。2018 年 8 月，国家发改委发布了《国家发展改革委办公厅关于建立特色小镇和特色小城镇高质量发展机制的通知》，再次对特色小镇建设的规范性提出要求，推动特色小镇建设健康发展。从国家层面发布的特色小镇政策文件可以看出，特色小镇建设的规范要求和监督力度持续上升，标志着特色小镇的建设和管理逐步进入规范化建设时期。

2. 国家和地方政府扶持力度大

据不完全统计，全国颁布 200 多项特色小镇发展相关政策，国家层面发布 35 项左右，省级层面发布 90 多项，市级层面发布 70 多项。26 个省市区出台了特色小镇发展政策，其中浙江最多，发布了 30 项左右。中央高度重视特色小镇发展，分别从土地、财税、金融三个方面在经济上大力支持特色小镇发展。土地方面：（1）优先安排用地指标；（2）对如期完成的按比例给予奖励，对未达成的加倍扣减；（3）利用现有房屋和土地兴办文化创意、科研、健康养老、工业旅游、文创空间、现代服务业、互联网 + 新业态可实行 5 年后类型过渡政策。财税方面：包括一般 3~5 年的财政返还、资金奖励（有的按年给，累计三年；有的一次性给予奖励，规模 200 万 ~500 万元不等）和贴息扶持三种。金融方面：支持产业投资发展基金、产业风险投资基金等基金设立，鼓励采取 TOT（转让经营权）、BOT（建设—经营—转交）等 PPP（政府和社会资本合作）项目融资模式等。

特色小镇作为加快建设新型城镇化的重要突破口，地方政府如浙江、北京、上海、贵州、广州、天津、甘肃和四川等地已经出台相关政策，北京《“十三五”时期城乡一体化发展规划》统筹规划建立一批高承载力的功能性特色小城镇，用来疏解首都功能。甘肃《关于推进特色小镇建设的指导意见》指出 3 年要建设 18 个特色小镇，并全部达到 3A 以上旅游景区建设标准，旅游产业类特色小镇按 5A 旅游景区标准建设等。除了政策支持还提供奖金奖励、财政补助、基金支持和税务优惠等金融支持。河北省提供专项资金、投资基金和奖金奖励支持。

虽然全国各省市区都在如火如荼地建设特色小镇，但从区域布局的数量来看，2018 年，华东地区的数量 117 个，占比最多，其次是中南地区 88 个，区域布局差异反映了政府支持力度的区域差异。虽然各地在金融方面政策差距较小，但在土地和财政支持方面具有较大差异。天津、云南、福建、江苏对特色小镇的扶持力度较大，在土地、财政方面均给予多种优惠政策。在政策优惠程度居中的省份中，浙江、江苏、山东等省份在土地、财政方面侧重于考核后奖惩。河北、重庆、江西、甘肃、湖北等省份则侧重于优先支持。但辽宁、海南等省份目前仅给予一定程度的资金支持，扶持力度相对较小。

3. 特色小镇投资规模大，投融资渠道广

特色小镇的平均投资额为 50 亿 ~60 亿元，规模较小的约为 10 亿元，较大的投资在百亿元以上。31 个省市区规划的特色小镇投资额在 12 万亿 ~15 万亿元，巨大的投资额为区域经济增长提供了强大的推力。有数据显示，在 2018 年到 2019 年 6 月期间，全国文旅特色小镇签约和开工项目 116 个，总投资金额达到 1.04 万亿元，每个项目平均投资额约 90 亿元，文旅特色小镇的投资明显高于其他类型小镇，比景区、主题乐园和文旅综合等其他文旅项目投资要高得多。

碧桂园、恒大、华夏幸福、华侨城、绿城等地产头部企业争相布局投资。万科打造了华大生命健康小镇、军庄镇农业小镇、正定特色文化小镇等；华夏幸福打造了长沙雨花区航天产业小镇、健康产业小镇、杭州萧山智造产业小镇、南京汤山温泉小镇、合肥机器人小镇等；碧桂园建立了惠州潼湖创新小镇，并且计划在接下来的五年内投资 1000 亿元打造数个科技小镇。此外，跨界融合塑造文旅特色小镇成发展新格局，“旅游企业 + 地产企业 + 影视企业 + 其他企业”主导的项目占 61.73%。同时各大银行等金融机构也出台相应的支持政策，将特色小镇建设分为重点支持项目和优先支持项目。

4. 旅游特色小镇建设数量占比大，消费市场火爆

国家和地方政府层面为了更大限度地合理开发利用当地丰富旅游资源，更加倾向支持旅游发展型和历史文化型特色小镇。以 403 个全国特色小镇为例，按照其区位优势、文化特色或自然风貌等影响因素，将特色小镇发展类型主要划分为历史文化型、工业发展型、旅游发展型，民族风情型和农业服务型等，其中旅游类特色小镇最多，共为 261 个，占

比 64.76%。成都安仁古镇以“文博 + 古镇”为突破口，建成《国家宝藏》线下首个交互式体验馆。2019 年，22 个省市区提出特色小镇创建计划，19 个省市区发布了省级特色小镇创建名单，一共 334 个，占省级特色小镇总数的 35.05%，其中，山东（53 个）、广东（37 个）和安徽（30 个）创建数量位居前三。

文化和旅游的融合是非物质文化遗产、影视、动漫、演艺、科技、农业、工业、第三产业、体育或大健康等产业与旅游的深度融合，形成六个热门经济业态：以女性为主的“她经济”、以青年人探新为主的“潮经济”、以萌系青年为主的“萌经济”、以亲子关系为主的“儿童经济”、以粉丝社群为主的“粉丝经济”和以养生年轻化为主的“全民养生经济”。例如，清城国际音乐小镇的“音乐 + 教育 + 文化 + 旅游”、平沙影视文化小镇的“影视制作 + 影视营销发型 + 影视旅游和创意设计”和杭州湾花田小镇的“养生养老 + 花海观光 + 房车露营 + 现代农业”等的多元业态布局，以景观为基础，形成第一吸引力；以文化为灵魂，形成核心吸引力；以特色体验活动为载体，增长游客停留时间；以特色消费为抓手，打造网红、潮牌等新潮消费引爆消费市场，提升游客满意度。灵山小镇 · 拈花湾接待游客 250 余万人次，综合收入突破 7 亿元。

（二）特色小镇发展中存在的问题

1. 地产化、同质化严重，发展方向不清晰

根据国家发改委等 4 部委联合印发《关于规范推进特色小镇和特色小城镇建设的若干意见》文件，全国淘汰整改 419 个“问题小镇”，包括国家体育总局运动休闲特色小镇 34 个，省级特色小镇 70 个，市级特色

小镇 174 个和政府创建名单外市场主体自行命名特色小镇 141 个。被淘汰的主要原因是住宅用地占比过高，有房地产化倾向的不实小镇，特色不鲜明、产城不融合、破坏生态环境的问题小镇和政府综合债务率超过 100% 市县通过国有融资平台公司变相举债建设的风险小镇。

部分区域建设理念不清晰，定位不准，导致特色小镇“特色不特”。小规模、差异化应是特色小镇的主要特点，但是一些小镇毫无特色，以特色小镇名义搞圈地开发，盲目跟风，只有建筑外形没有产业和特色的“千镇一面”小镇，缺乏特色产品，建设出来像“小吃街”一样，特别是“民俗村模式”同质化严重，产品结构单一、创意差、设计粗、品位低等体现不出文化品位和地方特色。有的小镇所在地政府过度干预，市场发育不足，文化等优质资源应用不足，房地产化严重，严重背离了特色小镇的本意。特别是，贫困地区的特色小镇，无产业支撑，缺少规划、创意和资本运作能力，发展动能弱。

2. 企业和市场主导的格局尚未形成

目前，特色小镇成为新型城镇化产业升级的聚焦点，特别是运营模式以政府主导的特色小镇占比较大。住建部 403 家特色小镇中有 60% 是政府主导，即政府成立资产公司，建好小镇主体后根据产业的定位进行招商运营，过分强调特色小镇建设中政府的主导地位，市场化主导力量没有形成。但是以政府主导的小城镇发展模式多数失败了，主要原因在于政府的管理方式和考核要求不符合市场发展规律或消费者的需要，造成资源和资金的浪费。

3. 小镇主体功能融合不充分

多数特色小镇的建设理念未体现以人为核心思想，强调坚持产业立镇，将“宜居、宜游”放在了“宜业”的后面，将公共服务和绿色生态放在了特色产业发展的后面，在小镇的功能配置上存在“重生产、轻生活”的现象。多数小镇为了配合产业布局，特别是小镇主导产业与自身文化之间的内在联系缺乏逻辑关系时，小镇内部生产—生活—生态功能融合不充分，社区和社群环境打造过于滞后，在小镇内的原住民、产业带来的工作人员和游客没有相应的宜居宜游空间。

4. 投资与运营脱节

长沙万达电影乐园因缺乏规划理念，体验环境差，在管理上缺乏懂旅游市场行情的核心领导团队，娱乐项目单调乏味，衍生品缺乏品牌知名度和设计创意，价格过高，整个运作没有灵魂，与其他乐园没有差异化，建设水平不高，最终导致失败。常德德国小镇打造异域风情，但是没有很好地利用欧洲深厚的文化底蕴，在引进德国市场的同时没有配合国内消费者的消费需求，后期运营模式混乱，外来的商贩大量涌入，破坏了产业链，最终小镇建设失败。

（三）特色小镇发展趋势

1. 政策引导特色小镇高质量发展

建设特色小镇是破除城乡二元化，促进城乡一体化的链接纽带，是乡村振兴战略实施的重要措施，新型城镇化和乡村振兴的重要结合点。2018 年 8 月《关于建立特色小镇和特色小城镇高质量发展机制的通知》中提到，“在 2018 年 9 月底前，省级发改委将第一批特色小镇推荐案例（2 个以内）报送国家发改委”。通知鼓励各省市区挖掘多种特色类型小镇，避免模式雷同，依托政策、产业规划、区位特征、运行模式进行差异化的高质量小镇建设。根据住建部的特色小镇动态调整机制，不符合未来发展趋势的小镇会提前进入淘汰机制。

2. 冰雪小镇迎来建设机遇

随着2022年北京冬奥会的来临，冰雪旅游的热度不断升温，根据《2018中国滑雪产业白皮书》显示，中国滑雪场数量达到了742个，滑雪人数达到1970万人次，同比增长12.6%。同时，国家及地方相继出台推动冰雪产业发展的利好政策，冰雪产业快速扩大，需求持续增长。张家口以冬奥会为契机，以崇礼为中心，辐射周边的滑雪区，预计到2025年，建成滑雪场30个、雪道500千米和冰雪特色小镇20个以上。

3. “旅游+健康养老”型小镇受到追捧

文旅小镇涵盖了产业、文化、休闲和体验等多种功能，在人们对旅游需求不断升级的情况下，文旅小镇的细致化和定制化旅游服务能够满足消费者个性化的喜好，特别是休闲度假模式和多元业态组合的一站式文旅小镇旅游热度会持续存续。同时，在5G时代背景下，文旅小镇的文化属性日益凸显，没有文化内涵的小镇没有前途。随着大健康理念的普及，健康产业规模不断发展壮大，健康产业小镇势必会长足发展，健康产业将与旅游、养老、休闲、食品和互联网等行业深度融合，形成更多的“旅游+健康养老”新业态和新模式。

4. 运营能力持续提升

在业态更加多元，投资更加多元的特色小镇发展趋势下，文旅小镇运营管理的方式也更加多元化。首先小镇为了满足游客度假等消费需求，业态组合和商业模式的组合越来越创意发展，门票经济显然已经不能适应市场发展需求，必须采取开放式营运方式，由自营向自营、授权、租赁和联营的方式将游客、商户和居民转换成小镇的运营者，打造优质社群，通过提高服务效率及品质，实现业主圈层内的资源流动与整合，通过 5G 技术的应用，利用数据驱动决策，提升游览动线合理性，普及一部手机游小镇的综合数据服务平台，从而创新服务，提升品质，增添消费类型的丰富度和延长游客停留时间，助力小镇流量和营收的增长。

第三节　旅游街区发展分析与展望

旅游街区通俗的讲是各具特色的商业街区，作为城市文化旅游创意名片和地标，是城市文旅融合发展中“创意 + 文化”　“创意 + 商业”和夜间经济发展的新载体，通常与文创园区、文创街区和文旅小镇等融合发展，按照空间特征可以划分室内主题街区和室外主题文化街区两类。

（一）旅游街区发展现状

1. 室内主题街区

从 2013 年天津大悦城骑鹅公社火爆后，购物中心进入场景时代，室内主题街区经历了探索阶段（2013—2016 年）—开业潮（2017—2018 年）—有所回落（2019 年以后）的发展阶段。2015—2018 年内商业中心开业数量逐年递增，室内主题街区年均数量增长率高达 108.5%。2018 年开业的室内街区达到 80 个，比 2017 年上涨 48% 以上，2019 年上半年开业量稍有回落，同比回落15%，并且新开业的主题街以中小型为主，“小而精”的经营特性占主流，占比超过70%。投资主体以大型企业为主，万达、保利和华润等集团进行大规模的商业中心和主题街区的开发，“文创体验＋零售”和餐饮仍然是主题街区的主营业态。

为了避免千店一面的审美疲劳和适应市场变化的需求，室内主题街区发展模式经历了迭代升级的过程：主题街区1.0模式以主题空间创意设计为主，创造第一眼的视觉冲击，拉动整体客流量和品牌曝光率的提升，是对购物中心同质化竞争的突破性创新。主题街区2.0模式下，为避免同质化竞争的局面出现，2017年，深圳皇庭广场开设了国内首个海洋文化主题街区摩卡湾，以新奇有趣的特色主题小店为主，以内部中庭、仿真树和休闲椅营造封闭空间内的户外体验感，相比1.0模式下更具有主题性，文创主题街区和主题餐饮成为了很多购物中心的创新突破点。主题街区3.0模式下，从公共区域的装修、主题装置、音乐等硬件氛围等场景的打造，同时也从入住品牌的选择、店铺形象、产品特色和主题区域的匹配度，来突出游客沉浸式的感官体验和认知体验。这一阶段中从文创主题街区到美食主题街区和女生主题街区，细分业态的主题化加快，增加了街区间的差异性。同时，不同类型的主题街区的集合出现，如北京西单大悦城“样街（潮流）＋查特花园（餐饮）”，北京朝阳大悦城“悦界（生活方式）＋悦色（设计师零售）＋拾间（餐饮）”等主题街区的组合配置。

2. 室外主题文化街区

有关数据显示，全国特色街区总量超过5000条，其中杭州建成超过20条，西安建成超过40条，上海市建成约50条，2019年青岛开业15条夜经济街区，开启青岛夜间经济新气象。室外主题文化街区以老字号、非遗、美食、演艺和观光等文化旅游要素为主，集旅游、观光、休闲、美食和购物等多功能于一体，展现地方文化特色，增加公共休闲空间，丰富日常文化生活，对本地居民和游客具有共同吸引力的公共空间。以地方政府为主导，通常定位为城市打造旅游目的地的吸引物，以城市新地标的方式进行宣传。一般与特色小镇、产业园区和主题景区等融合配套发展，受空间限制小，较受资本投资的青睐。

根据室外主题街区的文化特征，其旅游发展模式可以分为下类型：（1）文化遗产保护性利用型，如福建福州三坊七巷、无锡惠山老街和成都的宽窄巷子等建筑遗产群、历史空间格局和浓重的历史文化氛围等高品位、高研究价值的文化遗产资源，旅游开发以文化保护为基础，规避低层次开发，应注重品牌化和高端化打造。（2）历史复原型，以复原历史建筑、景观、民宿、节庆节日等构筑街区的核心吸引力。例如，西安大唐芙蓉园的园灯会对非遗美食和民俗的展演，注入“非遗”产业活起来的动力。（3）传统商业升级型，如山西平遥南大街历史悠久，保留传统街区、老字号店铺汇集、传统品牌和商品制作工艺被保留和传承。该类街区也是向旅游商业街区转型的基础。（4）休闲度假型，起初以旅游地产撬动，街区整体改造和文化提升引领。例如，鼓浪屿脱胎于传统生活街区，建筑品质良好，生态环境好，休闲宜居适合度假。（5）景区依托型，承接景区和景点主要游客量，为之提供餐饮服务和其他与景区旅游相配套的接待服务，该类街区开发的关键是实现景街互动与共兴。例如，云台山景区的岸上步行街，为游客提供旅游综合服务。（6）文化创意型，如北京 798 艺术区以时尚、创意、艺术和“非遗”等特色产业集群为主，对游客的吸引力较大。

（二）旅游街区发展中存在的问题

1. 发展速度快，同质化竞争严重

主题街区的诞生打破了传统购物中心和商业街的同质化竞争，2013年以来主题街区数量快速增长，成为商业中心的标配，其中超过50%室内主题街区出自大悦城、万象城和万达广场等知名购物中心。因其风格、装修、品牌和业态上的发展模式可复制，雷同的装修风格、千篇一律的业态和相似的品牌布局不仅导致街区严重的同质化倾向，更让消费者出现"消费疲惫"的情况。

在装修风格上，如朝阳大悦城"悦界"以"绿植水系"设计为主，构建生态和雅致的美学氛围，中粮万科半岛广场的有氧公社街区以绿色和原木色为主色调，仿生态地布置了大树、绿草和藤蔓。此外，天津印象城和华润五彩城等主题街区均以"绿植"元素布置自然场景，自然类景观街区相似度较高。复古风格、工厂主题也是在各大购物中心常见的主题街区类型，整体风格大同小异，出现类似复制模式。在品牌选择上，不同主题街区都入驻了十八字金、作物、许小树麻辣烫、重庆小面等同质化的品牌，导致入驻的品牌与街区主题出现毫无关系的现象。在业态布局上，同质化的品牌造就了各大主题街区的业态趋同，大多数主题街区业态都倾向由单一逐渐向文创、娱乐、参与等综合体验式业态转化，导致文创类、艺术类、潮流类和网红等引流能力较强的品牌比较抢手，各大主题街区对此类业态招商困难，导致后期招商中将不相关产品和品类的品牌进行填充，导致主题街区业态重复，布局相似，竞争激烈。

2. 迭代升级缓慢

所有的商业形态都有周期性，长时间的一成不变会带来审美疲劳。然而街区的投资和回本周期决定了主题街区的更新速度慢，同时很多街区完工后很难再改变格局，后期植入成本高。场景与内容保鲜度低，初次的视觉震撼不能长久维持，前期通过场景吸引来的客流，新鲜感过后便不再与购物中心有任何消费黏性。

3. 运营能力有待提升

大多数通过场景打造吸引来了人流，但是街区在招商、装修和开业后没有把整个街区作为一个整体去运作，街区缺乏统一的运营团队给整个街区一个精准的主题定位，对潜在客户没有清晰的研判，自我营销能力弱，品牌牵引力弱，在整体上不能形成营销合力，仅靠自然客流和传播维持下去。同时，内部商户间客户竞争激烈，各自为政，无法实现客流共享，多数主题街区仅成为了网红拍照打卡地，围观人流无法转化为目标客流，形成人流爆满，客流一般，商家经营困难，陆续撤店等经营效果不佳的情况。

4. 开发、改造、更新与保护亟待协调

作为一个城市风貌展示载体和市民生活活动的重要活动空间，室外主题文化街区面临着过度开发、过度商业化和大拆大建等问题，亟须对主题文化街区的开发、改造、更新和保护之间的协调关系进行系统梳理，积极探索合适且有效的保护利用途径。尤其是以文化遗产保护性利用为主的历史文化街区中的历史建筑被不恰当地改造或直接拆除，热衷仿古建筑的建设，而真迹仅靠文物单位强制保护，目前的历史文化街区的开发、改造更

新破坏了其文化内涵的完整性。如南京老城历史文化街作为国务院首批历史文化名城，在街区改造和更新中，除了全国重点文物保护单位“甘熙故居”被保持下来，其他房屋全部拆除重建为仿古建筑。再如新疆喀什古城的高台民居是喀什维吾尔族古代民居建筑和民俗风情的重要景观，距今已有 600 年的历史，也是当地土陶工艺的集中地，但建筑年久失修，危房较多，基础设施没有改善，其经济和社会价值大打折扣。

（三）旅游街区发展趋势

1. 新建主题街区选址以新一线城市和二线城市为主

新一线和二线城市的经济发展迅速、人均消费力强、商业活跃度高，拿地难度又低于一线城市，是开发商更倾向投资的目标城市。从 2019 年上半年城市主题街区开业数量 TOP13 榜单来看，南昌和武汉分别开业 4 个，无锡、苏州、天津、成都和广州分别开业 5 个，杭州、深圳和济南分别开业 6 个，西安 7 个，重庆 9 个和上海 20 个，而北京并没有上榜。这十三个城市中新一线有 8 个，二线城市有 2 个，其他新一线中南京和郑州分别开业 3 个，长沙、宁波和昆明开业 2 个，这表明新建主题街区选址主战场正在从一线城市向新一线和二线城市转移。

2. 文创主题多，体验性业态越来越丰富

绿色/自然生活类、餐饮类、亲子类、复古怀旧类、女性主题类、文创类的潮流生活类等主题创意越来越多，为避免同质化竞争和突出创意，新开发的主题街区设计理念和创意更新速度加快，在艺术设计、动漫、影视、音乐和工艺美术等业态配置上求新求变，最终促使业态细分进程加快。同

时，近几年体验性业态形式越来越丰富，同时在整个业态中占比持续增长。体验性业态主要有 VR 体验、室内动物园、小剧场、黑科技体验馆、围棋馆等，相关品牌有室内体育运动主题乐园 Sports Monster、自然之城 KAKA ZOO、全球萌宠动物主题公园 Boom Park、动物文化乐园 Cutezoo、未来动物城、洛克公园、国际卡丁车场和幻影星空 VR 体验馆等。

3. 突出地域特色

越来越多的文创主题以当地特色文化为主线设计，对历史文化、城市特色和民俗风貌进行深入融合。如上海世纪汇 1192 弄，将老上海的场景做得十分逼真，类似进入影视基地的感觉。广州正佳广场广正街文化、旅游和餐饮集一体，通过数字化老广东生活场景、民艺演出和当地历史风情的标志性建筑元素展示，将游客带入老广东生活场景中。成都武侯吾悦广场元宝街采用动漫手法展现中国传统文化，以蜀文化打造故事线，用熊猫形象来塑造三国人物，讲述具有当地文化特色的隐士英雄故事等。

4. “百变式”场景受追捧

主题街区是吸引力较强的消费目的地，但随着游客新鲜感的褪去，客流会锐减，所以主题街区不是一劳永逸的，对后续运营能力和迭代能力提出了较高要求。如何打造高消费黏性的社群，时刻保持新鲜感的百变式场景打造成为全新街区商业模式，越来越受到重视。OMO“百变”社区“名城麦田”以 1881 淘梦电影公社和小镇为载体，并无限延展娱乐影视作品的内容，以线上直播和线下活动融合，网红直播引领、品牌和 IP 跨界互融生态体系，动态变化的主题营销运营模式，快闪式的内容迭代体系，最大化驱动街区人流客流实现线上线下互通，打造集规划、设计、影视 IP 及流量植入、场景交融的全新百变街区运营模式。此外，街区打造和发展中越来越重视夜间旅游产品和项目的打造，成为吸引外地游客的夜间旅游地标，延长游客停留时长。如青岛在新都心 1907、奥帆中心等地打造 15 条全新的夜经济街区，为市民夜生活提供更多选择。

（四）旅游街区案例分析：郑州建业·华谊兄弟电影小镇

郑州建业·华谊兄弟电影小镇位于郑州国际文化创意产业园区，地处郑汴洛黄金旅游带中心位置，总面积约 2000 亩，总投资超过 150 亿元，2019 年 9 月 22 号正式开园，开园即受追捧爆红网络，十一期间累计接待客流 17.62 万人次，累计浏览量高达 1.2 亿次。以文旅小镇的形式整合旅游街区的发展，以河南文化底蕴，将沉浸、穿越和电影元素的体验发挥到极致，根据历史还原百年前郑州的建筑、街道和生活风貌，实景还原电影《太极》《命中注定》等 IP 主题场景，打造了电影大道、太极街等多条特色电影实景主题街区，集电影文化体验、电影互动游乐、电影展览、大型系列演出、民俗展览、特色美食、主题客栈等于一体，为游客提供了集电影、本土文化、人文、时尚等多种元素的典型场景化和沉浸式的电影实景潮玩基地，不仅打造了全新的光影场景体验，更让游客重拾了历史记忆。

郑州建业·华谊兄弟电影小镇是一个刚开园的旅游街区集合体，虽没有形成较成熟的运营经验，但其发展思路值得去认真梳理。郑州建业·华谊兄弟电影小镇在以下几个方面做得较好：

（1）模式创新。郑州建业·华谊兄弟电影小镇以河南文化底蕴为特色，以“文化 + 旅游 + 科技”的理念打造小镇中的虚拟现实体验和场景复原展示等，增加电影小镇内的参与性、互动体验性，提高游客游览兴趣和项目的美誉度。

（2）以体验为主的业态新颖。旅游中的“食、住、游、购”元素在小镇中贯穿电影始终，从黑白到彩色又到3D，从无声到有声再到杜比声，电影的方式不断演化，形成一街穿越百年的沉浸式游玩体验。“演在故事里”感受实景大秀，体验枪战动作大戏，实现游客“演戏”梦想；“玩在大片场”以电影片场的布景方式，了解电影工业的台前幕后，满足游客对电影拍摄和制作流程的好奇心；“吃在电影中”以电影主题布局小吃美食，80 记忆餐厅和乾元茶馆等怀旧系列店铺，实现吃饭环境的场景化；“住在剧情内”以民宿品牌打造“带着惊喜相见”的居住体验，以戏剧剧情布景，游客无意中已经住进文学大师的作品里；“购也要入戏”以独具故事的创意产品，脑洞百出的市集和新潮的非遗手工艺延续游客的电影记忆。“一路有戏”项目顺利入选“2020 游客喜爱的十大夜间演艺”，电影小镇入选“2020 年文化和旅游融合发展十大创新项目”。

（3）营销多样。利用流量经济前期宣传蓄力，自 2015 年 10 月 31 号的奠基仪式开始，持续利用明星效应营销，迎来大量粉丝流量关注；2019 年开业前期，李连杰来到电影小镇，引起大家对小镇的关注度持续上升，开业仪式上，100 余位企业家，近 40 位本土文化名人和 400 余位媒体记者的出席将建业电影小镇推向高潮，一系列的营销动作为门票的热销奠定了基础。在此基础上通过控制游客量一方面提升游客的游玩体验，给出好评，另一方面饥饿营销提高游客前往游玩的兴趣。同时抖音、快手和小红书等自媒体和直播平台的加持，网红打卡助阵，使电影小镇在线上火速传播，十一假期后累计浏览量高达 1.2 亿人次，知名度急剧提升。最后在售票平台的造势下，通过阶段性涨价，营造票源短缺感，形成营销造势的“马太效应”。多样的营销手段同时发力，实现了营销宣传的“1+1>2”的加法效应。

（作者简介：陈东丽，中国旅游研究院文化旅游研究基地研究员）

第十章　文化遗产地旅游发展分析与展望

王　欢　郝湧璇　王雪丽

文化遗产是历史留给我们的宝贵财富，作为文化旅游的核心吸引物，一直以来都是游客们所追逐的热点，学者们所关注的焦点，主管部门所管理保护的重点。文化遗产是优质的文化旅游资源，是文旅融合、文化旅游再发展的核心竞争力。我国的文化遗产资源丰富，种类繁多，层次有别。

随着社会的发展，新概念和定义的引入，从广义上讲，当下的“文化遗产”大体包括史料文物、历史建筑、文化遗址，以及非物质形态存在的传统文化等。具体来说，像博物馆中陈列的文物，地方代表性古建，人类文化遗址，历史文化名城、街区、村镇，和各类非物质文化遗产都是文化遗产中最普遍的代表性形态。但从狭义上讲，又基于较早出现的《保护世界文化和自然遗产公约》中的释义，传统意义上的“文化遗产”是指以物质形态存在的有形遗产，主要包括古遗址、古墓葬、古建筑、石窟、石刻、壁画、史迹及代表性建筑等；历史上各时代的重要实物包括艺术品、文献、手稿、图书资料等；具有普遍价值的历史文化区域（名城、街区、村镇）等。简单来说，传统意义上的“文化遗产”是除去相对无形的非遗部分之外，有形的历史文化实物。

从前面的介绍中，我们不难意识到，即使只论物质型文化遗产，其涉及面也很宽阔，所包含的细分种类也较多，数量庞大。相应地，我国的文化遗产旅游根据其遗产资源的特性，也呈现出种类繁多，数量庞大的特征。代表性形式如博物馆旅游发展分析已在其他章节进行了详述，本章的重点将聚焦于另一种主要形式——物质型文化遗产目的地。作为其中最具代表性的，等级最高的，最具吸引力的，佩戴着金字招牌的目的地——世界文化遗产，将是本章将要统计信息和分析的目标，旨在通过调查这些代表性遗产地的旅游发展情况，来了解、掌控并总结出文化遗产地旅游发展的基本走势和大体状况。另外，将我国世界文化遗产目的地旅游发展情况作为调查对象，以其调查结果作为本章的核心内容，除了其代表性使然之外，也是有一定现实原因的。首先，我国世界文化遗产地自 20 世纪末以来就是我国大众旅游的核心顶级资源，每年承担着“满足数亿人次文化旅游基本需求”的基本任务，且服务量仍逐年增长，可以说它们满足了大部分游客对于高质量文化遗产旅游的最初需求，在文化遗产旅游中占据了核心地位；其次，它们是绝大多数入境游客的首要选择；再次，这类世界文化遗产的管理相对规范，有相对系统的管理体系，并与联合国教科文组织相关标准接轨，单体影响力较大，可参照性较强；最后，这些世界级的文化遗产也大多是我国假日旅游市场信息统计的监测点，除了地位举足轻重外，有较系统的数据可以支撑这样的调查。因此，本章节选取我国世界文化遗产目的地作为切入点，调查分析它们的旅游发展情况，并对未来发展趋势进行展望。

第一节　世界文化遗产地旅游发展现状

2019 年 7 月，随着良渚古城遗址被批准列入世界文化遗产目录，我国的世界遗产数量（包括世界文化遗产、世界自然遗产、世界文化与自然双重遗产）达到55项，跃居全球首位。其中，包括37项世界文化遗产，和4项自然文化双重遗产（见表10-1）。

表10-1　我国的世界文化遗产与双重遗产

遗产	批准年份	遗产	批准年份
1. 长城	1987	21. 高句丽王城、王陵及贵族墓葬	2004
2. 莫高窟	1987	22. 澳门历史城区	2005
3. 明清皇宫	1987	23. 安阳殷墟	2006
4. 秦始皇陵兵马俑	1987	24. 开平碉楼与村落	2007
5. 周口店北京人遗址	1987	25. 福建土楼	2008
6. 布达拉宫	1994	26. 郑州天地之中历史建筑群	2010
7. 承德避暑山庄及周围寺庙	1994	27. 元上都遗址	2012
8. 曲阜孔府、孔庙、孔林	1994	28. 中国大运河	2014
9. 武当山古建筑群	1994	29. 丝绸之路：天山廊道	2014
10. 丽江古城	1997	30. 土司遗址	2015
11. 平遥古城	1997	31. 鼓浪屿：历史国际社区	2017
12. 苏州古典园林	1997	32. 良渚古城遗址	2019
13. 天坛	1998	33. 庐山	1996
14. 颐和园	1998	34. 五台山	2009
15. 大足石刻	1999	35. 杭州西湖文化景观	2011
16. 龙门石窟	2000	36. 哈尼梯田	2013
	2000	37. 花山岩画	2016
17. 明清皇家陵寝	2003	38. 泰山（双重遗产）	1987
	2004	39. 黄山（双重遗产）	1990
18. 青城山—都江堰	2000	40. 峨眉山—乐山大佛（双重遗产）	1996
19. 皖南古村落：西递，宏村	2000	41. 武夷山（双重遗产）	1999
20. 云冈石窟	2001		

（一）金字招牌效应依然显著

2018 年年末，中国文化遗产研究院（国家文物局下设机构）根据各遗产地上报的年度监测数据统计出，2017 年全年，当时 39 项（35 项文化遗产，4 项双重遗产）世界文化遗产，共计 107 处世界文化遗产地（一项文化遗产可对应多个不同遗产地，多地联合申报的项目尤其如此，如大运河，其申报遗产长度 1100 余千米，贯穿整个中国东部，整个项目包含 30 处遗产地，跨越十多个省份）当中的 96 处就吸引了约 4.35 亿人次前往游览。2019 年年末，中国文化遗产研究院又公布了新的数字，仅 98 处遗产地在 2018 年全年就吸引了约 4.89 亿人次前往游览，占当年全国游客总量的近 9%。在数据不甚完善，还有多处遗产地没有上报有效旅游数字的情况下，就取到了这样的成绩，再次印证了世界文化遗产地在我国传统旅游市场中举足轻重的地位。世界文化遗产地旅游数据是整个大众旅游市场的风向标，能够做到对它了如指掌，就切中了大众旅游市场的核心脉络。

据中国文化遗产研究院在 2019 年年末发布的《世界文化遗产 2018 年度监测报告》来看，仅 2018 年全年，有效上报信息的 98 处遗产地共接待游客 4.89 亿人次，平均每个遗产地的游客接待量近 500 万人次，较 2017 年增长 10.5% 左右，这 98 处遗产地的旅游直接收入共计约 141 亿元人民币，平均每个遗产地直接收入 1.45 亿元。其中，门票收入约 101 亿元，讲解等经营服务类收入为 40 亿元。虽然看起来直接收入并不多，但我们应该明白其统计项目是单一的门票和讲解这些直接上缴和用于日常保护管理的费用，游客的任何其他消费都不包括在内。

我国世界文化遗产地 2019 年的旅游统计数据尚未出现，本节根据国家旅游统计数据、文化遗产研究院最近发布的年度报告、各遗产地政府近年的两会工作报告，各遗产地所在行政区域国民经济和社会发展统计公报、各遗产地景区官网统计公告等官方信息对 2019 年我国世界文化遗产地旅游接待和收入情况进行了汇总展示，见表 10-2。

表 10-2 2019 年我国世界文化遗产游客接待量与旅游收入

遗产	游客接待量（万人次）	门票等旅游直接收入（亿元）	遗产地旅游综合收入（亿元）
1. 长城	1700[1]	3	96.41[2]
2. 北京故宫	1900	7	25[3]
3. 莫高窟	150[4]	4[4]	150[5]
4. 秦始皇陵兵马俑	903	10	14
5. 武当山古建筑群	1050	6	85
6. 承德避暑山庄及其周围寺庙	300	4	1055.67[6]
7. 曲阜孔庙、孔林、孔府	500	1.4	—
8. 拉萨布达拉宫 + 大昭寺	300	—	350[7]
9. 平遥古城	1765	—	209.72[8]
10. 丽江古城	1500（5402[9]）	—	1078.26[10]
11. 苏州古典园林	1600（13609[11]）	6	2751[12]
12. 颐和园	1800	—	—
13. 天坛	1900	1.5	11.2[13]
14. 大足石刻	100（2414[14]）	1	112.88[15]
15. 皖南古村落：西递、宏村	500	—	109[16]
16. 龙门石窟	250	1	1321[17]
17. 都江堰—青城山	600	—	258[18]
18. 云冈石窟	180	1.2	762[19]
19. 福建土楼[20]	560	0.4	100[21]

续表

遗产	游客接待量（万人次）	门票等旅游直接收入（亿元）	遗产地旅游综合收入（亿元）
20. 五台山[22]	568	3.2	3.3
21. 郑州天地之中历史建筑群	230	4	150[23]
22. 杭州西湖文化景观	19000	10	4236[24]
23. 左江花山岩画	100	—	360[25]
24. 鼓浪屿：历史国际社区	1500	4	1655.9[26]
25. 泰山	567.9	7.8	900[27]
26. 黄山	350	5	30.1（590[28]）
27. 峨眉山—乐山大佛	810	8.5	1041[29]
28. 大运河[30]	5000	10	—
29. 丝绸之路[31]	1300	3	—
30. 沈阳故宫	254	1	875[32]

注：

1. 长城遗产项因其附属多处遗产地未上报数据（比如，最著名的八达岭段），故根据 2017 年中国文化遗产研究院的数据进行估值。

2. 因其他遗产地旅游数据缺失，此处仅为嘉峪关市（也就是遗产所在地行政区域）旅游综合收入。

3. 根据前故宫博物院院长单霁翔在公开节目介绍，2017 年以前仅文创产品创收就超过了 15 亿元，结合其游客量和门票价格估算门票收入 7 亿元，总估数 25 亿元。

4. 根据 2018 年中国文化遗产研究院图示估算，确切数字缺失。

5. 数字为敦煌市当年旅游综合收入。

6. 数字为承德市当年旅游综合收入。

7. 数字为拉萨市当年旅游综合收入。

8. 数字为平遥县当年旅游综合收入。

9. 括号内数字为丽江市当年游客总接待量。

10. 数字为丽江市当年旅游综合收入。

11. 括号内数字为苏州市当年游客总接待量。

12. 数字为苏州市当年旅游综合收入。

13. 数字为东城区当年 5A 级景区（天坛为二者其中之一）旅游收入。

14. 括号内数字为重庆大足区当年游客总接待量。

15. 数字为重庆大足区当年旅游综合收入。

16. 数字为安徽黟县当年旅游综合收入。

17. 数字为洛阳市当年旅游综合收入。

18. 数字为都江堰市当年旅游综合收入。

19. 数字为大同市当年旅游综合收入。

20. 仅包括南靖和华安土楼部分。

21. 数字为南靖县和华安县旅游综合收入之和。

22. 数据缺失，为 2017 年五台山旅游发展局公开数据。

23. 数字为登封市当年旅游综合收入。

24. 数字为杭州市当年旅游综合收入。

25. 数字为崇左市当年旅游综合收入。

26. 数字为厦门市当年旅游综合收入。

27. 数字为泰安市当年旅游综合收入。

28. 括号内数字为黄山市当年旅游综合收入。

29. 数字为乐山市当年旅游综合收入。

30. 数字应为大运河各处遗产地数据之和。数据为根据 2019 年年末中国文化遗产研究院发布的 2018 年度报告的估数，其中也仅包括 6 处遗产地（该项目总共 30 处遗产地）的数据。

31. 数字应为丝绸之路各处遗产地数据之和。数字为根据 2019 年年末中国文化遗产研究院发布的 2018 年年度监测报告的估数，因其中九成遗产地数据图例刻度无法辨别，更无确切数字，此处为参照多方信息的估值。其中，最具代表性也是最有吸引力的是唐大明宫遗址，吸引近 1000 万人次前往，其次为小雁塔，约吸引 200 万人次前往。

32. 数字为沈阳市当年旅游综合收入。

如表 2 所示，世界文化遗产项目吸引了大量的游客前往遗产所在地游览，即使是一些相对冷门的非热点遗产地，如花山岩画，大足石刻等也有上百万人次的到访，有如此大量的游客群体，其必然带动当地旅游接待业的综合发展。

表 2 展示了全部热点遗产地和其他大部分遗产地的旅游接待情况，但并未展示出所有遗产项目的旅游接待量和收入情况，这里需要做一些说明，如下：

（1）良渚古城遗址于 2019 年下半年才被列入世界文化遗产名录，关于其旅游经济效益和接待量还未有年度系统统计，有效官方统计也尚未公布，通过当地晚报查到相关零星信息，如下：2019 年十一黄金周期间，良渚古城遗址公园和良渚博物院分别接待游客 3.58 万人次和 7.67 万人次，在此之前，遗址公园的入园人数限制由开始的 3000 人涨到 5000 人。

（2）在文化遗产研究院的官方统计监测年报中，武夷山遗产地两年未上报有效旅游信息，本报告从地方统计公报中，找到行政区域武夷山市的旅游经济总体情况（2019 年武夷山市共接待游客 1625 万人次，实现了 359 亿元的旅游综合收入）。在表 2 中所列举出的这些遗产地，其旅游数据是经过多方比对、印证，最后得出一个相对有效的确切数字或者估值，然而基于目前所掌握的材料，尚未有途径能够掌握 2019 年武夷山遗产地的有效旅游信息，故此将其归为有效信息缺失的遗产地，未列入表中。

（3）遗产项目——明清皇家陵寝，因其所辖遗产地较分散，多地数据完善程度差距较大，也较冷门，故其相关数据未在表 2 中列出，在此进行详述。其遗产地包括：明显陵（湖北省钟祥市），清东陵（河北省唐山市），清西陵（河北省保定市易县），明孝陵（南京市玄武区钟山），明十三陵（北京市昌平区），福陵、昭陵（辽宁省沈阳市）和永陵（辽宁省抚顺市）。其中，较著名的，较具有代表性的，吸引较多游客的为北京十三陵，南京明孝陵，沈阳清昭陵和保定清西陵，它们在 2019 年分别吸引了约 250 万人次、190 万人次、220 万人次和 103 万人次前往游览。其他各陵遗产地接待游客量从数万到数十万人次不等，最少的是清永陵，其在 2019 年全年大约吸引 5 万人次到访，清东陵则吸引了约 60 万人次到访。结合所有遗产地的有效数据，相加可以推断出，2019 年，明清皇家陵寝项目共接待游客约 860 万人次，门票等直接收入约 4 亿元人民币。

（4）遗产项目——澳门历史城区，因其是开放区域，遗产地范围内有效旅游信息缺失，也没有像杭州西湖文化景观那样精确统计并公示其遗产地范围内主要景点的游客量，故此无法估算其接待游客量和直接旅游收入，因此也未在表2中列出其相关信息。2019年，澳门特区共接待入境游客3941万人次，游客消费640亿澳门元（大约为570亿元人民币）。与澳门历史城区情况类似的，还有开平碉楼与村落项目，遗产区域内有效信息缺失，只能以行政区域宏观数据来观察其旅游经济情况，2019年，开平市共接待国内外游客860万人次，旅游综合收入111亿元人民币。

（5）其他几个遗产项目，包括周口店北京人遗址、殷墟、元上都遗址、高句丽王城王陵及贵族墓葬、土司遗址和红河哈尼梯田文化景观，因其相对冷门，吸引游客从万余人次到数十万人次不等，遗产地有效数据又缺失或无法印证而没有列入表2中。针对这种情况，本章节尝试根据各方统计信息对其2019年的旅游情况进行一个简单估算，数字如下（仅表示2019年的情况）：

● 周口店北京人遗址项目共接待游客约25万人次，直接收入约1000万元人民币。

● 殷墟项目共接待游客约40万人次，直接收入约2000万元人民币，所在地安阳市共接待游客4967万人次，实现603亿元人民币的旅游综合收入。

● 元上都遗址项目共接待游客约40万人次，直接收入约1500万元人民币。

● 高句丽王城王陵及贵族墓葬项目（包括吉林集安和辽宁五女山城两地）共接待游客约30万人次，直接收入约1200万元人民币。

● 土司遗址项目（包括唐崖土司城、永顺土司城、海龙屯遗址）共接待游客约40万人次，直接收入约2000万元人民币。

●红河哈尼梯田文化景观共接待游客约 40 万人次，直接收入约 2000 万元人民币。

（二）各遗产地游客接待量差异明显

从前面的统计数据中，我们不难看出，其中有十多个世界文化遗产项目携其主要遗产地在 2019 年均吸引了上千万人次游客前往游览，也就是说这些遗产项目即使全年无休的话，日均游客接待量至少为 3 万人次。这里我们需要知道，这个数字已经超过部分遗产地的单日最大游客承载量了，如著名的云冈石窟，它的单日最大游客承载量是 3 万人次，更何况现实中遗产项目及其所属遗产地并不能做到全年无休的状态，可想而知，上千万人次的年游客量，对于不少遗产地，或者相关景区来说，已经是一个触及承载量上限的数字。相较于国外的一些著名文化遗产目的地，仅从游客吸引量这个指标去观察的话，这也是一个相当高的成绩，像法国卢浮宫 2018 年全年接待游客量才历史第一次逼近 1000 万人次大关，以前仅为每年数百万人次。

初步统计，世界文化遗产热点项目携其遗产地在 2019 年均吸引了上千万人次游客前往，前往杭州西湖景观及其所属遗产点的人数甚至达到了 1.9 亿人次，为 2019 年我国世界文化遗产吸引游客数量之最。然而，并不是所有世界文化遗产项目都能够达到这样的水平，还有大部分项目在 2019 年的游客接待量处于百万人次级别，如敦煌莫高窟（150 万人次）、皖南古村落（500 万人次）、泰山（567 万人次）等。其中的巨大差异，究其原因有遗产地物理空间大小影响承载力的问题，也有遗产地所处地域与主要客源地距离远近的原因，还有游客对各遗产项目所代表文化元素敏感度的原因等。因此，虽说“世界文化遗产”是块金字招牌，但各遗产所在地的游客接待量却有着巨大的差异，有热点与非热点之分。2019 年，一些非热点遗产地的年接待量仅为数十万人次的规模，如周口店北京人遗址（25 万人次）、元上都遗址（40 万人次）、高句丽王城王陵及贵族墓葬（30 万人次）等。

（三）热点遗产地集中现象明显

从前面的统计中不难发现，接待游客较多的这些热点遗产地从地理角度来看成簇状、集团形态高度集中，按其所处地域不同，大致上可将其分为以下几个集团区域：首都明清文化遗产区。该区主要包括北京故宫、天坛、颐和园、长城（八达岭段、慕田峪段）四项热点遗产，其辐射区域还包括明十三陵、周口店北京人遗址、承德避暑山庄、清西陵四处非热点世界文化遗产，集明清两代皇家建筑、文物、史料、皇家园林、遗址、陵寝等我国顶级明清文化遗产资源于一体，兼顾古人类遗址等文化遗产项目。苏杭江南文化遗产区。该区主要包括苏州园林、杭州西湖文化景观两大超热点遗产地，辐射区域还包括江南运河苏州段、江南运河杭州段、淮扬运河扬州段等大运河项目遗产点，集中国古代建筑、园林、寺庙、史料、运河遗址于一体。西安唐文化遗产区。该区还未曾出现年接待游客超过 1000 万人次的超热点遗产地，但集合了诸多著名文化遗产，西安仍是我国最主要的入境游和国内游旅游目的地之一。区域内主要包括秦始皇陵兵马俑、小雁塔、唐长安城大明宫遗址等热点遗产地，还包括汉长安城未央宫遗址等相对非热点丝绸之路项目遗产点。该区主要集唐建筑、遗址、园林、寺庙等为一体，集中展示唐文化的魅力。

除了这三大特点鲜明的遗产集中区外，其他大部分热点遗产地和非热点目的地也表现出省域内相对聚集的特征，如黄山—皖南古村落均位于安徽省最南部，相距不过 70 千米，以中国古村落布局、乡村古建筑、农村习俗、自然休闲文化为主要吸引物，2019 年游客接待量合计约 850 万人次；如中原文化遗产区，拥有洛阳龙门石窟、郑州天地之中历史建筑群、大运河河南段、安阳殷墟等多处世界文化遗产，集中于河南中北部，但各遗产地主要吸引物的文化特点不尽相同，游客接待量也相对较少，2019 年游客接待量合计约 550 万人次；如沈阳清代文化遗产区，拥有沈阳故宫、清昭陵、清福陵等多处世界文化遗产地，2019 年共吸引了约 500 万人次到访。其余热点遗产地均表现出了区域内一家独大的特征，如丽江古城、平遥古城、鼓浪屿历史街区等。

（四）游客选择方向性明显

游客在选择文化遗产旅游目的地时表现出了相当的方向性，最倾向文化景观、古城镇类、古建筑类文化遗产地，而对于古代墓葬陵寝类文化遗产地兴致不高，去此类遗产地的人也最少。大多数游客有这样的选择其实不难理解：一是中国传统文化中对于墓葬陵寝类地点都保持着敬畏；二是进入该类遗产地后，游客行为活动也多受到特殊保护管理条例的约束，展室空间相对密闭狭小；三是专业性较高，大多数游客对其知之不多；四是一些重要出土器物大多被运至附近大城市省市一级的博物馆研究收藏，当地展示的器物反而不如逛城市博物院看的全和精。秦始皇陵兵马俑因其独特的考古遗址属性，和就地建造国家级博物馆的模式算是历史中一种极特殊的情况，其年游客接待量有数百万人次，但即便如此，也并没有改变墓葬陵寝类世界文化遗产整体上对游客吸引力较低的现状。

第二节　世界文化遗产旅游发展中的问题

（一）热点遗产地游客超载现象较多

我国世界文化遗产中的多数非热点遗产地仍面临着影响力不足，游客接待量低的问题，但大多数超热点和热点遗产却呈现出全年多天游客量超载的现象。据中国文化遗产研究院在2018年年底发布的监测数据显示，莫高窟、北京故宫、颐和园、麦积山石窟、武当山、苏州园林、平遥古城、秦始皇陵及兵马俑、嘉峪关、峨眉山10处热点遗产地出现单日游客量超载情况，其中莫高窟的游客超载天数为108天（2017年全年），北京故宫为52天（2017年全年），武当山历史建筑群为20天（2017年全年），其余热点遗产地在2017年游客超载天数为1~6天不等。相较于2017年，这些热点遗产地在2019年面临着更多的游客，超载的压力只能更大。虽说可以通过技术手段，将超载游客引导到其他未超载的时段，但这并没有改变因为应对更大的超载压力而增加人工和技术成本，其效果还未知。而且对于超载天数基数较多的遗产地（如莫高窟、麦积山石窟）来说，可以供其工作人员调配的余地已然不大，对于他们的考验将更为严峻。全年游客超载天数在1~7天，这种情况对于相当部分的遗产地来说，并不少见。由于黄金周是我国大部分居民外出游玩的主要时间段，所以不少热点遗产景区在国庆黄金周面临着当年最严峻的考验，大多数遗产地的超载情况也多在这几天发生。然而，如何有效、高效解决黄金周期间的游客超载问题依然是当下最热门的话题与课题之一，可见其难度不同一般，到其被彻底解决，还需要一个过程，超载现象短期内仍将持续下去。

游客超载是开展旅游活动对文化遗产地的最直接压力，被不少人所诟病，但是我们也不能因此否定开展旅游活动对于遗产地保护和发展的资金支持作用，这种支持是决定性的，也是普遍性的，更是符合国际惯例的。另外，世界文化遗产地在发展旅游的同时，也是其履行大众教育职责、实现文化精神传承延续的良机。所以，文化遗产作为优质文化旅游资源，其与旅游的融合发展是向前迈进的。再者，据中国文化遗产研究院最近几年的监测报告显示，越来越多的文化遗产地主要靠地方财政和自筹经费来支撑遗产保护工作和设备购买；并且，对世界文化遗产威胁最大的，并不是游客超载压力，而是消防压力，一般来说就是火灾或者自然灾害，国内外的例子比比皆是，巴黎圣母院倒在火灾中，丽江古城内建筑曾多次遭到火灾威胁等。不得不说，对于旅游活动的误解，或者说是对于旅游开发管理失败案例的以偏概全，也似乎正成为文化遗产保护道路中的一颗拦路钉，在强调文旅融合发展，社会各模块协调发展的今天，这种单一的保护论调是需要反对的，也终将被文化遗产旅游大发展的车轮所碾过。

（二）旅游统计信息不完整不标准

作为我国顶级的文化遗产旅游资源、消费客体和大多数游客最向往的目的地，世界文化遗产项目及其遗产地旅游整体上一直代表着我国实物文化遗产旅游的最高水准。然而，在这样的光环背后，一些问题仍比较突出。从前面的统计总结中，我们不难看出，几乎所有遗产地的旅游基本统计数据（游客接待量、门票等直接收入、服务性收入等）或多或少地缺失，有的遗产地甚至多年未上报信息。这种情况下，想要了解世界文化遗产旅游发展的一个基本情况，需要大量翻找其他资料，从遗产地当地主管部门和政府找相关公开的数据，并尽可能地筛选出可靠和可参照的信息，这对于人力和时间的要求较高。假如要做到对遗产旅游情况的实时监控和引导，将会是怎样的局面可想而知。更何况，这只是41项世界文化遗产项目，对于更广泛的，成千上万的省市县各级文化遗产该如何监控数据并实时引导遗产旅游良性发展，在大数据时代的今天，这都需要深入思考并从顶层设计，制定协调统一的标准和方法给新时代文化遗产旅游的发展提供助力。

（三）文化遗产旅游整体发展不均衡

作为顶级文化旅游资源，不同的遗产地却展现出了截然不同的旅游发展景象，有着超热点、热点和非热点遗产地之分，年游客接待量从超热点遗产地的数千万人次骤降到非热点目的地的几万人次，差异巨大。虽然由于资源本身属性和特点不同，其服务的游客群体也会不尽相同，但由于我国旅游者基数甚大，选择好目标市场，并制定好营销策略的情况下，极端现象可有效避免或减轻。目前的这种情况，一定程度上说明，不少非热门遗产地还在用传统大众旅游的眼光看问题，抱着靠山吃山，皇帝女儿不愁嫁的心态等待观光游客上门，而没有深度挖掘自身的资源特点和优势，精准市场定位，尝试新型旅游形态。另外，也反映出大多数遗产地旅游产品创新不足，没有合理发挥出自身的资源优势，也没有充分发挥出主观能动性，与邻近热点遗产联合发展，使区域各遗产地向着更平衡和协调发展的方向迈进。

第三节 世界文化遗产旅游发展展望

（一）预约游客比例将显著提高

据文化遗产监测报告显示，在2019年年初已经有45处世界文化遗产地实行了预约制来整体上先期掌握、预测和管理客流，占上报年度信息遗产地的45%，预约系统共服务游客近4000万人次。其中，北京故宫接待的游客中有96%是通过预约系统先行预约，然后进入参观的；大运河项目洛阳含嘉仓160号仓窖遗址点更是实现了100%的先预约再参观。还有其他的一些遗产地，预约制服务的游客数量也已经占到其游客服务总量的三到五成。但是，我们也可以注意到，4000万人次的服务量相较于近5亿人次的世界文化遗产年度总接待规模，仍然太少，连十分之一都不到。

2020年伊始，一场抗疫大战悄然打响，新冠肺炎疫情的暴发无情地打断了文化遗产旅游大发展的节奏，同时也对新时期、新环境下的旅游活动提出了诸多要求。严格采取预约制，合理引导游客错开游览时间，严控高密度人群的传播风险，减少游客人群密度已成为除佩戴口罩外最切实可行和最有效的办法，来保障旅游活动场所的防疫安全。整个卫生安全宏观环境的骤变，将已出现多年但并未被完全接受的游览预约制推向了必然。因此，在接下来的一段时期内，为了更好地践行防控要求，为了适应疫情下的新环境新常态，预约制将会被大面积推广并被广泛使用。一方面是游客自身出于对参观安全的重视，通过预约系统可以有渠道、有信息地去避开人群高峰；另一方面是旅游活动场所出于对游客安全的负责，先行了解游客需求，进而合理调配并组织好接待服务。世界文化遗产地作为文化旅游行业的先行者、示范者也会全面快速落实预约制的实行，完善相关预约系统和人员培训。不可否认，这会一定程度上加速文化遗产景区和线上成熟旅游平台（OTA）的合作与信息共享，也会对相关系统的研发和完善起到促进作用。

（二）文化遗产“云旅游”将进入快速发展期

卫生安全环境的变化，确实给相关文遗景区景点带来了巨大的冲击，但也将旅游活动推进了一个新时代。在这个新时代里，主客双方的接触、交流和消费渠道及模式被极大地拓展了。“借助现代化、数字化高科技手段，提高文化遗产地的智能化服务水平及管理水平”，类似的建议以前就被学者们提到过，但距离具体落实与实现，总显得那么勉勉强强和寥寥无几。但在今天，基于国家通信基础设施的升级换代与扩容，借助立体可视化虚拟技术，实时高清可视通信技术等高科技手段与设备，旅游者在家中也能领略到文化遗产的细节风采，这样的不接触，远距离但看得清、看得全的“云旅游”模式进一步拓展了旅游服务模式与路径。“云旅游”的方式已经开始被使用，2020 年春节期间，淘宝平台推出的知名博物馆云旅游直播节目就受到了广泛的认可。故宫博物院也表示“数字故宫”也即将上线。当下的“云旅游”经过技术与硬件加持，已然不仅仅是个概念，它已经成为重要的旅游营销途径，我们应抓住这一契机，尤其是具备独特优势资源的世界文化遗产更应该抓住这个机会，强化线上资产的积累与客户忠诚度的维护，搭建长效的传播阵地，努力适应新环境下用户的多元需求，实现世界文化遗产旅游的高质量和模范性发展。

（三）文创产品带来旅游收入新爆点

故宫博物院前院长单霁翔曾在节目中公开表示，在 2017 年以前故宫的 IP 文创产品售卖收入就已经超过了门票收入，达到了 15 亿元。这两年，以北京故宫为代表的国内诸多博物馆开始着重打造和自身展品相关的文创产品，用市场化商品拓展自身与游客之间的交集，同时用新时代新产品宣扬传统文化，也借此取得一定的经济收益，促进整个文化遗产价值传播和合理利用链条的和谐长期发展。结合上文，在当下，云直播，线上游进入快速发展时期，与之相配套建设的线上文创产品营销模块也必不可少，故宫博物院自多年前就开始了文创产品的线上销售，其 15 亿元的销售业绩也大多是通过线上平台完成的，产品涉及笔墨纸砚、鼠标键盘、碗碟器皿、手游桌游等多个领域，几乎全方位覆盖文具、日用品及外壳饰品等小商品大类。它为我们蹚出了一条文化遗产活化利用的新路子，云旅游 + 购物车的模式让游客在线上旅游的同时，可以选择自己心仪的特色纪念品。结合当下的环境，大多数文化遗产地受到启发也会朝着这个方向发展，来自各世界文化遗产地的特色文创产品在一起争奇斗艳的场景离我们不会太远，这种模式也将引发文遗旅游增收的新契机、新爆点。

（四）游客的停车便利性诉求将更迫切

2020 年年初暴发的新冠疫情不但对旅游活动提出了新要求、新标准，也催生了多种旅游发展新模式、营销新渠道、服务新路径、互动新技术，为旅游活动的多维度跨越式发展提供了契机。在此背景之下，又有疫情防控需求，游客的出游方式也有了新的变化，自驾游已经越来越成为城市居民家庭出游的首选，这无疑对热点文化遗产地的停车位等辅助性基础设施有了更高的要求，家庭出游对停车位的最迫切需求将非常现实。由于近些年来的快速发展，以及家用车辆的普及，大多数城市居民面临着交通拥堵、一位难求的窘境。试想下，如果这些车辆部分涌入遗产地会是怎样的景象，其结果可想而知。世界文化遗产地作为文化遗产旅游的先行者、领头人能不能提前布局，从容应对即将暴发的停车难问题，不仅仅是对其硬件设施的考验，更是对遗产地新时代智慧化管理能力的一次集中考查，让我们拭目以待。

（作者简介：王欢，中国旅游研究院文化旅游研究基地研究员；郝湧璇，中国旅游研究院文化旅游研究基地研究助理；王雪丽，中国旅游研究院文化旅游研究基地研究助理）

后　记

一场突如其来的疫情打乱了我们原本的生活，也打乱了年度《中国文化旅游发展报告》的正常编写。疫情期间，每个人都开始重新审视生活，更加关心身边的人，而且越来越与整个世界紧密联系起来，时时刻刻感受到来自各个方面的温暖，发生了许多让人难以忘怀的事情。

一年多以来，文化旅游研究基地以“促进文化和旅游融合创新发展”为建设宗旨，不断加强与社会各界的联系，把“能不能更好为产业服务”作为衡量人才培养、学科建设和理论研究的唯一标准。我们深度参与到文旅抗疫的过程当中，积极为企业、地方政府出谋划策，为地方文化旅游发展贡献绵薄之力。

从这份报告的主要内容来看，我们也始终坚持为产业服务的理念，深度聚焦文化和旅游融合的新业态，有显著不同的是，今年不但增加了夜间经济、康养旅游、遗产地旅游等特色专题，而且特别邀请了新作者，希望新的业态和新的思想会给大家带来一些启发和感悟。如果您对报告有任何意见和建议，也衷心欢迎来信交流（693082044@qq.com）。